フレーゼル博士の
サプライチェーン戦略

Supply Chain Stratum

エドワード・D・フレーゼル

SUPPLY CHAIN STRATEGY
Second Edition

BY

EDWARD H. FRAZELLE, PHD

Copyright©2018 by Edward H. Frazelle and RightChain Inc. All rights reserved.

Japanese edition copyright©2018 by Diamond Retail Media, Co., Ltd. All rights reserved.

Japanese translation rights arranged with
MCGRAW-HILL GLOBAL EDUCATION HOLDINGS, LLC.
Through Japan UNI Agency, Inc., Tokyo

フレーゼル博士の
サプライチェーン戦略

著者序文

エドワード・H・フレーゼル

　私は以前出版した著書の中で、私がまだ少年のころに初めて日本を訪れたときの思い出について触れている。その当時の日本について強く印象に残っていることは、日本人が極めてフレンドリーで、正直で、控えめで、勤勉で、もてなしの心を持ち、さらに礼儀正しい人たちだということだ。これは40年以上も前のことである。その後、ほぼ毎年のペースで日本に来ているが、私は未だに変わらぬ印象を抱いている。ただし、私はこの40年間で、それが単なる印象ではなく、日本人の魂の奥底に備わった特性であることを、学んだのだ。
　私はこれまで世界73か国に旅行したが、日本人は私の最もお気に入りの人々である。私は、冬のオリンピックにおいて、日本のカーリングチームの活躍を応援したし、サッカーのワールドカップでも日本チームに声援を送ってきた。最近も、全米テニス選手権で優勝した大坂ナオミの活躍に歓喜した。なぜなら、私は日本文化の大ファンだからである。今、世界中が日本を必要としている。私たちが生きる世界は今、日本人の特性を学ぶべきだと強く思う。
　この40年間、神は私が日本においてビジネスおよび個人的な接点を持つようにアレンジし、その経験が私や私の家族の文化や私のビジネスのやり方にも大きな影響を与えてきたのである。私に、日本のビジネスへの窓口を開いたのは、鈴木準氏であり、彼は日本のロジスティクスに関する多くの情報や知識を共有してくれた。鈴木氏と知り合ったほぼ同じ時期から、中野雅司氏は、個人的な友人であり、かつビジネスにおける私の日本における重要なパートナーとなっている。彼とその妻の典子さんは、私と私の妻、家族、そしてビジネスにおいて極めて重要な役割を果たしている。彼らは、本当の友人であり、神が私にくれた人生の宝物である。松川公司氏は、もう10年以上にわたる三菱ケミカルエ

ンジニアリング株式会社とのジョイントベンチャーであるLogOS®チームのリーダーである。私たちは、一緒に仕事をしていく中で、多くの仕事上のそして個人的なマイルストーンを達成してきた。松川氏は、申し分のないサプライチェーンの専門家であるが、日本的なユーモアのセンスを兼ね備えた文化人でもある。日本のLogOS®チームのメンバーであり、日本の家族である、竹内睦氏、笠原理絵氏は、私の人生を豊かにし、私一人では想像もできないような形で、日本の人たちとの接点や機会を提供してくれている。私はまた、早稲田大学の高橋輝男名誉教授、明治大学商学部の小川智由教授にも、権威ある両大学で講義する機会を与えてくれたことにここで感謝したい。

　最後になるが、私は日本のクライアント企業にも感謝を伝えたいと思う。彼らのサポートなしに、我々は今日の状況には至れなかったと感じている。様々な業界の日本企業が、RightChain®モデル、アセスメント、アナリティクス、教育プログラムを受け入れ、導入、実行してくれた。それによって、これらのクライアント企業が、今後長期間にわたり、成功し続けることができると信じるものである。

はじめに

三菱ケミカルエンジニアリング株式会社
プロジェクト第２本部生産・ロジスティクス事業部
LogOS® チームリーダー

松川公司

　本書は米国で出版された『Supply Chain Strategy』（McGraw-Hill、2002）の日本語版『サプライチェーン・ロジスティクス』（白桃書房、2007）を、今日の市場・ビジネス環境の変化に対応して大幅に見直ししたものだ。また、ダイヤモンド社からの既刊『在庫削減はもうやめなさい！』（2013）、『物流担当者のための 世界水準のウェアハウジング理論とマテハンのすべて』（2016）に続く、サプライチェーン戦略本の３作目にあたる。日本語初版の出版から既に10年以上が経過し、この改訂版では事例を更新し、高度に進化したサプライチェーン・ロジスティクス理論と手法を"RightChain® ブランド"として体系化し、さらに理論と手法を実務的に統合するための新たな体系「統合化されたサプライチェーン・プランニング（ISCP）」を書き加えている。

　私がRightChain®とかかわってから15年ほど経つが、その本質は全く変わっていない。そして、RightChain®から受ける恩恵は年々大きくなっている。これは、企業の中でサプライチェーン・ロジスティクスが競争力の大きな源泉となり、社会的位置づけが高まり、またその責務も大きくなっているからだと考えている。RightChain®を活用するメリットは本文に記したとおりであるが、最大のメリットは、自分自身の判断に自信を持てることだ。かつての私がそうだったように、果てしなく広大なサプライチェーン・ロジスティクスの海に溺れかかっている人は多い。その理由の１つは、サプライチェーン・ロジスティクスが無数のトレードオフから構成されていることである。狭い視点で部

分最適を繰り返すと、他の領域へ悪影響を及ぼし続ける可能性があるのだ。しかし、RightChain® を学び、包括的な視点を身につければ、全体最適を実現するためにどうすべきかに気付かされる。それだけでなく、RightChain® には全体最適に取り組むべき施策が体系的に整理されているため、企業が取り組もうとしていることが、サプライチェーン・ロジスティクス全体のどこに位置づけられているのかを確認できる。また、その取り組みの前に本来取り組むべきこと、そして今後取り組まなければならないことにも同時に気付かされる。自分が本当に何をすべきかに気付かされることは素晴らしいことだ。だからこそ、RightChain® が世界的に認知され、受け入れられてきたのだと確信している。

　世の中にはサプライチェーン・ロジスティクスに関する数多くの書籍、セミナー、コンサルティングプログラムが存在する。しかし、それらに決定的に欠けているものがある。それは最終的なゴールを生み出すために必要な包括的な理論と、それを円滑に機能させる手法だ。年々複雑性を増すビジネス環境に対応するには、ゴールを明確にし、全体最適を実現する包括的な理論を意識しつつ、ロジスティクスを構成する各活動の理論を緻密に組み合わせていく必要がある。しかし、包括的な理論のない部分最適だけの理論では限定的な効果しか期待できないだけでなく、かえって全体としてはマイナス効果を生み出すことも考えられる。さらにプロジェクトで理論をうまく機能させ、円滑に進める手法を携えていなければ、これも限られた効果しか上げられない。全体最適を達成するためには、RightChain® のように包括と個別の両面を備えた理論と手法が必要な理由がここにある。

原理原則の重要性

　本書を出版するにあたり初版を何度も読み直して再認識したのは、RightChain® の原理原則そのものは書き変える必要もなく、時代、国、ビジネス、企業を超えた普遍的なものであるということだ。しかし、我々が日本国内で RightChain® を用いたコンサルティングビジネスを始めたころ、米国生まれの理論が本当にこの国において通用するのかと一抹の不安があったのは正直なところである。また、初版を出した時には「この理論は日本に本当に適用できるのか」と数多くの質問を頂いたことを覚えている。

　現在、RightChain® の考え方は、日本国内に広く受け入れられるようになっている。我々が手掛けた数多くのプロジェクトは、導入した企業の収益拡大、

競争力強化に大きく貢献している。しかも企業の業種、業態、規模にかかわらず、適用できなかったことは一度もない。また、7年前からは、初版本をベースにした「RightChain® アカデミー」と呼ぶ企業向け研修プログラムを提供するに至っている。この研修プログラムを始めたきっかけは、サプライチェーン・ロジスティクスが機能不全に陥っている最も大きな要因の1つが、教育の不備だと気付いたからだ。顧客サービスや、在庫、購買、輸配送、ウェアハウジングなど、複雑に絡み合う個々の活動が体系化されていないため、変化に即応できずに部分最適を繰り返しているのだ。

　フレーゼル博士がよく使うフレーズとして「魚を与えるのではなく、魚の釣り方を教えよ！」がある。お腹を空かした人に魚を与えることは一時的な空腹を満たす簡単な方法だが、その人は一生魚をもらい続けなければならない。本当の教育とは、原理原則を学び、それを応用して自ら判断を下す能力を身につけてもらうことである。また、ビジネスにおいては、これを個人教育としてではなく組織教育として提供していくことも極めて重要だ。組織教育は、達成すべきゴールを社内で共有し、当事者意識とモチベーションを高め、共通言語化と理論の共有を可能にするものだからだ。

　世の中にはハウツーや成功企業のケーススタディーの書籍が溢れかえっている。もしハウツーを導入するだけならば、すぐにある程度の効果を得られるかもしれない。成功企業の真似をするだけならば、自信を持って取り進められるかもしれない。しかし、これらは特定企業の特定環境で成果を上げてきたやり方だ。これを異なる環境で真似したところで再現性はない。また、自社の環境に適用するにはどうしたら良いのかを知ることもできない。本書はそうしたハウツー本とは一線を画すものである。頑なに原理原則を貫いている。だから自社の環境に適用するには読者に考えてもらう必要がある。そういう意味では本書を学ぶことによって、すぐに実利的効果を実感することができないため、じれったく感じるかもしれない。しかし、本書のような教科書はわが国に絶対に必要なものだ。時間を掛け、自分たちが何をすべきかの理解を深めてほしい。掛けた時間に見合う効果を得ることができるはずだ。そして、環境が変化しても、新たに直面する問題に自信をもって取り組んでいくことができるであろう。

本書の活用法

　そもそも、本書の初版を出版したのは、日本にはサプライチェーン・ロジスティクス構築に関する体系的な良い教科書が存在しないということが大きな動機であった。そこで当時、経営者、企画担当者、そして将来、サプライチェーン・ロジスティクスを担っていくことが期待される学生に向けて出版したのである。しかし、出版してみて分かったのは、本書を本当に必要としていたのは、ビジネスの現場で荒波にもまれている悩み多きマネジャーたちであるということだった。彼らはこれまで、自身の経験則で難局を何度も乗り越えてきている。しかし、そのたびに物足りなさを感じていた。そんな彼らがこの教科書に出合い、自身の経験と原理原則を照らし合わせることで新しい発見と気付きが生まれ、それを取り込むことでより揺るぎない自信につながっていった。本書へのそうした反響が年々増え続けていたため、今後も長く活用してもらえるよう今回、改訂版を出版するに至ったのである。

　本書は11の章で構成されるが、ぜひ第1章から順に読み進めてほしい。第1章では、サプライチェーン・ロジスティクスについての包括的な理論を解説している。この包括的な理論を把握したうえで、各章の個別理論を読み進めれば、最大の理解を得られるであろう。また、同章に示したが、サプライチェーン・ロジスティクス改革はその取り組みの順序が極めて重要であり、本書の章立ての順に取り組むことで最大の効果があがるよう工夫されている。

　ただし、もし解決すべき課題が明確な場合には、必要な章まで読み飛ばしてもらっても構わない。各章はサプライチェーン・ロジスティクスを構成する各活動の理論で成り立っており、これらを個別に活用しても満足いく効果を得られるはずだ。しかし、読み終えたら必ず第1章へ戻ってもらいたい。包括的な理論を知ることで、1ランク上の気付きが得られるはずだからだ。

　新たに書き加えた第11章「サプライチェーン・プランニング戦略」では、第10章までの考えを統合した新しいコンセプト「統合化されたサプライチェーン・プランニング（ISCP）」について述べている。これは、伝統的なS&OPを超えた、組織、データ、システム、分析、指標、ポリシーを通じて、需要、供給、物流、財務の各計画を連携させ、最適化し、同期させるプランニングプログラムだ。これこそ、サプライチェーン・ロジスティクスの全体最適化を確実に実行する企業活動のゴールと言えよう。

　現在も日々、世界中の優良企業がRightChain® 理論を、実務に落とし込ん

で実践している。この事実からも分かるように、本書はアカデミックでありながら決して理論倒れすることのないものだ。また、読者が置かれたそれぞれの環境へ応用する手がかりにしてもらうため、多くの実例やシミュレーション事例をふんだんに紹介している。

はじめてRightChain®を学ぶ方へ

先述の通り、本書はサプライチェーン・ロジスティクス全体の原理原則を解説しているため、理解に時間を要するかもしれない。そして、すぐに効果を得ることが実感できず、もどかしさを感じるかもしれない。しかし、少し辛抱して時間を掛け、自分たちが何をすべきか、理解を深めてほしい。それによって、自分の判断に自信を持てるようになるはずだ。そして、何度も何度も読み返してほしい。読むたびに新しい発見があるはずだ

RightChain®に取り組んでいる方へ

すでに初版を読み、RightChain®に取り組んでいる読者にも、この改訂版は新しい本として読んでいただけるだろう。特にこの10年間で高度に進化したRightChain®体系と、新たに書き加えた「統合化されたサプライチェーン・プランニング（ISCP）」によって、新しい気付きとより深い理解、そしてより高く広い視点からサプライチェーン・ロジスティクスを捉えることができるはずだ。

最後に

1年以上前から出版プロジェクトを立ち上げ、日本の読者にも理解してもらいやすいように夜遅くまで議論を重ね、地道な翻訳作業を行ってきた。その成果として本書を世に送り出すことができたのは、関係者全員の大きな喜びだ。また本書を出版できたのは、著者であるフレーゼル博士は勿論のこと、翻訳者で長年のビジネスパートナーである株式会社FMUの中野雅司氏をはじめとする多くの方の多大なる協力によるものだ。そして、弊社で長年多くの苦労を共にしてきた竹内睦氏の優れた編集能力の賜物である。また、明治大学の小川智由教授には監訳者として多くの助言を頂いた。今回の出版にかかわった皆様に敬意を表するとともに、この書籍が多くの企業の成功に貢献できることを切に願っている。

本書の構成

- 第1章 **サプライチェーン戦略** RightChain® ── サプライチェーンにおける活動と管理機能の構造や枠組み、戦略構築の手順や最適化の定義等、全体最適化の原理原則を解説する

- 第2章 **サプライチェーン・パフォーマンス戦略** RightScores™
- 第3章 **サプライチェーン・サービス戦略** RightServe™

　　サプライチェーン・パフォーマンス戦略およびサプライチェーン・サービス戦略は、サプライチェーン戦略構築のミッションとなるため、最初に解説する

- 第4章 **在庫戦略** RightStock™
- 第5章 **サプライ戦略** RightBuys™
- 第6章 **輸配送戦略** RightTrips™
- 第7章 **ウェアハウジング戦略** RightHouse™

　　第3章〜第7章では、RightChain®で定義する5つのサプライチェーン活動(イニシアチブ)の戦略構築法について解説する

- 第8章 **サプライチェーン・アウトソーシング戦略** RightSource™
- 第9章 **サプライチェーン情報システム** RightTech™
- 第10章 **サプライチェーン組織戦略** RightTeam™
- 第11章 **サプライチェーン・プランニング戦略** RightPlan™

　　第2章と第8章〜第11章では、RightChain®で定義する5つのサプライチェーン管理機能(イネーブラー)の戦略構築法について解説する

[目 次]

著者序文　　3
はじめに　　5
本書の構成　　10

第1章 サプライチェーン戦略　RightChain®

1-1　RightChain® の定義　20
- 1-1-1　サプライチェーンのバベルの塔　21
- 1-1-2　サプライチェーン・ロジスティクスとは何か　23
- 1-2-3　サプライチェーン戦略とは何か　24

1-2　RightChain® モデルおよび枠組み　27
- 1-2-1　サプライチェーン・ロジスティクスの星形モデル　27
- 1-2-2　サプライチェーン部分最適の WrongChain モデル　31
- 1-2-3　RightChain® のサプライチェーン統合化モデル　33

1-3　サプライチェーンの簡素化　35
- 1-3-1　利益を出すために剪定する　37

1-4　サプライチェーンの最適化　40
- 1-4-1　サプライチェーンの制約条件　42
- 1-4-2　サプライチェーンの最適化　44

1-5　サプライチェーン最適化へのロードマップ　48
- 1-5-1　調査（Investigate）　49
- 1-5-2　改善（Innovate）　50
- 1-5-3　導入（Implement）　50

第 2 章
サプライチェーン・パフォーマンス戦略　RightScores™

2-1　指標および目標値　55
- 2-1-1　効果的な指標　55
- 2-1-2　効果的な目標値　60

2-2　サプライチェーン・スコアボード　62

2-3　究極の指標　65
- 2-3-1　トータルサプライチェーン・コスト　65
- 2-3-2　パーフェクトオーダー・パーセンテージ　69
- 2-3-3　究極の目標　72

2-4　アセスメント（診断）および投資正当化　73
- 2-4-1　RightChain® プラクティスアセスメント　73
- 2-4-2　RightChain® パフォーマンスアセスメント　74
- 2-4-3　RightChain® 財務アセスメント　75
- 2-4-4　サプライチェーン構築計画　77

第 3 章
サプライチェーン・サービス戦略　RightServe™

3-1　サプライチェーン・サービスの原理原則　80

3-2　サプライチェーン・サービス手法　92
- 3-2-1　RightSales™ 顧客価値評価　93
- 3-2-2　RightSKUs™ SKU 価値評価　106
- 3-2-3　RightPrice™ オーダー価値評価　111
- 3-2-4　RightTerms™ サービスポリシー最適化　111
- 3-2-5　RightScores™ サービスパフォーマンス指標　122

第4章

在庫戦略　　　　　　　　　　　　　　　RightStock™

4-1	RightSKUs™ SKU を最適化する	128
4-2	RightCast™ 予測を最適化する	135
4-3	RightTimes™ リードタイムを最適化する	140
4-4	RightLots™ ロットサイズを最適化する	146
4-5	RightPloy™ 在庫配備を最適化する	152
4-6	RightSight™ 在庫ビジビリティを最適化する	157
4-7	RightRate™ 在庫維持レートを最適化する	160
4-8	RightStock™ そして在庫は最適化される	164

第5章

サプライ戦略　　　　　　　　　　　　　RightBuys™

5-1	サプライヤーの認証	170
5-2	サプライヤーの最適化	172
5-3	サプライヤーの合理化	176
5-4	サプライヤーの評価	178
5-5	サプライヤーセグメンテーション	182
5-6	サプライヤーとのリレーションシップ管理	185
5-7	サプライヤーとの協働化	188

| 5-8 | サプライチェーンの同期化 | 189 |

第6章
輸配送戦略　　　RightTrips™

6-1	RightMap™ ネットワーク戦略	196
	6-1-1　ネットワークトレードオフ	197
	6-1-2　RightMap™ 手法	201
6-2	RightShip™ 出荷戦略	216
	6-2-1　RightStops™ 出荷頻度最適化	216
	6-2-2　RightModes™ 輸配送モード最適化	218
	6-2-3　RightShip™ 出荷計画最適化	221
6-3	RightFleet™ フリート最適化	225

第7章
ウェアハウジング戦略　　　RightHouse™

7-1	サプライチェーンにおけるウェアハウジングの役割	231
	7-1-1　ウェアハウジングと顧客サービス	232
	7-1-2　ウェアハウジングと在庫管理	233
	7-1-3　ウェアハウジングとサプライ（調達）	235
	7-1-4　ウェアハウジングと輸配送	237
	7-1-5　ウェアハウジングとウェアハウジング	237
	7-1-6　ウェアハウジングの歴史	238
	7-1-7　ウェアハウジングの役割	240

7-2	インバウンド戦略	242
	7-2-1　入荷フロー最適化	242
7-3	保管戦略	249
7-4	アウトバウンド戦略	259
	7-4-1　ピックロケーションからのピッキング	260
	7-4-2　保管ロケーションからのピッキング	268
	7-4-3　ピックシークエンシング	270

第8章 サプライチェーン・アウトソーシング戦略 RightSource™

8-1	アウトソーシングへのモチベーション	276
8-2	正当化および選定	291

第9章 サプライチェーン情報システム戦略 RightTech™

9-1	サプライチェーン情報システムの構造	301
9-2	データ戦略　サプライチェーン・プロファイリング	308
9-3	機能性戦略	315
9-4	コミュニケーション戦略	317
	9-4-1　自動認識技術	319
9-5	システム選定および正当化	327

第10章
サプライチェーン組織戦略　　RightTeam™

10-1　組織の整合性戦略　　334
　10-1-1　機能的組織モデル　　336
　10-1-2　事業部別組織モデル　　337
　10-1-3　マトリクス組織モデル　　338
　10-1-4　統合化されたサプライチェーン組織モデル　　339
　10-1-5　グローバルサプライチェーン組織モデル　　341
　10-1-6　分散型サプライチェーン組織モデル　　343

10-2　サプライチェーンのプロの育成　　344

10-3　プランニング組織戦略　　347

第11章
サプライチェーン・プランニング戦略　　RightPlan™

11-1　統合化されたサプライチェーン・プランニング　　353
　11-1-1　ISCPプログラムの全体像　　357

監修者あとがき　　364

重要用語解説　　368

本文索引　　374

第 1 章

サプライチェーン戦略

RightChain®

私がセミナーを実施する際は常に、参加している企業経営者またはマネージャーにモチベーションを与えるような議論から始めるようにしている。本書の核となるRightChain® サプライチェーン戦略セミナーの場合も同様である。なぜなら、我々のクライアント企業やセミナー参加者に対する公式または非公式の調査によると、サプライチェーン・ロジスティクス関連プロジェクトの30% 未満しか成功していない。より辛辣な表現を使えば、**サプライチェーン・ロジスティクス関連プロジェクトの約70% は失敗しているのだ！**　もしプロジェクトにソフトウェアの導入が含まれていれば、失敗する確率は85% にも達する。成功率がわずか15% であれば、どのプロジェクトも始めようとは、誰も思わないのではないだろうか。業界全体でこれまでに実施されたすべての調査、開発されたあらゆるソフトウェア、すべての教育プログラム、すべての書籍、そして開催されたすべての会議・展示会などの努力にもかかわらず、サプライチェーン関連プロジェクトの成功率は、受け入れがたいほどに低く、しかもそれは改善されてきていない。成功率の低さに対する理由や言い訳は、以下のように多岐にわたる。

・サプライチェーン・ロジスティクスで必要とされる意思決定の複雑さとその範囲は、意思決定支援のためのリソース（モデル、指標、教育、手法、マネジメント、ソフトウェアなど）の開発よりも、はるかに速いペースで拡大している

・改善されてきてはいるが、マーケティング、営業、製造、仕入れ調達、物流の間の連携およびコミュニケーションは、未だに不十分であり、時には機能さえしていない

・サプライチェーン・パフォーマンス指標は、しばしばトレードオフの関係があり、また多くの場合、そうした指標は解決すべき問題を悪化させることさえある

・サプライチェーン・ベンチマーク目標は、多くの場合、信頼性が低く、一方的であり、またモチベーションを下げることもある

・サプライチェーンに携わる主要な人材は、めまいがするほど多くのプロジェクトに参加しているため、サプライチェーン戦略施策の本当の要件に取り組む気力や体力が残っていない

・サプライチェーン・プロジェクトに指針を与えるために依頼したコンサルタントは、若く、経験も浅く、問題解決のためのマニュアル通りのアプローチ

しか取ることができないことが多く、さらにより大規模で高額なソフトウェアプロジェクトの売り込み/統合化を優先することに関心が向いている
- サプライチェーンに関する戦略的アドバイスの提供を期待される3PL企業は、実際は彼らの得意とする領域のみのアドバイスをする能力しかなく、またそうしたアドバイスも自分たちの製品やサービスを売り込むためのバイアスがかかっていることが多い
- サプライチェーン責任者を支援するための意思決定支援ツールは、しばしば財務的な目標とサービスの制約を的確に反映しておらず、またそのツールを開発した会社によってのみしか使いこなせず、さらに実際にはほとんどトレーニングを受けていない多忙な責任者が使用している
- サプライチェーン責任者の10%未満しか、サプライチェーン・ロジスティクスに関する体系的な教育またはトレーニングを受けておらず、またそうした教育も時代に追いついておらず、実用的ではないことが多い
- 競争的で短期的な考え方しかできない経営者は、サプライチェーンの特効薬や他社の成功事例に飛びつき、目先の利益を求め、結果として不信と敵対心に満ちた企業文化を醸成する
- "コスト回避"の名の下に、仕入れ調達は未だに最低原価のみを求めており、背後に隠れている在庫維持、機会損失、輸配送、そして粗悪な品質などにより、何倍ものコストがかかっていることに気づいていない

　これらは過去30年にわたり、世界中のあらゆる場所のあらゆる業界で一緒に仕事をしたクライアント企業で観察したことをまとめたものである。
　そこには、問題解決のためのより良い方法が存在するはずである。我々は、長年にわたり、より良い方法を開発し、着実に成果をあげてきた。我々はそれをRightChain®と呼んでいる。RightChain®プログラムは、過去20年以上にわたるサプライチェーン戦略のコンサルティング、経営者向けセミナー、そしてリサーチに基づいており、またサプライチェーン戦略構築における主要な意思決定を支援するための、定義、手法、ツール、教育カリキュラム、原理原則、指標、プロセス、そして体系を含んでいる。RightChain®は、世界中で業界を問わず、また大手のみならず中小規模の企業のサプライチェーンを成功に導き、売上増加、経費削減、資本活用率の改善による最適な組み合わせを通して、合計50億ドル以上の利益改善に貢献してきている。RightChain®を導入すると、**通常どの企業でも１％から５％の利益改善が期待できる。**

1-1
RightChain® の定義

　ほぼ20年前、我々は大手食品メーカーのサプライチェーン戦略構築を支援していた。この会社に推奨したことの1つは、各部門のトップで構成されるサプライチェーン運営会議を設置することだった。この会社は、その推奨を受け入れ、さらに私にこの会議のファシリテーターになることを依頼してきた。

　運営会議は火曜日の午前8時に始まった。最初の数分間は、非常にスムーズに進んだ。ところが会議は突然、まるで子供たちと夏休みにミニバンで旅行に行き、大渋滞のなか出発から5時間過ぎたような状況を呈したのである。会議室の中は収拾が困難なほど混沌としていた。会議の参加者の怒鳴り声は大きくなるばかりだった。

　それはまるで、会議室の中に、8人の高給取りの会社経営陣と、途方に暮れたファシリテーターがいるような感じだった。このとき、私は次のようなことを考えていたのを覚えている。「恐らく、私はコンサルティングフィーを返さなければならないだろう、なぜならこの会議をうまく運営することができなかったからだ」。本当のことを言えば、私は喜んでコンサルティングフィーを返して、静かにこの場を立ち去りたいと思っていた。神のご加護か、午前9時に短い休憩が予定されていた。この休憩の間、私はこんなことを考えていた。「神様、なぜ私はこの会議を運営するのに、こんなに苦労しているのですか？」と。すると突然、何が問題なのかが閃いたのだ。

　この日、その会議に参加していた経営陣には、製造部門、輸配送部門、ウェアハウジング部門、資材管理部門、財務部門、マーケティング部門、IT部門、そして会長の甥が含まれていた。また、彼らは皆、誰も他の会社で働いたことがなく、現在の業務以外の仕事をした経験もなかった。したがって、例えば誰かが輸配送（どの領域でも良い）の経験しかないとしたら、彼はこのファシリテーターが何の話をしていると思うだろうか。どんなに"優れたファシリテーター"がサプライチェーン・ロジスティクスの話をしたとしても、恐らく次の

2つのうちの1つだろう。彼は、ファシリテーターの話の中で輸配送の部分しか理解しないか、または他の彼が知らない世界について輸配送の視点から理解することになるだろう。一度この啓示を得ると、私はこの会社（そして他のほとんどの会社も）は、本当のところサプライチェーン・ロジスティクスについて、何も知らないということを悟ったのである。私は、この会議運営について方向転換した。

　会議が再開した時、私はグループに対し、この会議をこれ以上続けないことを伝えた。参加者は、不意を突かれて、私に対し何か失礼なことをしたのかどうか聞いてきた。私は彼らに対し、一切の非礼がないことを伝え、かえって私の方が無礼を働いたのではないかと言った。そして、私は会議のファシリテーションがうまく行かなかったことを謝罪し、挽回のチャンスをくれるようにお願いしたのである。彼らは喜んでそれに応じ、その後、私は半日間のサプライチェーン戦略に関するセミナーを開始したのである。一度、社内に基本的な知識と共通言語が確立されると、この会議とプロジェクトはスムーズに進行するようになった。この日以降、我々は全てのサプライチェーン戦略プロジェクトを始める際、クライアント企業の経営陣と管理チームに対し、RightChain® の定義、モデル、原理原則、サプライチェーン・ロジスティクスにおけるトレードオフについて解説するためのセミナー／ワークショップを行うようになった。我々のConsulCation™（教育を融合したコンサルティング）アプローチは、非常に大きな成功を収め、すべてのコンサルティングの仕事に、RightChain® の教育カリキュラムを統合化するようになったのである。

1-1-1
サプライチェーンのバベルの塔

　ここまで話してきたことにおける真の問題は、はるか昔の物語の中でより明確に語られている。アダムとイブの話はご存じだろうか。彼らの犯した罪にもかかわらず、彼らには多くの学ぶべき点がある。その1つは、彼らが同じ言語を話していたということである。彼らの子供たちも、数世代のちの子孫もまた同じ言語を話していた。すべての人が同じ言語でコミュニケーションを取ると、社会や組織の創造性、経済や産業における発展はどうなるだろうか。急激に、そして持続的な進歩が起こるのだ！

今日、我々はエンターテイメント、テクノロジー、医療などの進歩により高度な文明を築いているが、アダムとイブの子孫たちも、それほど遜色ない進歩を達成していた。彼らは、音楽、芸術、冶金、都市計画、建築などに精通していた。やがて彼らは自分たちが高度な進歩を遂げたという理解のもと、その成功を祝福するための記念碑を作ることを思いつく。問題はここから始まる。

　ある日、私はこの物語を読んでいて、2つのことが脳裏に浮かんだのである。その第1は、聖書にある言葉である。神は下界を見下ろして、何が起こっているのか観察し、「**もし人間たちが、同じ言葉を話すことができたら、彼らが達成できないことは何もない**」と言った。私が最初に考えたことは、「これは信頼性の高い情報源から来ている」ということだった。次に考えたことは、「これはうまく機能する！　これはビジネス組織、スポーツチーム、または家族においても機能するものだ」ということだった。

　私はこの啓示を受けて、今まで出版されている書籍の中で最も退屈な本を書くことになった。それは『ロジスティクスの言語』というタイトルの本であり、サプライチェーン・ロジスティクスに従事する責任者／担当者に対して、共通言語を開発し、教育するためのものであった。私はまた、ロジスティクスの共通言語を教育するために、サプライチェーン・ロジスティクスに関する一連のセミナーの構築に着手した。"サプライチェーン・マネジメントシリーズ"というこのセミナープログラムは、ほぼ20年間にわたり実施されてきた。20以上の国にある1,000社以上の企業から、5万人以上の責任者／担当者が、大学で、現場で、またはオンラインでこのセミナーシリーズに参加している。

　このとき、思い浮かべたもう1つのことは、この聖書の物語の悲しい終わりだった。残念ながら、この社会は誰が人間に対して、多くの偉大なことを達成するための能力を与えたのかを忘れていた。神は、人間の悪意と誇りを伴う、急速で大規模な進歩が、いずれ害をもたらすことを知っていた。そうした人間の行いに怒り狂った神は、人間たちの言葉を混乱させたのである。人間たちが造った塔が半分ほどの高さに達した時に、このプロジェクトは終わりを告げ、人々は散り散りに去って行ったのである。この状況は、多くのサプライチェーン・ロジスティクスプロジェクトにおいても起こっていることである。その背景には、政治的な抗争、高すぎるプライドによる縄張り争い、本来人間が持つ惰性や無関心を克服することができないことがある。

　自然に意思疎通ができないということは、いらいらが溜まり、お互いの信頼

を阻害し、進歩と創造への障壁を作り出すのである。現代および古代の物語のポイントは、人間が意思疎通し、一緒に進歩を遂げるためには、共通言語が必要であるということだ。それは、サプライチェーン・ロジスティクスに関する共通の定義から始まる。

1-1-2
サプライチェーン・ロジスティクスとは何か

　サプライチェーン・ロジスティクスを定義するために、それを構成するいくつかのパーツに分けてみよう。まずは、すべての基盤となるロジスティクスの定義から始めよう。

　ロジスティクスの定義には、多様なものが存在する。我々は約20年前に、シンプルな定義を構築した。それは、「**ロジスティクスとは、消費者とサプライヤーの間の"もの、情報、金"の流れである**」という定義である。

　このシンプルな文章から、多くのことを学ぶことができる。まず、ロジスティクスとは"流れ"であるということだ。流れということは、良いことである。例えば、水の流れが止まったら、何が起こるだろうか。停滞し、水は澱み、虫が涌き、もしかしたら死んでしまう可能性もある。それでは、血の流れが止まったら、何が起こるだろうか。専門家は、これを"凝固"という。一般人は、これを通常誰かが"死ぬ"という。ポイントは、物事が流れを止める時、何かまたは誰かが死ぬのである（または仕事、顧客、株主を失う）。ロジスティクスにおいては、3つの物事が流れる必要があり、それらは"もの、情報、金"である。理想的には、これらの3つが同時に、リアルタイムで、ペーパレスで流れることが望ましい。

　我々はまた、"ロジスティクス"について、その言葉の起源からも多くを学ぶことができる。ロジスティクスという言葉の起源は、"ロジック"である。ウェブスター辞典によると、ロジックは"理由づけ、または、思慮深い判断"を意味する。RightChain® は、サプライチェーン戦略を構成するいくつもの意思決定を検証する時の理由づけと思慮深い判断に強く依存している。ロジックの元になる言葉は、"ロゴス"であり、これはギリシャ語の"神の言葉、神聖な理由づけ、知恵、バランス"を意味する。RightChain® はまた、複雑なサプライチェーンのトレードオフ問題に取り組む時、神が授けられた真理と知恵に依存

している。RightChain Inc. と三菱ケミカルエンジニアリング株式会社のジョイントベンチャーである我々の日本のチームは、この考え方に敬意を表して、自らをロゴス（LogOS®）チームと呼んでいる。

これが"ロジスティクス"の定義であるなら、"サプライチェーン"とは何だろうか。"ロジスティクス"の定義と同様に、"サプライチェーン"の定義についても多くの混乱があるように見える。誰もが、それぞれ独自の定義を持っているようである。我々の定義は、次のようなものである。**サプライチェーンは、消費者とサプライヤーをつなぐ、複数の工場、ウェアハウス、港、情報システム、ハイウェイ、鉄道、ターミナル、輸配送モードで構成されるインフラである。**

この2つをまとめると、サプライチェーン・ロジスティクスは、消費者とサプライヤーをつなぐ、複数の工場、ウェアハウス、港、情報システム、ハイウェイ、鉄道、ターミナル、輸配送モードで構成されるインフラにおける、もの、情報、金の流れである。スポーツに例えるなら、**サプライチェーンとはスタジアムであり、ロジスティクスはそこでプレーするゲーム**である。

1-1-3
サプライチェーン戦略とは何か

"ロジスティクス"と"サプライチェーン"に様々な定義が存在するように、"戦略"にも多くの定義が存在する。ある世界で"ビジョン"と呼ばれるものが、他の世界では"戦略"となっており、ある世界において"戦略"と呼ばれるものが、別の世界では"戦術"と呼ばれている。

図表1.1－a,b は、RigthChain® が提唱するサプライチェーン戦略の全体像をイメージするためのモデルであり、サプライチェーン戦略を理解する上で極めて重要である。

サプライチェーン戦略とは、企業のミッションにより、サプライチェーン活動（図表1.1-a の左側 =RightChain® ではイニシアチブとも言う）と、管理機能（図表1.1-a の右側 =RightChain® ではイネーブラーとも言う）を結び付けるものである。

本書の章立てもこのモデルに沿って構成されており、ミッションとして括られる指標管理（RightScores™）と顧客サービス（RightServe™）から始まり、

図表 1.1-a
RightChain® サプライチェーン戦略モデル（1）

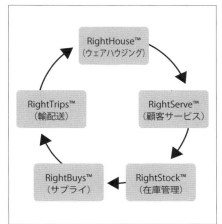

サプライチェーン活動
（イニシアチブ）

サプライチェーン管理機能
（イネーブラー）

図表 1.1-b
RightChain® サプライチェーン戦略モデル（2）

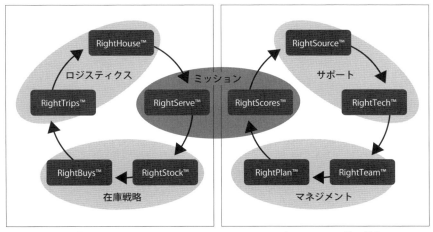

サプライチェーン活動
（イニシアチブ）

サプライチェーン管理機能
（イネーブラー）

サプライチェーン活動ではウェアハウジング（RightHouse™）、管理機能では統合化計画（RightPlan™）で完結する。

　ただし、このプロセスは1回で終わるものではなく、管理機能の統合化計画（プランニング戦略）にあるISCP（Integrated Supply Chain Planning：S&OPの進化形、第11章参照）プログラムを通して、継続的に高度化して行かなければならない。そして、RightChain®の世界において、サプライチェーン戦略とは以下の10個の質問（図表1.2）に対し、答えることである。

図表●1.2
RightChain® サプライチェーン戦略モデルの枠組み

ミッション（使命）	RightScores™	1	サプライチェーンの成功を定義するために使う指標と目標値は何か？
	RightServe™	2	サプライチェーン・サービス戦略はどうあるべきか？
在庫戦略	RightStock™	3	どれくらいの在庫をどこに持つべきか？
	RightBuys™	4	誰から何をどれくらい仕入れ、調達すべきか？
ロジスティクス	RightTrips™	5	輸配送ネットワークおよびフローはどう構造化されるべきか？
	RightHouse™	6	ウェアハウスはどのように設計され、運営されるべきか？
サポート	RightSource™	7	どのサプライチェーン活動をアウトソーシングし、誰にアウトソーシングすべきか？
	RightTech™	8	サプライチェーンを支援するために、どのようなサプライチェーン情報システムが必要か？
マネジメント	RightTeam™	9	サプライチェーン組織はどのように連携し、構築されるべきか？
	RightPlan™	10	これらすべてを統合化するためにどのようなサプライチェーン計画プログラムを活用すべきか？

1-2
RightChain® モデルおよび枠組み

　ウェブスター辞典によると、モデルとは「システムの単純化されたイメージ」であり、枠組みとはモデルと同義語であり、「複雑なシステムの運用を説明するために使われるコンセプトまたは言葉の統合化された構造のことである」となっている。モデルと枠組みは物理的および観念的システムを代表している。これらは、複雑な現象を説明するときに役立つ。

　サプライチェーン・ロジスティクスの意思決定における複雑な現象を説明するために、私は様々なRightChain® モデルおよび枠組みを開発してきた。これらの戦略レベルのモデルおよび枠組みには、次の3つが含まれている。

①サプライチェーン・ロジスティクスの星形モデル（1-2-1参照）
②サプライチェーン部分最適のWrongChainモデル（1-2-2参照）
③RightChain®のサプライチェーン統合化モデル（1-2-3参照）

　なお、私はこの3つで止めたが、その理由はそれ以上のモデルを作るとモデルを説明するために別のモデルが必要となり、枠組みを説明するために別の枠組みが必要になるからである。

1-2-1
サプライチェーン・ロジスティクスの星形モデル

　我々のサプライチェーン・ロジスティクスの星形モデル（図表1.3）は、性格が悪く皮肉屋の大手化学会社のCEOに対して、なぜ彼の会社が1500万ドルのウェアハウスを必要とせず、彼がテレビで語った、元気のない地域経済に対して数百人分の雇用を作り出すという約束が必要でないかを説明するための最後の手段として開発されたものである。このとき、私はその1500万ドルの物理的なウェアハウスが、サプライチェーン・サービスポリシー（顧客サービスポリシーと同義）の欠如、過剰在庫、統合化されていない調達先、うまく管理・

運営されていない輸配送に対する最良の答えではないということを説明するための何かを必要としていた。その答えは、サプライチェーン・サービスポリシー（顧客サービスポリシー）、そのサービスポリシーを満足するために必要な在庫量の決定、生産スケジュールの最適化および調整、そして輸配送業務の最適化という4つの取り組みにより、物理的なウェアハウスへの必要性を排除または最小化することであった。この4つの取り組みをした後でも、まだ物理的な在庫の役割が残っていたとしたら、それがウェアハウスの要件を定義する。つまり、適正なサプライチェーン戦略が構築されれば、過剰在庫およびウェアハウジングへの追加要件が排除され、顧客サービスは改善され、さらに利益が改善するのである。

　我々はこれをサプライチェーン・ロジスティクスの星形モデル（図表1.3の左）と呼ぶ。また、この星形モデルにもとづいて、サプライチェーン活動に対応するRightChain® 施策を展開するのが、RightChain® 星形モデル（図表1.3の右）である。

図表●1.3
サプライチェーン・ロジスティクスの星形モデル

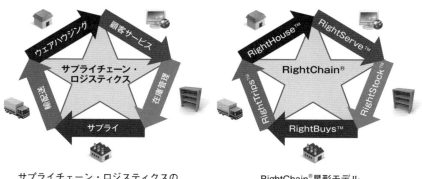

サプライチェーン・ロジスティクスの
星形モデル

RightChain®星形モデル

　我々の星形モデルは、サプライチェーン・ロジスティクスの2つの重要な特徴を表している。第1に、サプライチェーン・ロジスティクスのスコープ（範囲）を明確にすることである。我々は、顧客サービス、在庫管理、サプライ、輸配送、ウェアハウジングをそのスコープとしている。スコープが欠如すると、全体像

があいまいになり、これがプロジェクト全体にとって大きな障害になる可能性があり（組織の中にはプロジェクトに色々なものを付加したがる人がいる）、サプライチェーン・プロジェクトをうまく管理できないほど大きなものにしてしまいかねない。第2に、サプライチェーン戦略を策定する際、サプライチェーン意思決定を検討する最適な順番が存在することである。無数に存在する意思決定の相互依存性に直面した時、最適な順番に従わないと、サプライチェーン意思決定は、犬が自分の尻尾を追いかけるような状況になってしまう。

　星形モデルは、顧客サービスから始めるが、それには多くの理由がある。第1に、サービスの謙虚な姿勢と顧客への奉仕は、サプライチェーンの成功の基本となるからだ。第2に、サプライチェーン・サービスポリシー（顧客サービスポリシーともいう）の一部として策定された制約条件は、サプライチェーン最適化の基礎となるものだからである。

　RightChain® プロジェクトのキックオフミーティングにおいて、管理者や経営陣の表情やボディランゲージを観察することは非常に興味深い。CEO（最高経営責任者）、COO（最高執行責任者）または CSCO（最高サプライチェーン責任者）がプロジェクトのキックオフを告げる時、マーケティングや営業部門の人たちはすぐに見分けることができる。なぜなら、彼らは肩を落として不安そうな表情をして、うなだれた様子で座っているからだ。彼らは、プロジェクトがサービスレベルを下げることを通して、人員削減と経費節減を目指していると思い込んでいるのだ。ただし、それは RightChain® が目指すものではない。**RightChain® は、顧客にサービスを提供するための最も利益性の高い方法を決定し、営業およびマーケティングチームからサプライチェーン・ロジスティクスについて心配する負担を取り除くことで、彼らが営業およびマーケティングに集中できるようにすることを目指すものである。**RightChain® に取り組む企業においてはしばしば営業およびマーケティングチームが、自動車サービスパーツ業界ではディーラーサポートグループが、レストラン業界ではシェフが、ヘルスケア業界では医者が、RightChain® プログラムの最も強い支持者になっている。**RightChain® は、サービスから始まるのだ！**

　顧客サービスの次に検討することは、在庫計画および管理である。こう言うと多くの人は、サプライチェーンにおける在庫量を最小化することだと思うかもしれない。ただし、それはゴールではない。RightChain® の**ゴールは、サプライチェーン・サービスポリシー要件を満足し、在庫の財務パフォーマンスを**

最大化する在庫量および商品構成を決定することにある。

　RightChain® 決定における第3の検討事項は、サプライの領域である。RightChain® は、そのサプライチェーン・サービスポリシー要件を最大の財務パフォーマンスで満足するソーシング決定を必要とし、その中で適正なサプライヤーを選定する。我々はサプライヤーサービスと顧客サービスの間のギャップを、より多くの在庫またはより大きな輸配送コストで埋めなければならないため、高パフォーマンスでサービス志向のサプライヤーを必要としているのである。

　RightChain® 決定における第4の検討事項は、輸配送の領域である。我々は今サプライチェーン・ロジスティクスの世界について解説しているが、多くの人がロジスティクスの同義語と考えている輸配送に、今やっと到達したのである。輸配送のゴールは、調達先と顧客を、サプライチェーン・サービスポリシーにある指針に沿って、最小のサプライチェーン・コストで結びつけることにある。その意味で、輸配送はサプライチェーン戦略の極めて重要な要素である。輸配送は、付加価値を生まない取るに足りない経費項目ではなく、またマネージャーの唯一の焦点が、キャリヤ（運送会社）との厳しい交渉を通じて経費を極限まで減らすことであるといったものではないのだ。

　RightChain® のサプライチェーン戦略決定の5番目で最後の検討事項は、ウェアハウジングに関するものである。個人的には、私の好きな領域であるが、サプライチェーン戦略を構築するに当たっては、最後に検討すべきものである。その理由は、第1に RightChain® の最初の4つの意思決定がウェアハウジングの必要性を排除、最小化し、ウェアハウジングへの適正な要件を決定する可能性があるからだ。残念ながら、サプライチェーンにおける連携・調整、統合化、計画の欠如により発生する問題への対処を、ウェアハウスはしばしばその役割として演じさせられているのだ。第2に、ウェアハウスはサッカーにおけるゴールキーパーのようなものである。いかなる状況においても、ウェアハウスはサプライチェーンにおける最後の防衛線なのである。第3に、ウェアハウスを適正に計画し運営するためには、サプライチェーンからのサービス、在庫、輸配送ミッション（使命・役割）が必要となる。最後に、3PL 企業がウェアハウスを運営すべきであると決定するかもしれないからである。

　我々はこれらの5つの RightChain® の要素を、RightChain® イニシアチブ（サプライチェーン活動）と呼んでいる。順番に言うと、それらはサプライチェー

ン・サービスを最適化し（RightServe™）、在庫を最適化し（RightStock™）、サプライを最適化し（RightBuys™）、輸配送を最適化し（RightTrips™）、そしてウェアハウジングを最適化するのである（RightHouse™）。これらのRightChain®施策の基盤は、サプライチェーン指標および目標値を最適化し（RightScores™）、サプライチェーン・アウトソーシングを最適化し（RightSource™）、サプライチェーン情報システムを最適化し（RightTech™）、サプライチェーン組織を最適化し（RightTeam™）、そしてサプライチェーン計画全体を統合、最適化する（RightPlan™）ものである。これらサプライチェーン戦略の10要素が、本書の骨組みとなっている。

1-2-2
サプライチェーン部分最適のWrongChainモデル

あるクライアントからの要望で、彼らのサプライチェーン内に生まれた部分最適と内部的な矛盾を理解してもらうため、サプライチェーンの部分最適、機能不全、内部矛盾を包含するWrongChainモデルを開発した（図表1.4）。それはまた、なぜほぼすべてのサプライチェーンに部分最適、機能不全、ストレス、そして内部的矛盾が存在するのか、その理由を明らかにするものとなった。

図表●1.4
サプライチェーン部分最適のWrongChainモデル

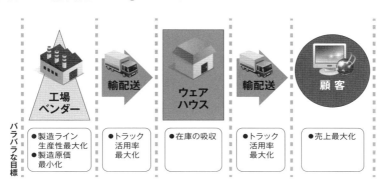

今、営業、製造、調達、輸配送、ウェアハウジングを含む典型的なサプライチェーンについて考えてみることにする。

最初に、営業について考えてみよう。営業部門が予測を担当し、彼らは歩合制で働いていると仮定しよう。歩合制で仕事する営業担当にとって、起こり得る最悪の事態とは何だろうか。それは、売るべき製品が欠品することである。したがって、彼らが予測をする場合、何を優先することになるだろうか。その通り、製品在庫が無くならないよう、予測を大きく膨らませるのだ。その結果、実際に必要な安全在庫量よりも、大きな安全在庫量を持つことになるのである。

次に、製造部門を見てみよう。多くの工場長は、どのような指標で評価されるだろうか。大多数の工場長は、製品1個当たりのコスト、工場の歩留まり、または工場の設備稼働率などに基づいて評価されている。この目標を達成するために、あなたなら何をするだろうか。長時間製造ラインを稼働させ、通常よりも多くの在庫を作り出すことになるだろう。

3番目に考えるのは、仕入れ調達である。多くのバイヤーは、どのようにして評価されるだろうか。大多数のバイヤーは、いかに低価格で製品を調達したかを基準に評価を受ける。では、どうしたら、低価格を達成できるだろうか。大量に仕入れることによって、通常以上に大量の在庫を形成することになる。

次は、輸配送である。多くの輸配送管理者は、どのように評価されているだろうか。ほとんどの輸配送管理者は、売上に対する輸配送コスト比率、1マイル当たりのコスト、または車両の積載率によって評価されている。どうしたら輸配送コストを最小化し、車両の積載率を最大化することができるだろうか。それは、出荷用コンテナおよび車両をできるだけ満杯にする、別の言葉で言えば、イントランジット在庫を最大化することにより達成される。

最後が、ウェアハウジングである。センター長は、どんな指標により評価されているだろうか。多くのセンター長は、スペース活用率および1個当たりの人件費という指標により評価されている。スペース活用率を最大化するにはどのようにすればよいだろうか。それは、ウェアハウスをいっぱいにすることである。では、1個当たりの人件費を最小化するにはどうしたらよいか。それには、オーダーをできる限り長く滞留させ、そして、できるだけ大きな作業バッチを形成し、ピッキングリストを発行するのである。この2つの目的は、共にウェアハウス内の在庫を増やす方向に作用する。この状況を見れば、ほぼすべ

てのサプライチェーンにおいて、過剰在庫が発生していることは、疑う余地がない。

ある日、私は大手食品メーカーのCOO（最高執行責任者）からの電話を受けた。彼は、自社のサプライチェーンにおける在庫レベルについて苦労しているのだと言った。私は彼に対し、「あなたたちが抱える問題が何であるか、当ててみましょう」と言い、さきほど紹介したWrongChainモデルについて説明した。彼は押し黙り、気まずい沈黙が支配した。すると突然、彼は大声で笑い出したのである。私は、なぜ笑い出したのか聞いた。彼は、もう何年にもわたり、過剰在庫に悩まされ続けてきており、機能しないソフトウェアとコンサルタントに何百万ドルもの投資をしてきたにもかかわらず、わずか1分もしないうちに、そして彼らのオフィスやオペレーションを見たこともない私が、彼らの在庫病について的確な診断をしたからだと答えた。彼は、「あなたはサプライチェーンについてのシャーロック・ホームズに違いない」と言った。

もちろん、私はシャーロック・ホームズではない。彼に伝えたこと、そして読者と共有したことは、ほぼすべてのサプライチェーンにおいて発生している在庫病の根本原因なのである。この病気は、サプライチェーンの各要素に設定された指標と意思決定の整合性がうまく取れていないことにより発生するのだ。

1・2・3
RightChain® のサプライチェーン統合化モデル

WrongChainモデルには、多くのそして多様な間違いが存在する。ときには、間違いから学ぶことで、正しいモデルの創造につながることがある。

このモデルの重大な間違いの1つとして、意思決定のサイロ化が挙げられる。我々は、RightChain® のサプライチェーン統合化モデル（図表1.5）の中で、サプライチェーンにおけるすべての活動を統合化された意思決定の下に集約することで、この間違いを修正している。WrongChainモデルにおけるもう1つの大きな間違いは、主にサプライチェーン内の個別のリソース活用率を最大化することで、1個当たりのコストを下げることに注力していることである。RightChain® は、サプライチェーン・サービスポリシー要件を満足しつつ、トータルサプライチェーン・コストを最小化するサプライチェーン全体の包括

的な目的関数を開発・導入し、このWrongChainモデルの問題を修正している。RightChain®のトータルサプライチェーン・コストの定義は、在庫維持、機会損失、インバウンドおよびアウトバウンド輸配送、そしてウェアハウジングに要する経費および資本コストを含んでいる。RightChain®統合化モデルは、最適化を通してサプライチェーンのミッションを反映し、サプライチェーンの各活動の適正な役割とスケジュールを決定する。

図表●1.5
RightChain®のサプライチェーン統合化モデル

1-3
サプライチェーンの簡素化

　シリコンバレーに大手半導体メーカーのクライアントがいる。彼らとの最初のプロジェクトは、サプライチェーン全体のアセスメント（診断）をすることであった。この会社のRightChain®スコアは71%で、Cマイナスであった。私が、この会社のCOOにアセスメントの結果を報告した際、彼は非常に不満そうだった。彼は、評価の点数が気に入らないと言った。私もこの採点に満足している訳ではないが、これが彼らの現実であると伝えた。それでも彼は、私がいかに彼らのビジネスが複雑であるのかを理解していないと不満を漏らしたのである。私は、アセスメントをやり直すことを約束した。私はアトランタに戻って、もう1度数字を計算し直し、評価を見直した。そして、出てきた結果はやはりCマイナスであった。私は再び、シリコンバレーに戻り、COOにやり直した結果を報告した。彼はこれ以上ないほど驚き、そして再び、彼のビジネスの複雑性を理解していないと繰り返し訴えたのである。私は、これまで自分たちの複雑性を強調する多くの会社と仕事をしてきたが、私は自分の評価に自信を持っていると言った。COOは、再評価を依頼し、それに対する支払いもすると約束した。私はアトランタに戻って、もう1度計算をし直したが、出てきた結果はやはりCマイナスであった。私は、またシリコンバレーに行く機内で、どのようにこの結果をCOOに伝えれば良いか不安だった。緊張の一瞬が迫っていた。

　一部のサプライチェーンは、他のサプライチェーンよりも本質的に複雑である。しかも一部の企業は、本質的に複雑なものの上にさらに付加価値のない複雑性を上乗せしようとさえする。これらの企業は通常、低いパフォーマンスしか達成することができない。したがって、このCOOに対して、この現象を説明するために作ったのが、サプライチェーンの複雑性を定量化する複雑性指標である（図表1.6）。

　この指標は10個あり、それぞれ1～5の5段階でサプライチェーンを評価す

る。5が最高レベルの複雑性を意味する。これらの指標とその複雑性を低減させる簡素化施策の関係を図表1.6に示す。

図表●1.6
サプライチェーン複雑性指標と RightChain® 簡素化施策

	サプライチェーン複雑性指標	RightChain® 簡素化施策
1	SKU とカテゴリーの数	RightSKUs™：SKU 最適化
2	DC の数	RightMap™：サプライチェーン・ネットワーク最適化
3	キャリヤの数	RightLines™：キャリヤ最適化
4	サプライヤーの数	RightCore™：サプライヤー最適化
5	トランザクション処理件数	RightFlows™：フローパス最適化
6	需要変動	RightCast™：予測最適化
7	途絶の危機	RightRisk™：リスク最適化
8	規制要件	RightDocs™：文書化最適化
9	レスポンスタイム要件	RightTerms™：サプライチェーン・サービス最適化
10	ソフトウェアの数	RightTech™：テクノロジー最適化

　私は、この指標を用いて、幅広く多様なクライアント企業のサプライチェーン複雑性について計算した。このスコアが最も高かったのは、NASA（50点中49点）と、アメリカ軍のDLA：アメリカ国防兵站局（50点中48点）だった。

　この図表にある複雑性のコンセプトを見ることにより、このCOOも私が言おうとしたことを理解し始めたのである。それから私は、彼の会社とロジスティクス的に似ている企業のRightChain®スコアとサプライチェーン複雑性比較を提示した。彼の会社の持つ本質的な複雑性に対して、彼自身がさらに複雑性を上乗せしていたのだ。彼は徐々に、自分の間違いに気付き始めた。

　システムの複雑性が増すとそのパフォーマンスが下がっていくという事実（図表1.7）は、あらゆるシステムに当てはまるものである（個人の生活にさえ適用できる）。この現象は、エントロピー（熱力学において複雑性の大きさを示す指標）の熱力学第二法則と酷似しており、それは、**一切の介入のないいか**

なるシステムも、**最終的にカオス状態に至る**というものである。すべてのシステムには介入が必要なのである。この現象を説明するために、私はしばしばセミナーの参加者に、年末の大掃除をしなかったら何が起こるか想像してみるように言う。ある1人の女性が、立ち上がって言った。「それは私の家のようになるということでしょう」。つまり、何もしなければ複雑性は増大するのである。

図表●1.7
サプライチェーン複雑性 vs. サプライチェーン・パフォーマンス

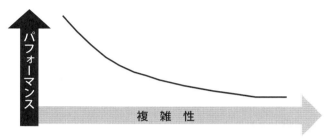

複雑性は、サプライチェーンの動脈にできた血栓のようなものである。それは取り除く必要があり、継続的に防がなければならず、それが蓄積してきたら再度取り除かなければならない。このクライアントの場合、彼らは一度も複雑性に対処したことがなかったのである。事実、彼らの企業文化は、複雑性を減らすのではなく、自らが課した複雑性を克服することに誇りを持ち、高い評価を与えるというものであった。私の主張の本当の意味が理解されると、このクライアントとのプロジェクトは、いままで私が関わった中で最も成功した取り組みの1つとなった。

1-3-1
利益を出すために剪定する

我々は、日本において三菱ケミカルエンジニアリングとのジョイントベンチャーを展開している。私は、年に1～2回日本へ行き、そこで一連のセミナーを開き、クライアント企業にコンサルティングを提供し、ビジネスの展開状況を確認している。そうした日本への訪問の際、日本におけるパートナーが、東

京で最高の"食品展示場"に連れて行ってくれると約束した。そこは、我々の東京のオフィスの近くにある百貨店の地下食品売場だった。私は、その青果売場に行くまで、何が起こっているのか理解できなかった。彼は、私が今まで見たこともないような、最高に美しいフルーツと野菜を見せてくれたのだ。それはまた、私が今まで見た中で最高に高価なものでもあった。小さな一房のブドウが14ドル、メロン1個が100ドル、またイチゴに至っては1粒が5ドルもするのだ。桃は1個8ドルもした。私は、パートナーになぜこんなに高いのかと質問した。彼は、フルーツが実を付け始めた時に、農家の人たちが最もおいしくなりそうな10%の実を残し、あとの90%は剪定してしまうのだと説明してくれた。この木の持つすべての養分が、この10%のフルーツに集中することになるのだ。

これらのフルーツは、あまりにも高価だったので、この時私は1つも買わなかった。だから、私には、これらのフルーツがどんなに美味しいか想像することしかできなかった。その後まもなく、日本のクライアントの1人が、私を自宅に招待し、デザートとして出してくれるまでは。この時私は、妻と2人の子供が一緒だった。彼の家のダイニングルームの床に座って待っていると、恐らく総額500ドルはするだろう新鮮なフルーツの盛り合わせを出してくれたのである。それらのフルーツは、今まで食べたこともないような美味しさだった。

このフルーツの話が、サプライチェーン戦略にどう関係するのだろうか。我々は、これを「利益を出すための剪定」と呼んでいる。ウェブスター辞典には、「剪定」とは「特に余分なものを排除することにより減らすこと、余分なものを取り除くこと、より良い形や大きな成長のために切り捨てるもしくは一部を切り取ること、不要なものまたは余分なものを切り抜くこと」を意味するとある（図表1.8）。剪定の目的は、植物が最大限品質の高いフルーツを実らせるために、最も健康的な枝を残して、その養分を集中することにある。

ただし、剪定は簡単なことではない。それは痛みを伴うものである。恐らく、読者も自らの経験から分かっていると思うが、自分にとって利益にならない、または害さえあると思われるある活動や関係性を、排除しなければならない時がある。サプライチェーン戦略においては、マーケティング部門または商品開発部門の誰かが、彼らの顧客、SKU、そしてオーダーが利益を出していないという事実に直面した時に、そうした状況が発生する。

図表●1.8
剪定はサプライチェーン・サービスにおける重要な要素である

　我々は、ほとんどの RightChain® プロジェクトの最初の段階で、顧客、SKU、オーダーそれぞれの約3分の1が利益を出しており、3分の1が損益分岐上にあり、そして残りの約3分の1が損失を出していることを発見する。恐らく、サプライチェーン戦略を構築する時に、最も大きな利益を生む最初のステップは、不採算の顧客、SKU そしてオーダーを排除することである。これらの顧客、SKU、オーダーが排除されれば、そのための在庫投資を付加価値の高い顧客、SKU そしてオーダーに振り向けることで、はるかに多くの利益創出が期待できるのだ。サプライチェーン経費は、付加価値を生まない複雑性が減少するにしたがって、劇的に縮小することになる。この時、予測精度もはるかに改善するが、その理由は予測のための同じリソースが、より少数の予測可能な顧客、SKU そしてオーダーに割り当てられるからである。その結果として、フィルレート（充足率）および市場シェアが改善することとなる。

1-4
サプライチェーンの最適化

　数年前、私は世界最大のノートパソコンメーカーのロジスティクス部門のトップから電話を受けた。初めの数分間、冗談を言い合った後、私は彼に何のために電話してきたのか尋ねた。彼は、配達時間を劇的に短縮することが要求される新しい施策の導入に当たり、どう進めたら良いか私にアドバイスを求めてきたのである。私は、典型的な施策は組み立て工程の並列化、自動化、翌日出荷であると提案した。彼は、新しいリーン節約施策の一環として、それらについてはすでに提案済みであるが、会社は時間と資金の投入には消極的であると言った。私は、会社がプロセスの再設計や自動化への時間、資金の投資をせず、また翌日出荷のための輸配送コストの上昇も許さないから、がんじがらめの状態になっているのだと伝えた。彼は、この言葉を聞いて、泣き始めてしまった。私は優しく、すでに答えが分かっている質問を彼に投げかけた。「何が問題なのですか？」。彼は、心を開き、彼がこの1年どれほど大きなプレッシャーに晒され続けてきたかを語ったのである。彼の前任者は、そのポジションにわずか6か月しかいられなかったという。私は、誰もそんなに大きなプレッシャーに押しつぶされずにはいられないこと、そして彼らはコストがいくらかかってもより高いサービスを提供することと、何としてもさらなるコスト削減をするという、互いに相容れないサプライチェーン哲学の交差点に立っているのだと説明した。彼の会社は、この"最低コストで最高のサービスを提供する"という企業哲学が、肉体的にも精神的にも従業員の満足につながるものだと信じていた。経営層が導入する新しい施策が従業員、顧客、株主に対して与える短期的長期的な影響を検討することなしに、「もっとリーンにせよ」や「お客様は神様である」というのは簡単だからだ。我々は「こうした哲学に惑わされずに、最適化せよ」と言い続けているのである。

　サプライチェーン・ロジスティクスには、複雑なトレードオフと最適化が数多く含まれるため、サプライチェーン専門家にとっては最も重要なものの1つ

であるが、最も捉えどころのないものである。この複雑なサプライチェーン・ロジスティクスについて以下のように単純化して説明してみよう。

　もし今、私があなたに、アトランタからロサンゼルスに行くための最適な方法は何かという質問をしたら、あなたはどう答えるだろうか。私がセミナーにおいてこの質問をすると、ほとんどの人は、すぐに飛行機と答える。彼らがすぐにそう答えるということは、彼らはこの旅行についてのある仮定を想定しており、それはチケットを買うに十分なお金があり、時間の節約が重要であり、飛行機での移動が好まれているという仮定である。この質問に対する、正しい答え、それは"ケースバイケース（状況次第）"ということになる。

　次に、私がこの質問に、新たな条件を加えて質問し直したら、最適な方法はどうなるだろうか。その新しい条件とは、例えば私が100ドルしか持っていないという条件である。この場合、あなたはどう答えるだろうか。選択肢は、ヒッチハイクか無賃乗車に限定されるだろう。次に、お金はいくらでも使って良く、さらに目的地に6時間以内に到着せよという条件を加えたら、あなたはどう答えるだろうか。この場合、選択肢は飛行機に限られるだろう。お金はいくら使っても良いのだから、例えば、飛行機をチャーターするという選択肢もあり得るだろう。今度は、6時間以内に目的地に到着し、しかも最も少ないお金でという条件なら、あなたの答えはどうなるだろうか。この場合、選択肢はさらに絞られ、おそらく最も安いエコノミークラスといった方法が考えられそうだ。この事例では、"6時間で到着する"というのが制約条件であり、"最小限のお金"というのが目的関数となる。最適化は、以下のように表現される。

目的関数 ＝ 最小限のお金
制約条件 ＝ 6時間以内に到着

　どのような意思決定環境においても、目的関数および制約条件なしには、いかなる答えも正解であり、いかなる答えも間違いである。多くの企業におけるサプライチェーンの意思決定は、このような枠組みを持っていないが、その場合、ビジネスやサプライチェーンに関する意思決定はどのようになされているのだろうか。残念ながら、それはしばしば、誰の声が大きいか、誰が上司に取り入っているか、誰が最も政治的な力を持っているか、誰が最も顧客を怒らせるか、市場アナリストが何を言うかなどで決まってくる。そしてこれこそが、

我々が回避しようとしていることなのである。

あらゆる最適化は2つの構成要素から成り立っている。それは、**目的関数**と**制約条件**である。

サプライチェーン・ロジスティクスにおいて、目的関数は通常、トータルサプライチェーン・コストの最小化、またはある財務パフォーマンス指標を最大化することである。制約条件は、サプライチェーン・サービス戦略の要件であり、それにはフィルレート、レスポンスタイム、配送頻度、配送品質などが含まれる。

より簡略なサプライチェーン・ロジスティクス最適化の定義は、サプライチェーン・サービスポリシーの条件を満足しつつ、ビジネスに対するサプライチェーンの財務的な貢献を最大化することである。もしも、サプライチェーンの財務パフォーマンスおよびトータルサプライチェーン・コストが定義されず、計算もされていない（事実、それを実行している企業は稀である）、またはサプライチェーン・サービスポリシーが定義されず、計算もされていない場合（これも実行している企業は稀である）、サプライチェーン最適化は不可能なのだ。

1-4-1
サプライチェーンの制約条件

もし我々が、制約条件なしに目的関数だけを達成するなら、最適化は容易である。冗談じみて聞こえるかもしれないが、多くの企業においてよく見られる以下のようなストーリーが存在する。今、トータルサプライチェーン・コストの構成要素1つひとつを見てみることにしよう。

最初に輸配送を見てみよう。輸配送はあまりにも高コストで複雑になり過ぎてしまったため、我々は輸配送を止めてしまうかもしれない。燃料コスト、規制の強化、低パフォーマンスの運送会社……挙げたらきりがないほどに止めるべき理由は続いていく。

第2に、ウェアハウジングを検討しよう。JITやリーン、シックスシグマに関する書籍はどれも、ウェアハウジングは付加価値を生まず、ビジネスにとっては悪影響を及ぼすだけであると書いている。それでは、ウェアハウジングも止めてしまおう。

第3に、在庫である。在庫は未だに、会計上資産として定義されるが、我々

はこれが現実的には負債にもなることを知っており、現在のJIT、リーン、シックスシグマ環境においては、悪の根源とみなされる。したがって、在庫も持つことを止めようと思う。これで、在庫がゼロになったので、顧客もいなくなり、よって機会損失コストも排除できたことになる。これらの意思決定により、完璧にサプライチェーン・コストを排除したことになる。我々は目的関数、すなわちトータルサプライチェーン・コストの最小化の達成に勝利したのだ。これは正しいことだろうか、それとも間違っていることだろうか。

　企業がこの間違った方向に進むことを引き留めるために必要なことは何だろうか。それこそが、サプライチェーン最適化のための制約条件となるサプライチェーン・サービスポリシーなのである。

　RightServe™戦略（サプライチェーン・サービス最適化）は、チャネル毎、各チャネル内のABC顧客階層、そして各商品カテゴリーのSKU階層毎にセグメント化される。それは、設定した各セグメントに対し、フィルレート、レスポンスタイム、配送頻度、配送品質、梱包、その他サプライチェーン・サービスポリシーの構成要素を満足するか、またはそれを超える最適な目標値を設定するものである。これらの要件は、サプライチェーン最適化において、制約条件として機能する。サプライチェーン最適化の活用事例を以下に示す。また、図表1.9に、その最適化イメージを示す。

RightChain® 目的関数の事例

・トータルサプライチェーン・コストの最小化：
　トータルサプライチェーン・コスト = トータルロジスティクスコスト + 在庫ポリシーコスト
　トータルロジスティクスコスト = インバウンド輸配送コスト + トータルウェアハウジングコスト + アウトバウンド輸配送コスト
　在庫ポリシーコスト = 在庫維持コスト + 機会損失コスト

RightChain® 制約条件の事例

　・フィルレート＞99.2%
　・レスポンスタイム＜48 Hours
　・配送頻度 = 週3回

図表●1.9
サプライチェーン最適化のイメージ

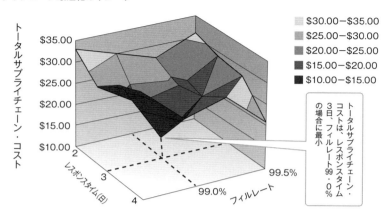

1・4・2
サプライチェーンの最適化

　"最適化"こそが、RightChain® プログラム（図表1.10）の核心であり、リーン、シックスシグマ、プル、JIT、カンバン、トヨタ生産方式（TPS）を含むサプライチェーン・オペレーションに関する品質、オペレーション、そして哲学的なアプローチから、一線を画すものである。

　これらの哲学的アプローチのルーツはすべてトヨタ生産方式にあり、その中で在庫は悪とされ、また常に完璧な品質をそのゴールとし、規模の経済性のためにバッチ化するよりも、複数の場所間で高頻度で物を移動させる方が勝っているとする暗黙の了解がある。

　1980年代後半、私は全米科学財団の日本のテクノロジー評価センターの活動の一部として、アメリカ政府の委託を受けて、アメリカと日本のロジスティクスシステムの比較をするための大規模な調査を指揮したことがあった。この調査の間、私は多くの日本の大手企業の役員やサプライチェーンの責任者にインタビューする機会を得た。驚くには当たらないが、そのうちの1つはトヨタだった。

　私は、トヨタ生産方式の開発者たちおよび彼らの指導者（大学教授）たちと、

図表●1.10
RightChain® プログラムにおける最適化の枠組み

最適化			内容	期待される効果	
RightServe サービス最適化	RightSales	顧客ポートフォリオ最適化（CPO）	付加価値を生まない顧客を認識し、排除する	●顧客サービス関連コストを5%～15%低減 ●顧客満足度を1～4ポイント改善	利益を1%～5%改善
	RightPrice	顧客オーダー最適化（SOO）	付加価値を生まないオーダーを認識し、排除する		
	RightFill	フィルレート最適化（FRO）	各顧客に対する財務的かつサービス的に最適なフィルレートを計算する		
	RightStops	配送頻度最適化（DFO）	各顧客に対する財務的かつサービス的に最適な配送頻度を計算する		
	RightTerms	顧客サービスポリシー最適化（STO）	チャネル毎セグメント毎に各サービスメニューについてサービスレベルを最適化する		
RightStock 在庫最適化	RightSKUs	SKUポートフォリオ最適化（SPO）	付加価値を生まないSKUを認識し、排除する	●在庫レベルを10%～30%低減 ●フィルレートを1～6%改善	
	RightCast	需要予測最適化（DFO）	予測精度を最適化する		
	RightLots	ロットサイズ最適化（LSO）	生産ロットサイズおよび調達ロットサイズを最適化する		
	RightFill	フィルレート最適化（FRO）	各SKUに対する財務的かつサービス的に最適なフィルレートを計算する		
	RightTurns	在庫回転率最適化（TRO）	各SKUに対する財務的かつサービス的に最適な在庫回転率を計算する		
	RightPloy	在庫配備最適化（IDO）	各SKUに対する財務的かつサービス的に最適な在庫配備を計算する		
RightBuys サプライ最適化	RightSource	調達先最適化（SSO）	各SKUに対する財務的かつサービス的に最適な調達先を計算する	●在庫所有に係るコストを5%～15%低減 ●顧客満足度を1～3ポイント改善 ●調達リスクを10%～40%減少	
	RightTimes	リードタイム最適化（LTO）	各SKUに対する財務的かつサービス的リードタイムを計算する		
	RightBuys	調達量最適化（BQO）	各SKUに対する財務的かつサービス的調達量を計算する		
	RightRisk	サプライヤーリスク最適化（SRO）	サプライヤーリスクポートフォリオを計算し最適化する		
	RightTerms	調達条件（サプライヤーポリシー）最適化（PTO）	財務的かつサービス的、コンプライアンス的に最適なインコタームズおよび調達条件を計算する		
RightTrips 輸配送最適化	RightFlows	フロー最適化（FPO）	各SKUに対する財務的かつサービス的に最適なフローを決定する	●トータル輸配送コストを5%～15%低減 ●顧客満足度を1～2ポイント改善	
	RightMap	ロジスティクスネットワーク最適化（LNO）	各フローに対する財務的かつサービス的に最適なロジスティクスネットワークを決定する		
	RightModes	輸配送モード最適化（TMO）	各出荷に対する財務的かつサービス的に最適な輸配送モードを計算する		
	RightShip	出荷計画最適化（SPO）	各レーンに対する財務的かつサービス的に最適な出荷頻度を計算する		
	RightFleet	輸配送フリート最適化（TFO）	財務的かつサービス的に最適なフリートの大きさとその構成要素（どのタイプのトラックを何台等）を計算する		
RightHouse ウェアハウス最適化	RightStore	保管モード最適化（SMO）	各SKUについて、コストおよびスペース的に最適なパレット／ケース／バラピッキングの保管モードを計算する	●トータルウェアハウジングコストを10%～25%低減 ●在庫精度を1～7ポイント改善 ●出荷精度を1～8ポイント改善	
	RightFace	ピックフェイス最適化（PFO）	各SKUについて、コスト、作業員およびスペース的に最適なピッキングフェイスのサイズを計算する		
	RightSlot	ロケーション最適化（SLO）	各SKUにについて、コスト、作業員およびスペース的に最適なロケーションを計算する		
	RightZone	ゾーニング最適化（PZO）	コスト、作業員およびスペース的に最適なピッキングゾーンの大きさおよび形状を計算する		
	RightPaths	レイアウト最適化（WPO）	コスト、作業員およびスペース的に最適なレイアウトおよびマテリアルフローパターンを計算する		
RightPlan		サプライチェーン計画最適化（SCPO）	財務的かつサービス的に最適なサプライチェーン計画（任意の期間について）を計算する		

かなり長い時間を過ごすことができた。彼らが私に語ったストーリーの１つは、TPS について今まで私が本で読んで得たいかなる情報よりも、はるかに多くを理解させてくれるものだった。

豊田家（トヨタは創業者ファミリーの名前に由来する）は、元々は米を作る一般的な農家だった。19世紀末、一族の１人が機織りで夜なべする母親のために自動織機を発明し、富を築いたのである。ある時点で、彼らは、もし自動織機を作ることができるなら、自動車を作ることもできるはずだと結論した。ところが、彼らの生産コンセプトは、自動車製造事業にはあまりうまく適用することができず、豊田家はほとんど破産寸前にまで至ったという。そこで、その当時の豊田家の家長は、新しいエンジニアを外部から雇い入れ、彼に１年以内に自動車を生産するための新しい方法を開発させた。

簡単に言えばこの若い男は、資源に乏しく、人間の住む場所も限られ、非常に混雑した（ただし、非常に整然としているが…）自己完結的な島国において、利益を出しながら自動車を生産する方法を編み出したのである。つまり TPS は、特異的な地理、ビジネス、文化的条件の下に生まれたものということだ。

これらの同じ条件はアメリカ、西ヨーロッパ、東ヨーロッパ、中国、メキシコ、ブラジル等には存在しない。ある大手自動車会社のサプライチェーン責任者は私に、リーンとは"拒食症"であると語ったことを思い出す。TPS とそこから派生したパラダイムには、多くの役に立つアイデアやコンセプトが含まれているが、それらはどこにでも適用できるものではなく、またそれらはベストプラクティスという訳でもない。それらは、トヨタのためのものであり、他の誰のためのものではない。だから、我々は次のような格言を生みだしたのだ。

「狂信的になるな、最適化せよ！」

最適化は、独自の市場における目的関数と制約条件を定量化することにより、サプライチェーン戦略を構成する各要素に対する意思決定を可能にするものである。我々は、RightChain® 最適化の枠組みを開発することにより、クライアント企業が継続してそのサプライチェーンを最適化することを支援している。この枠組みは、サプライチェーン戦略、すなわち顧客サービス、在庫管理、サプライ、輸配送、ウェアハウジング、そしてサプライチェーン全体における主要な意思決定を支援する最適化ツールを含んでいる。この枠組みは、1980年代半ばに我々が開発した意思決定支援ツールにそのルーツがあり、その後世界

中のほぼすべての主要な業界で活用され、クライアントを成功に導いている。

　最適化を通して、RightChain® は各企業固有の財務ゴール、サービス要件、ビジネス／ロジスティクス条件を考慮することで、適正なサプライチェーン戦略の決定を支援する。それは先の哲学からすると異端のもののように聞こえるが、最適な解決策は、より多くの在庫を持つことかもしれないのだ。事実、我々が昨年従事した大規模な、そして最も成功した３つのサプライチェーン戦略の場合も、結果としてより多くの在庫を持つことになったのである。各企業において、開発された戦略は、在庫を増やすことにより、より大きな利益を生み、高い市場シェアと、高い顧客満足レベルを達成したのである。リーン哲学からするとこれもまた異端の響きがするが、最適な解決策は"完璧"な品質を意味せず、"最適"な品質を意味するのだ。我々は、低品質から派生するコストを計算し（経費、資本、そして機会損失）、クライアントの最適な品質レベルと品質改善のための適正な投資額を決定する支援を行っている。これもまた異端と呼ばれるかもしれないが、最適なサプライチェーン戦略は、より低コストの輸配送モードを用いた、より低頻度の移動を意味するものかもしれない。配送頻度、サプライチェーンの移動距離およびモードは、燃料コストおよび運賃と在庫維持コストおよびサービス要件との関係を考慮して決定されるべきであり、サプライチェーンにおける"流行りの哲学"により、決定されてはならないのだ。

　最適化は、固有の市場における目的関数および制約条件を定量化し、金額で評価し、さらにサプライチェーン戦略の各要素のための意思決定を促すのである。

1-5 サプライチェーン最適化へのロードマップ

　最適化が定義されたら、そこに至るためのロードマップが必要になる。我々は、このロードマップをRightChain® 手法として定義している。RightChain® 手法は、サプライチェーン全体の短期的および長期的な指標、ソーシング、情報システムおよび組織を開発するための手順である。取り組みの深さにかかわらず、我々は次に示す3つの段階、すなわち"調査（Investigate）"、"改善（Innovate）"、"導入（Implement）"の順番で取り進めていく（図表1.11）。これら3つのステップは、多様な業種業態、国や文化にかかわらず、すべてのサプライチェーンの中で活用されている。RightChain® 手法は、サプライチェーン最適化に本来適用されるべき手順であるが、しばしば忘れられているものである。十分な調査段階を通ることなく、いきなり導入段階に入り、優れたパフォーマンスを生み出すことができず、時にはかえってパフォーマンスを低下させてしまうといった経験が、読者の中にもあるかもしれない。

図表●1.11
RightChain® 手法

調査（Investigate）
・プロファイリング
・測定
・診断

改善（Innovate）
・簡素化
・最適化
・シミュレート

導入（Implement）
・ソーシング
・選択
・サステイン

1-5-1

調査（Investigate）

調査段階では、以下3つの取り組みを行う。

プロファイリング：データマイニングすることで改善機会と問題の根本原因を認識し、プロジェクトの意思決定に客観性を持たせる

測定：財務、生産性、品質、レスポンスタイムの各パフォーマンスのバランスを取る指標を設定し、測定する

診断：ベストプラクティスとのギャップを認識し、改善機会の優先順位を決定する

調査段階は、いかなるサプライチェーン・プロジェクトにおいても最初に取り組まなければならないものである。その理由は、一般的に最初のステージにおける改善機会は最も大きくなり、同時に計画変更に伴うコストは最小となるからである（図表1.12）。

図表●1.12
サプライチェーン・プロジェクトにおける計画変更コスト

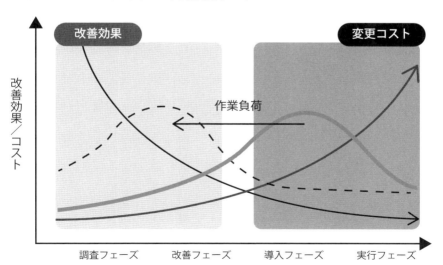

プロジェクトの最初の段階における計画変更に伴うコストとは、ホワイトボードを消すか、手書きの紙を破り捨てるためのコストである。プロジェクトが進めば進むほど、ハードウェアやソフトウェアがすでに導入され、従業員の配置転換も完了してしまっているかもしれない。したがって、それに伴う変更コストは通常、非常に大きくなる。社内外を含め、プロジェクトが進むほど様々なコミットメントがなされていくため、改善機会は急速に縮小していくのだ。

残念ながら多くの会社は、様々なプロジェクトにおけるこの最初の段階をないがしろにし、急いで通り過ぎようとする傾向が強い。加速化する市場環境の変化、競争の激化、ときには経営者からの圧力が、この段階での活動を辛抱強く進めることを困難にしている。これはちょうど、大きな試験の前のテスト勉強や、大事な試合の前の練習に似ている。最後には、最も真面目に勉強し練習した人間が、試験に合格し試合に勝利するのだ。

1-5-2
改善（Innovate）

改善段階では、以下3つの取り組みを行う。
簡素化：サプライチェーンの過剰な複雑性の原因を排除する
最適化：サプライチェーン全体を通じて、コストおよびサービスをバランスさせるサプライチェーン設計条件およびリソース要件を計算する
シミュレート：最適化されたサプライチェーン設計条件を変更し、将来にわたるパフォーマンスを評価し、潜在的なボトルネックを発見する

この段階は、各サプライチェーン活動に対し最も適正な設計条件を決定する。また、将来的な環境変化を想定し、必要な代替シナリオに対し多様なサプライチェーン最適化ツールを使って、パフォーマンスを評価し、検証する。

1-5-3
導入（Implement）

導入段階では、以下3つの取り組みを行う。

ソーシング：サプライチェーン全体を通して、インソーシングおよびアウトソーシングすべき活動を認識する

選択：インソースする活動については適切な内部資源を選択し、アウトソースする活動についてはその正当性を分析し、最適な3PL企業を選択する

サステイン：人的資源を組織化し、教育し、育成することで、すべてのサプライチェーン計画を達成し、継続的に改善する仕組みを開発する

　この段階では、コアコンピタンスに基づき適切なソーシングを検討し、正当性を分析し、自律的にパフォーマンスを維持・改善するための組織および教育を開発する。ソーシングの決定、選択するテクノロジー、組織、そしてプランニングプロセスについては、第8章から第11章で詳しく解説する。つまり、この本は最初の7つの章において、サプライチェーン・ロジスティクス活動全般にわたり、その定義、ベストプラクティス、最適化等について理解を深め、最後の4つの章で、そうした理解を現実のビジネスの中で実行していくための方法論を解説している。

　私が本書で目指したゴールの1つは、RightChain® 手法を用いて、読者であるあなたが現在働いている会社、または将来働こうとしている会社のために、サプライチェーンとその中での活動（ロジスティクス）を、継続的に開発、改善していくための能力を身につけてもらうことにある。

第 **2** 章

サプライチェーン・パフォーマンス戦略

RightScores™

我々は、セミナーを開催する際、その中で様々なコンテストを行っている。私が特に好きなものの1つが、"今日最高の質問"コンテストである。セミナーの参加者が、その日一番良かった質問に投票するのだ。最近行ったRightScores™セミナーにおいて、ある大手通信会社のサプライチェーン担当の役員がこのコンテストに優勝した。彼の質問は、「サプライチェーンを世界トップクラスのパフォーマンスに引き上げるための、最も速く、最も小さなコストで、最も効果的な方法は何か？」というものだった。私が最初に考えたことは、「こんな質問をするのは、実利的なアメリカ人だけだ」ということだった。2つ目に考えたのは、「私は何かこの質問に答えなければならない」というものだった。彼に対する答えは、私自身正しいと信じているものである。その答えとは、**世界トップクラスの1組の指標およびゴールを開発し、導入し、そして維持せよ**」ということである。

　ほとんどの人は、自分が測定される方法に基づいて行動する。もしあなたが人々に、正しい成功の定義が組み込まれた健全な1組のパフォーマンス指標およびゴールを提供すれば、彼らは通常適正な行動を続けるようになる。残念ながら、ほとんどの指標は、それらが解決すべき本当の問題を悪化させるだけでなく、しばしば新たな問題を引き起こし、さらにあまりにも高すぎるゴールを設定するために、妥当性がなく、やる気を失わせるものになっている。多くのビジネスにおける指標およびゴールの体系は、機能不全に陥っている。アメリカ企業においては、指標が導入されてから、わずか平均6週間しか使われていないのである。担当者はめったに考えたり、熟考せずに、すぐに測定し目標設定する傾向があり、危機が危機を引き起こすことになるのだ。

　したがって、指標とゴールの議論に入る前に、いくつかの健全な指標とゴールの最も重要な特性について検討し、その後で特にサプライチェーンにそれらの特性をどう適用すべきかを検討していこう。

2-1
指標および目標値

　RightScores™ のセミナーにおいては、参加者に対し、健全な指標および目標値とはどのような特徴があるか答えてもらうようにしている。本章の目的は、指標および目標値についての重要な特徴を解説することである。

　指標および目標値にはしばしば、混乱が見られる。指標は、測定するための切り口である。目標値とは、数値化されたゴールである。正しい指標を持っていながら、間違った目標値を持つことがあるし、またその反対もあり得る。

2-1-1
効果的な指標

　効果的な指標はいくつかの特徴を持っているが、私のコンサルティングや研究調査の経験から、最も重要なものは次の通りである。
（1）その指標には意味があるか？
（2）その指標はコントロールできるか？
（3）その指標は容易に理解できるか？
（4）その指標は整合性が取れているか？
（5）その指標は測定する活動すべてを網羅しているか？

（1）その指標には意味があるか？

　意味のある指標は、覚えやすく、適切なものである。

　最近、自動車業界のクライアントを訪問した際、その会社のサプライチェーン担当の役員に、自社のサプライチェーン・パフォーマンスを測定するためにいくつの指標を使っているかと質問した。彼は誇らしげに、349個のサプライチェーン・パフォーマンス指標があると答え、さらに彼の後ろにある本棚いっぱいに置かれた6インチもの厚さのある、過去5年間の詳細データについて記

載したファイルを指差した。私は、何と答えていいのか分からなかったが、とにかく何と言っていいか分からないとき、また人を傷つけたくないときによく言う言葉を、彼に言った。私はただ、「それはすごい、それは本当にすごい」と言ったのである。

　誰も、349個もの指標をうまく管理することなどできない。つまり、彼らは他の多くの企業と同様に、指標を使って会社を経営した気になっているのだ。あまりにも指標が多すぎると、1つの指標の意味が薄まってしまう。適正な指標の数とは、業務を遂行するのに必要な最小限の数なのである。私は通常、どの活動に対しても、指標の数が7個以上にならないように推奨している。人々は何事においても、7つ以上のことを覚えることは不得手である。適正な指標である限り、その数は少ないほど良いのである。

　もし指標が適切でなく、あまりにも多くの指標により埋もれてしまい誰も見つけることさえできない状況にある、または誰もその指標に対して責任を取らない、またはそのパフォーマンスに対する指標が変更されても人々の行動や意思決定に何の変化ももたらさないといった場合、その指標はサプライチェーン・パフォーマンス測定プログラムに組み込まれるべきではないのである。

（2）その指標はコントロールできるか？

　数年前、私は世界最大のスーパーマーケットチェーンの1つに招かれ、そこでサプライチェーン・マネージメントについて講演をした。私が講演を始める前に、その会社のCEOが私と話がしたいと言ってきた。短時間の雑談の後、彼は以前この講演会に参加しているメンバーに対して、新しいサプライチェーン・パフォーマンス指標に関して話をしたのだと語った。私は彼に、それはどういうものだったのか尋ねた。彼は、大規模な調査を経て自分たちのサプライチェーン・パフォーマンスを定義するための全指標の基準となるアイテムを発見したと言った。彼らは、全アイテムについて調査し、平均重量、平均容積、平均コストを持つアイテムを発見した。それは、有名なスターキスト社のツナ缶であった。このスーパーマーケット企業は、この平均的アイテムの売上に対するサプライチェーン・コスト比率を計算し、この値に基づいてサプライチェーン・マネージメント部門に対して報奨および罰則規程を設定したと、CEOは語った。

　私は心の中で、彼にどのように対応したら良いか、しかも彼に対して攻撃的

にならないように対応するにはどうしたら良いか考えていた。私は言った、「それはすごい！」と。そして、彼の考えが間違っていることを理解し、納得してもらうための即席のストーリーを半分ユーモアを交えて語りかけた。

　私はこのCEOが、映画ファンであることを知っていた。そこで、今までに何本の『ロッキー』の映画が上映されたか知っているか尋ねた。彼はすぐに、"6本"と正しい答えを返してきた。そこで私は、『ロッキー7』が作られたことを想像するように言った。つまり、ロッキーとアポロの2人が老人ホームを抜け出して、もう一度ボクシングの試合をするのだ。14ラウンドが終了し、ロッキーは自分のコーナーに戻ることも、そして次の最終ラウンドのために椅子に座って休むこともままならないという状況を想像するように言った。やっとコーナーの椅子に座ったロッキーに対し、マネージャーのミックは、「立ち上がれ、最終ラウンドだ」と活を入れた。疲労困憊のロッキーは、子供の頃見たアニメのヒーローであるポパイのことを思い出していた。ポパイは、ロッキーと同じようなピンチの時、ほうれん草の缶詰をあけてそれを飲み込むと、奇跡が起こったように誰にも負けない強い戦士に変身するのだった。ロッキーは、マネージャーのミックに、「ほうれん草の缶詰はあるか？」と尋ねる。ミックは、「ほうれん草はない。でもスターキストのツナ缶ならある」と答える。ロッキーは、スターキストのツナ缶を飲み込んで、最終回のリングの中央に駆け出していき、アポロをリングの外にたたき出すくらいに、打ちのめすのである。アポロは、まるで死んだように動かない。そしてロッキーは、晴れて"世界シニアヘビー級チャンピオン"となり、1000万ドルの賞金とベンツの新車を獲得する。この映画は大ヒットし、映画を見た人たちは、スターキストのツナ缶と、このロッキーの成功を関連付けて考えるようになる。当然、スターキストのツナ缶の売上は、爆発的に増加する。スターキストのツナ缶の売上に対するサプライチェーン・コスト比率は、急激に低下することになる。この会社のサプライチェーン・マネージメント部門の人たちには、昇進と多額のボーナスが与えられたのである。だが、彼らはこの会社のサプライチェーン・パフォーマンスに、本当に何か大きな貢献をしたのだろうか。何も貢献していない！

　これこそが、このストーリーの肝心なポイントなのだ。もしロッキーがスターキストのツナ缶を落としてしまい、コーナーの椅子の上で崩れ落ちていたらどうだろうか。もし映画を見た人たちが、ロッキーの失敗をスターキストのツナ缶と関連付けて考え始めたらどうなっただろうか。もしスターキストの

ツナ缶の売上に対するサプライチェーン・コスト比率が急上昇し、サプライチェーン部門の人たちが懲戒処分、さらには解雇されたらどうだろうか。それらは、サプライチェーン・パフォーマンスと何か関係があるのだろうか。もちろん、何の関係もない！

　ここでのポイントおよび原則は、指標に責任を負う人たちが、その指標により影響を受けなければならないということだ。組織において、自らがコントロールできず、また影響力もない指標に責任を負うこと以上に、従業員を失望させることは少ない。

（3）その指標は容易に理解できるか？

　最近、従事したプロジェクトで、私はクライアント企業のボトリング工場の製造ラインの末端に立っていた。私は、工場長に、製造ラインのパフォーマンスはどのように測定されているか質問した。彼は、そんなこと当然知っているはずだといういぶかしげな顔をして、そして自慢げに彼らが使っているのはQUAX指標だと答えた。私はこの分野の専門家であるが、今まで一度もQUAX指標なんて聞いたこともない。大学の授業でQUAX指標が講義されていた時に聞きそびれたか、オペレーションズリサーチ／統計学の教科書の中でその指標が出ている章を飛ばしたのかもしれないと不安になった。QUAX指標について唯一思い出すことができるのは、私の息子が3歳の時のことだ。息子は私に会うために階段を昇ってきて、あわててQUAXを持っていると言った。私は息子に、"QUAX"とは何かと聞いた。"それは口の中に詰まった毛玉だ"と言った。この会社もおそらく、生産ラインに毛玉が詰まったのかもしれないと思った。私はそれに関して質問することは恥ずかしいと思ったが、勇気を出して次のように言った。「QUAX指標について説明してくれますか」とお願いした。彼は私を「この人は何も知らないのだ」といった目で見ながら、QUAXのQは品質、Uは活用率、Aは精度、そしてXは"Xファクター"だと説明してくれた。Qは16項目ある品質指標を掛け合わせて決定される。Uは活用率に関する16項目を足し合わせて決定される。Aは16項目の精度指標を平均することで決定される。Xは16の様々な要素の幾何平均（相乗平均）をとって決定される。Q、U、A、Xの合計がQUAX指標となる。私はいくつの工場でこの指標が使われているか、質問した。彼は、この指標は世界中の全工場で使われていると説明した。私は、「それはすごい！」としか言えなかった。

パフォーマンス測定プログラムが廃止される最大の理由は、指標、プロセス、そして人に対する信頼性が欠如していることにある。指標の信頼性を確立するための最良の方法は、シンプルで理解しやすく、そして容易に説明できることである。

（4）その指標は整合性が取れているか？

　数年前、世界最大の自動車メーカーの1つで、サプライチェーン担当の役員から電話がかかってきた。「フレーゼル博士、弊社のCFOが、在庫が多すぎると文句を言っています。どうしたら良いでしょうか」というのが、彼が電話をかけてきた理由だった。私は、この状況に対して、いつもするアドバイスをした。そのアドバイスとは、最適な在庫回転とフィルレート（充足率）を決定し、その両方の目標値を達成するのに必要な指標を設定し、プロセスおよびシステムを導入することだった。彼は、「それは素晴らしいアドバイスです」と言って電話を切った。その3か月後にまた彼が電話をしてきた。「フレーゼル博士、我々のディーラーがフィルレートが低すぎると怒っています。どうしたら良いでしょうか」と、彼は言った。私はこの前と同じアプローチを推奨した。つまり、最適な在庫回転とフィルレートを決定し、その2つの目標値を満足するために、指標を設定し、プロセスとシステムを導入するようアドバイスしたのである。彼は、「それは素晴らしいアドバイスです」と言って電話を切った。その3か月後、また同じ彼から電話がかかってきた。「フレーゼル博士、弊社のCFOが、在庫が多すぎると文句を言っています。どうしたら良いでしょうか」と、彼は言った。私は彼に対し、「もう電話しないでください。なぜなら、あなたは私のアドバイスを聞いていないのか、またはそれを実行していないからです。あなたは、在庫のシーソーに乗っかっているのです。財務部門の意見を立てるために、営業からサービスレベルに関する苦情が来るまで在庫レベルを下げ、今度は逆に財務部門から文句を言われるまで在庫レベルを上げているのです」と言った。彼は、「その通りです。一度うちの会社に来て、CFOと話をしてもらえないでしょうか」と言った。それがこの会社にとって、極めて重要なバランスと最適化を達成するためのサプライチェーンの取り組みの開始となったのである。

　「バラバラになった家庭は立ち行かない」（新約聖書マルコ伝3-25）というように、整合性は健全な指標体系において最も重要な特性の1つである。指標

は、サプライチェーンの目的とビジネスの目的との間の整合性を取る必要があるのだ。同様に、各サプライチェーン活動の目的も相互に整合性を取る必要がある。そして、社内的なベンチマーキングをするためには、外部の指標との整合性も取る必要がある。

（5）その指標は測定する活動すべてを網羅しているか？

一方の岸から対岸までの70％しか到達していない橋について考えてみよう。この橋はどんな役に立つのだろうか。

これは、馬鹿げた質問と聞こえるかもしれないが、多くの指標体系は、サプライチェーン活動全体の一部しかカバーしていないのである。例えば、サプライチェーンは3つのグループから成り立っている。それは、従業員、顧客、株主である。もし、サプライチェーン指標体系から、これらのグループの1つでも対象から除外したら、それは不完全であり、さらには危険でさえある。サプライチェーンは、5つの主要な活動から構成される。顧客サービス、在庫管理、サプライ、輸配送、ウェアハウジングの5つである。もし、サプライチェーン指標体系が、これらの活動の1つでも除外したら、この指標体系は不完全であり、また危険ですらある。私はこうした事例をさらにいくつも挙げることができるが、読者もポイントは理解されたことと思う。つまり、不完全な指標体系は常に、部分最適につながるのである。

2-1-2
効果的な目標値

効果的な目標値には、いくつかの特徴が存在するが、私のコンサルティングおよび研究調査の経験から、最も重要なのは次の2つである。
（1）その目標値は達成可能なものか？
（2）その目標値はモチベーションを与えるものか？

（1）その目標値は達成可能なものか？

もし誰かが私をゴルフに誘い、彼の目標とするスコアが72だと言ったら、私はそれが9ホールのことだと考えるだろう。もし本気で、18ホールをそのスコアで回る気なら、私は腰が引けて一緒にプレーしないことだろう。多くの企業

文化は、達成するための期間や計画、またはリソースを伴わない馬鹿げた、そして不合理なパフォーマンスを要求することにより、従業員のやる気をなくし、そのパフォーマンスを低下させている。やる気を高めるようなターゲットは、合理的な期間、計画およびリソースを伴った場合のみ、効果的なものとなり得るのである。

　高いゴールを掲げることは効果的だろうか。もちろんである。もし、そのゴールが、十分なリソース、適正なプロジェクトプラン、そして特にそれらが段階的に提供される場合に、効果的になり得る。もし、誰かが私に、12kg痩せる必要があると言ったとしたら、私は大いに落ち込むことだろう。ところが、もし誰かが私に、今後12か月間、月に1kg痩せる必要があると言い、さらに適当なダイエットプランを提示されれば、大いにやる気が出るだろう。合理的で継続的な進歩を反映した段階的なゴール設定こそが、最も効果的なのだ！

（2）その目標値はモチベーションを与えるものか？

　私は大学2年生の頃、ある大手自動車メーカーから奨学金をもらっていた。私の学費を支払ってくれただけでなく、この会社はその夏、私に仕事までさせてくれた。私の最初の仕事は、旋盤工の標準時間を再設定することだった。そのとき、測定の対象となった旋盤工は、私が生まれる前からこの仕事をしてきた人であった。この測定の最中も彼は自分のやり方を貫いた。

　このとき、私は午後3時から5時の間に、作業時間を測定するために工場に入ったが、そこには誰もいなかった。私が工場作業員たちを探しあてたとき、彼らは出入り口やカフェテリアにたむろしていた。私は、一体どうして仕事中にそんなことができるのか、またこれが通常の状態なのか不思議に思った。これは、私にとって初めての工場での仕事だったため、上司にこのことについて質問した。この上司は、"8時間分の仕事量"を定義した基準を設けたのだと、答えてくれた。つまり、"8時間分の仕事"を完了するとすぐに、彼らのその日の仕事は終了するのである。従業員は、家には帰ることは許されないが、仕事はせずにブラブラしていて良いことになっていた。このルールは、従業員にモチベーションを与えるものでもなければ、有益なものでもない。私は今までに、この会社の作業員ほど、一生懸命働かないように努力する人たちを見たことがなかった。効果的なリーダーシップに必要な要素の1つは、モチベーションを与える適正なパフォーマンスゴールを提供することなのだ。

2-2
サプライチェーン・スコアボード

　それでは、どうやってこれらの基準をすべて満たす、一連の指標および目標値を開発し、導入することができるのだろうか。そのための最良の方法が、図表2.1に示すRightChain® サプライチェーン・スコアボードである。その中身を見てみることにしよう。

①スコアボードは、1つのサーバント・リーダーシップ文化にしたがって構成されていることに注意しよう。それはつまり、指標とクライアントの企業文化との整合性を図るということである。指標は、3つの大きなブロックにグループ分けされている。従業員関連の指標（従業員に対して働き甲斐のある場所を提供するという願望を反映するため）、顧客関連の指標（優れた顧客サービスを提供するという願望を反映するため）、株主に関連する指標（リスクに対し高いリターンを株主に提供するという願望を反映するため）、の3つである。

②スコアボードは、各サプライチェーン活動にまたがっており、サプライチェーン全体を包含するトータル指標を提供する。

③スポーツチームと同じように、組織は彼らが練習（プラクティス）した方法で行動する。もしチームが、十分な練習をしなければ、彼らのパフォーマンスに反映される。もしチームが充実した練習をしたならば、同様にそれは彼らのパフォーマンスに反映されるはずである。各サプライチェーン活動に対するプラクティススコアが、このスコアボードに組み込まれている。

④組織はまた、その組織が本来持つ複雑性や自らが課した複雑性に基づいて活動している。RightChain® における複雑性指標は、それぞれの組織が持つ複雑性にしたがって設定されている。

⑤適切なパフォーマンスの目標値は、現状のプラクティスを基準とし、そしてRightChain® リサーチからのベンチマーク指標を考慮して選択される。

RightScores™ 第 2 章
サプライチェーン・パフォーマンス戦略

図表●2.1
RigthChain® サプライチェーン・スコアボードの事例（各指標はパフォーマンスのレベルに応じて RYG に色分けされている）

Category	Sub-Cat		Selling	Merchandising	Inventory	Manufacturing	Sourcing	Transportation	Warehousing	Delivery	SUPPLY CHAIN
WORKFORCE	Safety	% yes	81.0%	98.0%	91.0%	93.0%	94.0%	91.0%	81.0%	79.0%	85.0%
Workforce	GPTW	% yes	81.0%	98.0%	91.0%	93.0%	94.0%	91.0%	81.0%	79.0%	85.0%
CUSTOMER	Quality	MH/I	4,250.0	8,998.0	7,553.0	3,822.0	8,788.0	9,145.0	9,987.0	9,650.0	9,001.0
Customer Service	Quality	PSO	94.0%	93.0%	56.0%	99.0%	81.0%	92.0%	93.0%	98.0%	72.0%
			PSO	PMCO	Foast Accuracy	PMOP	PDP	PDP	PWHOP	PDP	MH/I
	Cycle Time		1.9	12.8	4.7	7	14.3	8.2	2.4	5.4	17.3
			SCT	MCT	IPCT	MCT	POCT	TCT	YTS, WOCT	DCT	SCCT
SHAREHOLDER	Cost	$/case	$1.23	$4.21	$1.22	$2.99	$0.99	$1.88	$2.11	$1.82	$16.45
Finance	ROS	TSC/sales	0.30%	0.90%	1.10%	0.80%	0.80%	5.50%	4.30%		
						TMC/sales	TSC/sales	TWC/sales	TDC/sales		
	ROA	GM/sales	6.00%	8.00%	12.00%	33.00%	21.00%	9.00%	45.00%	33.00%	19.00%
			SROA	MROA	GMROI	GMROI	GMROI	GMROA	GMROA	DROA	SCROI
Productivity	Labor	cpmh	67	21	43	78	34	124	112	100	12
											cases/FTE
	Capital	Sales/$I	12.8	13.9	25.6	23.9	19.1	12.3	15.8	12.9	11.9
					turns	cases/$Invest	turns	cases/$Invest	cases/$I	cpmh	
	Space	GM/cube	0.998	0.991	0.876	0.776	0.601	0.398	0.511		18.99
						GM/SF				cases/SF	cases/$Invest
Utilization	Labor	% labor util	90.0%	93.0%	92.0%	91.0%	65.0%	73.0%	44.0%	82.0%	81.0%
						% prod util		% fleet util	% cap util	% fleet util	% labor util
	Capital	% buy util	28.0%	34.0%	34.0%	81.0%	99.0%	34.0%	80.0%	39.0%	82.0%
	Space	% space util	91.0%	89.0%	80.0%	78.0%	79.0%	77.0%	89.0%	89.0%	80.0%
Aggregate		$	18.91	12.55	13.45	11.10	9.97	8.88	9.12	11.10	28.93
			TSC/PSO	TMCC/PMO	TLC/PIO	TMC/PMO	TSC/PSO	TTC/PTO	TWC/WHPO	TDC/PDO	TLC/P/ctOrder
Conditions	Complexity	# SKUs	912	800	765	488	411	12,988	981	981	10,912
							# Suppliers	# Locations	# SKUs	# Stops	SKU-Channels
	Practices	out of 5	4.2	3.1	2.8	3.3	2.1	3.6	3.4	3.2	3.2
	Risk	out of 5	2.1	3.3	4.3	2.9	4.8	4.7	2.7	3.5	3.5

63

クライアントの目標値および過去のパフォーマンスに関連するスコアは、各指標に組み込まれている。

⑥我々は最近、アメリカ軍のある部隊のためのサプライチェーン・スコアボードを完成させた。彼らは、ただ1つ"RYG"を除き、アセスメントのすべての側面について満足していた。正直、私はこの略語（RYG）が何を意味するか知らなかったので、質問してみた。RYGとは、単に"赤（R）－黄（Y）－緑（G）"の略称であり、彼らの指標の表示において極めて重要なものであると説明してくれた。もう少し詳しい説明を求めると、戦闘中、兵士はほとんど眠らず、食べ物もなく、さらに弾丸が飛び交う環境の中で、アセスメントを理解しようとしているのだと説明してくれた。こうした状況で、迅速かつ論理的に判断を下すには、OKなら緑（G）、問題があるなら赤（R）、どちらでもない場合は黄（Y）で示すことが、非常に役に立つのだという。

2-3
究極の指標

　私のセミナーでよく出る質問の1つは、次のようなものだ。「フレーゼル博士、そんな表を使う代わりに、ただ1つだけの指標を使うとしたら、どんなものがありますか？」。これに対する答えは、「そうした指標は存在するが、その1つの指標に至るには、この表にある他のすべての指標を計算する必要がある」ということだ。次に続く質問は、「それでは、それは何ですか？」というものだ。私はこれに関してかなり長い時間を使って研究してきたが、サプライチェーン・パフォーマンス全体を最も良く反映する唯一の指標は、**パーフェクトオーダー1件当たりのトータルサプライチェーン・コスト**であると考えている。なぜなら、この指標の中には財務的要素（トータルサプライチェーン・コスト）とサービスパフォーマンス（パーフェクトオーダー）の両方が包含されているからである。

2-3-1
トータルサプライチェーン・コスト

　我々のトータルサプライチェーン・コストの定義は、他の団体や企業の定義よりもはるかに広い範囲を対象にしている。それは、以下に示すように、財務パフォーマンスとして売上、経費、そして資本の側面を統合化するものである。

　トータルサプライチェーン・コストは、トータルロジスティクスコストと在庫ポリシーコストの合計である。

　トータルロジスティクスコストは、トータル輸配送コストと、トータルウェアハウジングコストの合計である。

　トータル輸配送コストは、インバウンド輸配送コストと、アウトバウンド輸配送コストの合計であり、これには燃料費、スペースコスト、資本コスト、運賃、3PLサービスの料金が含まれている。

トータルウェアハウジングコストは、ウェアハウス内で消費される、人件費、スペースコスト、資本コスト、および3PLへの料金の合計である。
　在庫ポリシーコストは、数年前に我々が開発したコンセプトであり、在庫維持コストと機会損失コストの合計である。
　在庫維持コストは、平均在庫金額と在庫維持レートの積である。
　機会損失コストは、実需要に1個当たりの販売価格、欠品率、そしてショーテージファクターを掛け合わせたものである。欠品率は、「100％ − ユニットフィルレート（％）」として計算される。ショーテージファクターは、需要が充足されなかった時に失われる販売価格に対する割合として計算される。

大手小売業におけるトータルサプライチェーン・コストの計算事例
　世界最大の小売業の1つにおけるトータルサプライチェーン・コストの計算事例を図表2.2に示す。表中のそれぞれの行は、展開されている物流センターを示しており、またそれぞれの列は、サプライチェーンにおける各活動を示している。

大手ヘルスケア企業におけるトータルサプライチェーン・コストの計算事例
　大手ヘルスケア企業におけるトータルサプライチェーン・コストの計算事例を図表2.3に示す。表中のそれぞれの行は、事業地域とその中の国を示しており、またそれぞれの列は、サプライチェーンにおける各活動を示している。

図表 2.2
大手小売業におけるトータルサプライチェーン・コストの計算事例

DC	Inbound Transportation Cost	Outbound Transportation Cost	Total Transportation Cost	Total Warehousing Cost	Total Logistics Cost	Inventory Carrying Cost	Lost Sales Cost	Inventory Policy Cost	Total Supply Chain Cost	% of Sales	SCC per Order	SCC per Order Line	SCC per Bulto	SCC per Piece
México - SMO	$ 64,655,663	$ 102,736,030	$ 167,391,692	$ 124,476,570	$ 291,868,262	$ 195,540,967	$ 40,823,433	$ 236,386,400	$ 528,234,662	17.16%	$ 2,384	$ 17.48	$ 54.89	$ 2.75
Monterrey	$ 68,301,252	$ 109,451,752	$ 177,753,004	$ 124,757,368	$ 302,510,372	$ 187,706,564	$ 41,761,337	$ 229,467,901	$ 531,978,273	16.36%	$ 1,962	$ 14.43	$ 39.50	$ 2.46
Mérida	$ 31,014,013	$ 62,363,105	$ 93,377,118	$ 61,693,955	$ 155,071,073	$ 90,917,371	$ 21,089,529	$ 112,006,900	$ 267,077,973	18.08%	$ 1,651	$ 14.65	$ 46.69	$ 2.17
México	$ 51,725,440	$ 70,785,106	$ 122,510,547	$ 81,057,699	$ 203,568,246	$ 129,699,998	$ 27,266,696	$ 156,966,694	$ 360,534,940	14.64%	$ 2,176	$ 14.05	$ 46.86	$ 2.46
León Oxxo	$ 41,039,375	$ 79,860,655	$ 120,900,031	$ 83,465,426	$ 204,365,456	$ 139,104,662	$ 21,088,693	$ 178,175,618	$ 382,541,074	19.57%	$ 2,427	$ 13.27	$ 46.82	$ 2.05
Toluca	$ 58,422,654	$ 136,833,989	$ 195,256,644	$ 106,665,124	$ 301,921,768	$ 173,263,595	$ 34,886,671	$ 208,150,266	$ 510,072,034	18.33%	$ 3,862	$ 17.22	$ 55.02	$ 2.62
Obregón	$ 68,227,281	$ 125,940,008	$ 194,167,289	$ 106,016,521	$ 300,183,809	$ 198,509,961	$ 40,741,433	$ 239,251,394	$ 539,435,203	16.60%	$ 2,609	$ 15.49	$ 49.93	$ 2.47
Puebla	$ 54,293,989	$ 100,007,913	$ 154,301,902	$ 73,130,322	$ 227,432,224	$ 154,621,243	$ 32,266,142	$ 186,887,385	$ 414,319,608	16.03%	$ 2,499	$ 14.94	$ 46.70	$ 2.46
Reynosa	$ 32,105,696	$ 71,285,359	$ 103,391,056	$ 63,752,296	$ 167,143,352	$ 93,971,704	$ 27,656,764	$ 121,628,468	$ 288,771,820	18.89%	$ 2,803	$ 15.46	$ 53.76	$ 2.59
Tijuana	$ 39,574,071	$ 46,560,001	$ 86,134,072	$ 82,122,952	$ 168,257,024	$ 131,021,149	$ 64,901,477	$ 195,922,625	$ 364,179,649	19.33%	$ 2,341	$ 13.94	$ 50.67	$ 2.90
Querétaro	$ 33,011,956	$ 49,455,444	$ 82,467,400	$ 76,084,574	$ 158,551,973	$ 101,573,235	$ 12,497,383	$ 114,070,618	$ 272,622,591	17.34%	$ 6,563	$ 17.79	$ 53.60	$ 2.66
Chihuahua	$ 29,919,420	$ 40,706,798	$ 70,626,219	$ 64,076,009	$ 134,702,228	$ 133,296,358	$ 33,467,009	$ 125,495,827	$ 260,198,055	18.26%	$ 3,454	$ 15.53	$ 50.43	$ 2.61
Villahermosa	$ 32,975,709	$ 85,508,638	$ 118,484,347	$ 71,955,283	$ 190,439,630	$ 189,384,587	$ 18,984,587	$ 122,760,944	$ 312,700,574	19.91%	$ 3,895	$ 17.22	$ 50.22	$ 2.63
Guadalajara	$ 57,802,597	$ 98,613,756	$ 156,416,352	$ 100,977,820	$ 257,394,172	$ 162,149,577	$ 33,938,382	$ 196,087,959	$ 453,482,131	16.48%	$ 1,938	$ 14.50	$ 47.69	$ 2.23
Mexicali	$ 33,799,447	$ 61,432,249	$ 95,231,696	$ 84,769,140	$ 180,000,836	$ 114,044,150	$ 36,310,263	$ 150,354,413	$ 330,355,250	20.53%	$ 2,686	$ 14.92	$ 54.43	$ 3.08
Saltillo	$ 44,131,695	$ 93,158,543	$ 137,290,238	$ 106,867,581	$ 244,157,818	$ 158,470,762	$ 46,779,597	$ 205,250,358	$ 449,408,177	21.39%	$ 3,277	$ 19.37	$ 58.26	$ 2.91
TOTAL	**$741,000,259**	**$1,334,699,345**	**$2,075,699,604**	**$1,411,868,639**	**$3,487,568,244**	**$2,225,865,407**	**$552,477,364**	**$2,778,343,771**	**$6,265,912,015**	**17.76%**	**$ 2,455**	**$ 16.02**	**$ 49.75**	**$ 2.54**
% of COGS	2.10%	3.78%	5.88%	4.00%	9.88%	6.31%	1.57%	7.87%	17.76%					
Per Store	3.00%	5.40%	8.40%	5.72%	14.12%	9.01%	2.24%	11.25%	25.37%					
Per Order	56,851.33	102,401.36	159,252.69	108,321.98	267,574.67	170,773.85	42,387.40	213,161.25	480,735.92					
Per Bulto	290.38	523.03	813.41	553.27	1,366.68	872.25	216.50	1,088.75	2,455.44					
Per Piece	5.88	10.60	16.48	11.21	27.69	17.67	4.39	22.06	49.75					
	0.30	0.54	0.84	0.57	1.41	0.90	0.22	1.13	2.54					

図表●2.3
大手ヘルスケア企業におけるトータルサプライチェーン・コストの計算事例

Region	DC	Inbound Transportation	Outbound Transportation	Total Transportation	Warehousing	Total Logistics Cost	Inventory Carrying Cost	Lost Sales Cost	Inventory Policy Cost	Total Supply Chain Cost	Sales	Supply Chain Cost to Sales Ratio
EMEA	Netherlands	$4,876,000	$5,041,000	$9,917,000	$6,544,000	$16,461,000	$13,605,400	$1,792,170	$15,397,570	$31,858,570	$179,217,000	17.78%
	Finland	$93,500	$199,827	$293,327	$428,300	$721,827	$704,000	$187,050	$891,050	$1,612,877	$3,721,827	22.60%
	UK O/T	$306,027	$1,092,000	$1,398,027	$1,739,000	$3,137,027	$2,995,600	$732,250	$3,747,850	$4,228,637	$18,709,000	7.45%
	Poland RDC	$572,450	$623,190	$1,195,670	$358,963	$1,554,633	$1,349,600	$187,050	$3,604,483	$3,604,483	$73,223,000	7.45%
	Spain	$294,300	$1,004,000	$1,298,300	$819,837	$2,118,137	$1,304,200	$506,250	$2,010,450	$4,129,227	$50,629,000	8.16%
	Italy	$300,300	$651,741	$1,232,041	$781,810	$2,033,851	$2,097,600	$822,770	$2,920,370	$4,954,221	$82,277,000	6.02%
	Distributor CCC		$988,838	$988,838		$988,838				$988,838		
	Distributor MEA		$4,183,000	$4,183,000		$4,183,000				$4,183,000		12.68%
	REGION TOTAL	$6,743,107	$8,913,758	$15,656,865	$10,872,210	$26,529,075	$20,906,800	$4,060,530	$24,967,330	$51,496,405	$406,653,000	
	% of Sales	1.66%	2.20%	3.86%	2.68%	6.53%	5.15%	1.00%	6.15%	12.68%		
	% of Total	13.09%	17.31%	30.40%	21.11%	51.52%	40.60%	7.89%	48.48%			
Asia-Pacific	Japan	$337,222	$573,999	$1,111,221	$884,561	$1,995,782	$2,287,400	$210,493	$2,497,893	$4,493,677	$42,099,000	10.67%
	Australia-Sydney	$1,354,000	$988,156	$2,342,156	$4,071,156	$4,071,156	$1,643,800	$148,905	$1,792,705	$3,863,461	$29,701,000	19.74%
	New Zealand	$791,672		$791,672	$108,300	$793,672	$130,400	$0	$179,015	$970,687	$3,723,000	16.96%
	Australia-Perth	$492,187	$4,256	$496,443	$710,169	$1,206,612	$2,321,600	$138,443	$2,460,043	$3,666,655	$27,688,000	13.24%
	Singapore	$38,901		$38,901		$38,901	$287,000	$44,340	$431,340	$471,141	$8,908,000	5.29%
	China	$24,676		$24,676		$24,676	$182,850	$26,750	$223,350	$248,226	$1,150,000	21.36%
	India	$34,577		$34,577		$34,577	$23,852	$47,370	$73,422	$127,997	$9,314,000	1.35%
	Korea												#DIV/0!
	Distributors	$204,411		$204,411		$204,411	$0	$0	$0	$204,411		
	REGION TOTAL	$1,439,358	$1,566,411	$3,005,769	$3,232,030	$6,237,799	$7,008,000	$576,350	$7,584,350	$15,822,149	$115,270,000	13.73%
	% of Sales	2.50%	1.36%	2.90%	2.80%	6.05%	6.08%	0.50%	6.58%	13.73%		
	% of Total	21.74%	9.90%	31.64%	20.43%	52.05%	44.29%	3.64%	47.94%			
Americas	USA	$1,979,119	$6,622,168	$8,601,287	$7,186,590	$15,787,877	$7,750,000	$1,971,673	$9,721,673	$25,509,552	$394,333,000	6.47%
	Canada	$168,096	$850,800	$1,018,896	$2,109,430	$3,128,326	$14,477,600	$179,933	$14,633,333	$31,861,861	$33,187,000	9.04%
	Miami (LA RDC)	$347,431		$347,431	$1,155,081	$1,502,512	$0	$0	$0	$1,502,512		#DIV/0!
	Mexico	$64,769	$64,408	$99,177	$158,573	$257,750	$409,600	$313,360	$322,160	$379,910	$6,310,000	9.19%
	Columbia	$74,037	$217,227	$291,264	$370,118	$661,382	$290,600	$78,883	$304,283	$1,163,767	$15,797,000	7.38%
	Chile	$67,222	$156,818	$224,040	$96,114	$320,154	$269,600	$27,460	$297,060	$617,214	$5,492,000	11.24%
	Brazil	$171,090	$942,429	$1,113,519	$593,137	$1,706,656	$6,723,800	$213,143	$6,938,943	$8,647,601	$42,629,000	20.29%
	Other LA	$37,489		$37,489	$450,000	$487,489	$182,400	$60,470	$243,370	$733,259	$12,094,000	6.06%
	REGION TOTAL	$2,873,253	$8,853,850	$11,733,103	$10,521,043	$22,254,146	$17,124,400	$2,559,250	$19,683,630	$41,937,776	$511,846,000	8.19%
	% of Sales	0.56%	1.73%	2.29%	2.06%	4.35%	3.35%	0.50%	3.85%	8.19%		
	% of Total	6.87%	21.11%	27.98%	25.09%	53.06%	40.83%	6.10%	46.94%			
GLOBAL	EMEA	$6,743,107	$8,913,758	$15,656,865	$10,872,210	$26,529,075	$20,906,800	$4,060,530	$24,967,330	$51,496,405	$406,653,000	12.68%
	APAC	$3,439,358	$1,566,411	$5,005,769	$8,237,799	$8,237,799	$7,008,000	$576,350	$7,384,350	$13,822,149	$115,270,000	13.73%
	Americas	$2,879,253	$8,853,850	$11,733,103	$10,521,043	$22,254,146	$17,124,400	$2,559,250	$19,683,650	$44,937,776	$511,846,000	8.19%
	GLOBAL	$13,061,718	$19,334,019	$32,395,737	$24,625,283	$57,021,020	$45,033,200	$7,196,110	$52,235,310	$109,256,330	$1,033,169,000	10.57%
	% of Sales	1.26%	1.87%	3.14%	2.38%	5.52%	4.36%	0.70%	5.06%	10.57%		
	% of Total	11.96%	17.70%	29.65%	22.54%	52.19%	41.22%	6.59%	47.81%			

2-3-2
パーフェクトオーダー・パーセンテージ

　アメリカン・ヘリテージ辞典によると、「正確であること」とは、「少しだけずれていること、または基準値から許容範囲内にあること」を意味するとある。サプライチェーン・ロジスティクスは、顧客サービス、在庫管理、サプライ、輸配送、そしてウェアハウジングにより構成される。サプライチェーン・ロジスティクスのように幅広く複数の活動が一組に統合化されたもののための、重要な測定対象を定義すること、適正な基準値を定義すること、そして許容される基準値からのズレを定義することは、極めて複雑な作業である。

　各活動について検討してみよう。最初に、重要な測定対象とは何か。顧客サービス、在庫管理、サプライ、輸配送、そしてウェアハウジングを結びつけるもの、そして共通のアウトプットとは、オーダーである。そもそもサプライチェーンは、オーダーを満足させるために存在するのである。第2に、基準値とは何か。基準値とは完璧でなければならず、さもなくば、基準値を追求することによってサプライチェーンの全領域で必要とされるレベルの改善を達成することは期待できない。したがって、焦点を置くべきは、オーダー、基準値、完璧であることになる。それはつまり、パーフェクトオーダーということになる。パーフェクトオーダーとは、ロジスティクス的に完璧なことであり、それが意味するところは、以下のようになる。

①**完璧な入力**……顧客が欲する方法（ウェブ、タブレット、電話など）により、完璧な入力（顧客が要求する通りに入力する）を、1回の入力で行う
②**完璧に需要を充足**……顧客が指定した配送時間帯に、配送可能な各アイテムの正確な数量を配送する
③**完璧にピッキング**……正しいアイテムを正しい数ピッキングする
④**完璧な梱包**……顧客が指定する梱包＆ラベル貼付を行う
⑤**完璧な出荷**……ダメージなしで出荷する
⑥**完璧な配送**……顧客の指定時間帯に、顧客の指定場所に配送する
⑦**完璧なコミュニケーション**……オーダーステータスを24時間いつでも見ることができる
⑧**完璧な請求**……間違いのない請求書を送る
⑨**完璧なドキュメンテーション**……紙、ファックス、EDI（電子データ交

換）、インターネットを含む、顧客が指定する媒体を使用する

　これら9つのサプライチェーン活動が、それぞれ独立して90%正しく実行されたと仮定しよう。この場合、60%以上のオーダーが完璧に処理されないことになる。もしも、それらの活動それぞれが、95%正しく実行されたとしても、約40%のオーダーは完璧ではない。もしも、各活動が99%正しく実行された場合には、約90%のオーダーが完璧に処理されたことになる。もし、各活動が99.95%正しく実行された場合には、約99.5%のオーダーが完璧に処理されたことになる。

　読者の会社で使う独自のパーフェクトオーダー・パーセンテージ（POP）を導入するには、パーフェクトオーダー・パフォーマンスを構成する各領域のパフォーマンスを掛け合わせれば良いのである。正式には、P_n を1からN個の各パーフェクトオーダー・パフォーマンスの要素の1つとすれば、POPは以下のように計算される。

$$POP = \prod_{n=1}^{N} P_n$$

　図表2.4に、POPの計算事例を示す。

　この事例には、多くの教訓が含まれている。第1の教訓は、読者は恐らく、この9つの活動のパフォーマンスを追跡していないだろうということだ。測定しない何かを改善することは、難しいのだ。第2に、読者はこれらのロジスティクス活動の相互依存性について、認識していないだろうということだ。これらはすべて、顧客のオーダーを完璧に満足するという、サプライチェーンの究極的目標に貢献するものなのである。事実、POPは、それを構成する各要素におけるパフォーマンスの最小値以上の値にはなり得ないのである。第3に、POPの値は、信じられないほど低いということだ。我々のクライアント企業の多くは、そのPOPが50%以下に留まっている。もし顧客が自分たちのサービスに対し、常に不満足に見える理由を知りたいと思うなら、これこそが理由なのである。上司のオフィスに入っていき、先月は50%未満のオーダーしか正しく処理できなかったと報告した場面を想像してみよう。それはどんな会話になるだろうか（恐らく非常に短く、そしてそれが彼との最後の会話になるだろう）。

　残念ながら、POPに関するベンチマーキングデータは、極めて少ない。確

図表●2.4
POPの計算事例

	拠点A	拠点B	拠点C	拠点D	拠点E	拠点F	拠点G	拠点H	拠点I	拠点J	拠点K	拠点L	全体
オーダーエントリー精度（OEA）	98.00%	97.00%	86.00%	95.00%	93.50%	98.70%	78.00%	98.00%	98.00%	99.40%	85.10%	82.00%	92.55%
オーダーコミュニケーション精度（OCA）	99.90%	99.90%	99.90%	99.90%	99.90%	99.90%	99.90%	99.90%	99.90%	99.90%	99.90%	99.90%	99.90%
オーダーペーパーワーク精度（ODA）	100.00%	100.00%	100.00%	100.00%	100.00%	100.00%	100.00%	100.00%	100.00%	100.00%	100.00%	100.00%	100.00%
オーダーフィルレート（OFR）	88.10%	86.50%	90.90%	90.00%	83.20%	81.70%	82.40%	88.10%	80.50%	90.00%	90.00%	87.62%	
クレームのないオーダー出荷精度（CFOP）	99.00%	99.00%	99.00%	99.00%	99.00%	99.00%	99.00%	99.00%	99.00%	99.00%	99.00%	100.00%	99.00%
オンタイムオーダー精度（OTOP）	98.00%	98.00%	98.00%	95.00%	98.00%	97.00%	97.00%	97.00%	95.00%	98.00%	97.00%	95.00%	97.08%
ダメージなしのオーダー出荷精度（DFOP）	99.00%	98.00%	92.00%	95.00%	99.00%	97.00%	89.00%	98.00%	98.00%	99.00%	97.00%	96.50%	
オーダー出荷精度（OSA）	99.91%	99.92%	99.86%	99.80%	99.82%	99.72%	99.92%	99.90%	99.90%	99.85%	99.50%	99.21%	99.78%
パーフェクトオーダー・パーセンテージ [%]	82.77%	79.63%	69.61%	76.16%	74.51%	75.74%	69.38%	64.54%	72.57%	85.71%	72.38%	74.14%	74.97%

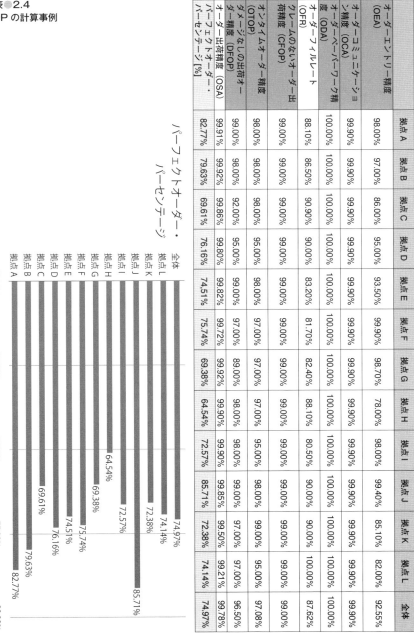

パーフェクトオーダー・パーセンテージ

- 全体　74.97%
- 拠点L　74.14%
- 拠点K　72.38%
- 拠点J　85.71%
- 拠点I　72.57%
- 拠点H　64.54%
- 拠点G　69.38%
- 拠点F　75.74%
- 拠点E　74.51%
- 拠点D　76.16%
- 拠点C　69.61%
- 拠点B　79.63%
- 拠点A　82.77%

かに、POPには、サプライヤー、メーカー、卸売業、在庫部門、運送会社、3PL企業といった多くの組織が関係しているため、データの収集が難しい。ただし、そこがポイントなのだ。パーフェクトオーダーを達成するためには、これら全組織にわたり、統合化され、協調のとれたパフォーマンスが要求されるからである。世界トップクラスのサプライチェーンは、これと同じ水準の統合化と協調が必要なのだ。

2-3-3
究極の指標

　パーフェクトオーダー1件当たりのトータルサプライチェーン・コストは、サプライチェーンの財務パフォーマンスとサービスパフォーマンスを同時に反映する2つの指標を統合化した我々が強く推奨する究極の指標である。それは単純に、トータルサプライチェーン・コストを総パーフェクトオーダー件数で割ることで計算できる。我々は、CSCO（チーフサプライチェーン・オフィサー：最高サプライチェーン責任者）およびサプライチェーン・サービスプロバイダーのためのパフォーマンス報奨制度に、この指標を組み込むよう推奨している。

2-4
アセスメント(診断)および投資正当化

　ここまで解説してきた指標を活用し、我々はRightChain® プラクティスアセスメント、RightChain® パフォーマンスアセスメント、そしてRightChain® 財務アセスメントを用いて、クライアント企業のサプライチェーンにおける正当化できる投資額を推定する。

2-4-1
RightChain® プラクティスアセスメント

　20年以上にわたる世界のあらゆる主要な産業におけるサプライチェーンのコンサルティングおよび研究調査に基づいて、我々はRightChain® が定義する10個の領域(顧客サービス、在庫、サプライ、輸配送、ウェアハウジング、指標、アウトソーシング、テクノロジー、組織、そして計画)に関する1,000以上のRightChain® プラクティス(実践方法)のデータベースを開発した。

　我々は、RightChain® プラクティスアセスメントの一環として、これらのプラクティスを活用し、診断している。プラクティスアセスメントは、RightChain® が定義する10個の領域のそれぞれに対して、RightChain® プラクティスアセスメントシステムを使って実施する(図表2.5)。

図表●2.5
RightChain® プラクティスアセスメントの事例

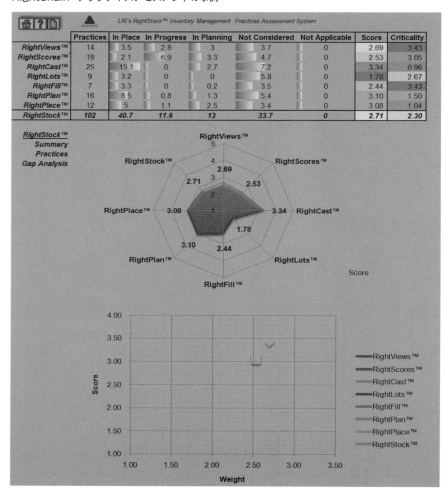

2-4-2

RightChain® パフォーマンスアセスメント

　RightChain® パフォーマンスアセスメントは、各 RightChain® 指標に対する企業の現状のサプライチェーン・パフォーマンスと、目標値とを比較するもの

である。目標値は、次の3つを使って設定される。現状のパフォーマンス、これから導入する RightChain® プラクティスから得られる改善率、そして信頼できるベンチマーキング情報の3つである。RightChain® パフォーマンスアセスメントの事例を図表2.6に示す。

図表 2.6
RightChain® パフォーマンスアセスメントの事例

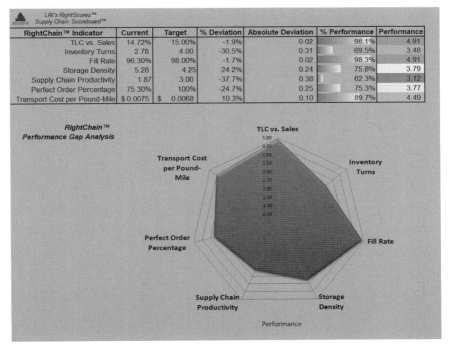

2-4-3
RightChain® 財務アセスメント

RightChain® 財務アセスメントは、ギャップを埋めるために必要な財務インパクトを計算することによって、RightChain® パフォーマンスアセスメントの結果を財務的数値に変換するものである。RightChain® 財務アセスメントの事例を図表2.7に示す。表中の縦の列には、各 RightChain® パフォーマンス指標

図表●2.7
RightChain® 財務アセスメントの事例

財務改善計画	在庫回転数	保管密度	フィルレート	パーフェクトオーダーパーセンテージ	トータルロジスティクスサイクルタイム	トンキロ当たりの輸配送コスト	1人時あたりのオーダー件数	合計
年間ボリューム	¥153,528,806,500 COGS／年	778,000 SKUs	¥493,896,122,055 売上／年	5,409,375 オーダー／年	¥60,380,772,829 AIV	2,670,678,399 ton・km／年	5,409,375 オーダー／年	
現在のパフォーマンス	2.54 回転／年	14.89 m2／SKU	87.62% ％fill	74.97% ％オーダー	281.67 時間	¥5 円／ton・km	17.34 オーダー／人時	
現在の必要リソース	¥60,380,772,829 AIV	11,587,423 m2	¥61,160,803,114 機会損失費／年	1,354,212 オーダー／年		¥14,659,200,000 円／年	312,000 人時／年	
目標とする必要リソース	¥38,382,201,625 AIV	9,336,000 m2	¥49,389,612,206 機会損失費／年	1,081,875 オーダー／年		¥10,682,713,597 円／年	180,313 人時／年	
目標とするパフォーマンス	4.00 回転／年	12.00 m2／SKU	90.00% ％fill	80.00% ％オーダー	150.00 時間	4 円／ton・km	30.00 オーダー／人時	
年率	10.0% ％／年	¥9,000 円／m2・年	68.9% ％粗利	¥6,473 円／オーダー		10.0% ％／年	¥2,000 円／人時	
削減リソース	¥21,998,571,204 AIV	2,251,423 m2	¥11,771,190,909 機会損失費／年	272,337 オーダー／年	131.67 時間	¥3,976,486,403 円／年	131,688 人時／年	
年間削減額	¥2,199,857,120	¥20,262,804,436	¥8,112,087,687	¥1,762,842,195	¥90,754,967	¥3,976,486,403	¥263,375,000	¥36,668,207,808
回収期間（年）	1.00	1.50	2.00	1.00	1.00	1.00	1.00	1.21
正当化し得る投資額	¥2,199,857,120	¥30,394,206,654	¥16,224,175,375	¥1,762,842,195	¥90,754,967	¥3,976,486,403	¥263,375,000	¥54,911,697,714

が設定されている。各指標について、別々に財務機会評価を行う。その評価は以下のように行われる。

　まず、各列のRightChain®パフォーマンス指標に対応する「年間ボリューム」を設定する。このボリュームに「現在のパフォーマンス」を掛け、または割ることで、「現在の必要リソース」を算出する。次に、その指標において「目標とするパフォーマンス」を設定し、「年間ボリューム」に掛け、または割ることで、「目標とする必要リソース」を算出する。「現在の必要リソース」と「目標とする必要リソース」の差が、「削減リソース」となる。この「削減リソース」を金額に換算すると、ギャップを埋めることで生まれる「年間削減額」が計算される。それぞれの指標に対する「年間削減額」を合計すると、改善施策全体で生まれる「合計」年間削減額になる。加えて、各「年間削減額」に、必要とされる投資「回収期間」を掛けることで、その領域におけるギャップを埋めるための「正当化し得る投資額」が推定できる。全指標に対する「正当化し得る投資額」を合計すれば、プロジェクト遂行に投入可能な「合計」投資額となる。

2・4・4
サプライチェーン構築計画

　サプライチェーン構築計画において、我々は適正な投資額を、通常6か月から24か月を要する戦略的サプライチェーン施策のスケジュールに落とし込む。ある大手航空宇宙産業の会社のために作成したサプライチェーン構築計画の事例を図表2.8に示す。

図表●2.8
RightChain® サプライチェーン構築計画の事例

VALUE CHAIN	Value Chain Activity	Initiatives	Baseline 2013 →	Intermediate 2014 →	Advanced 2015 →	World-Class 2016 →
MISSION	Metrics & Targets	Connectivity	Silo	Spanning	Integrated	Predictive
MISSION	Metrics & Targets	Finance	Traditional	Fiscal Logistics	Financial Engineering	VCROIC
MISSION	Metrics & Targets	Quality	CSL, OTD	CSL II, OTD II	CSL III, OTD III	Perfect Delivery %
MISSION	Service Policies & Contracts	Cust Svc Policy	Ad-Hoc	ABC	ABC-ABC	Menu Based
MISSION	Service Policies & Contracts	Contracting	One by One	Informal Coordination	Terms Optimization	Timing Optimization
SUPPLY	Sourcing & Supplier Management	Readiness	Readiness Book	Supply Simulation	Capacity Optimization	Predictive Readiness
SUPPLY	Sourcing & Supplier Management	Costing	First Cost	Best Cost	Optimized Price	Risk Adjusted Cost
SUPPLY	Inventory Optimization	Deployment	Reactive	Proactive	Stage Optimization	Stage-Place Optimization
SUPPLY	Inventory Optimization	Lot Sizing	MOQ	EOQ	ELQ	EVCQ
SUPPLY	Inventory Optimization	Planning	SIOP	FLOPS	SCIOPS	CPFR
LOGISTICS	Transportation & Material Flow	Material Flow	Decentralized	Logistics Centers	Regional Logistics Centers	Global Logistics Centers
LOGISTICS	Whing, Kitting, & Material Handling	Packaging	Container by Container	Container Optimization	Flow Optimization	Design for VC
LOGISTICS	Outsourcing	Relationships	One-Off	BU Optimization	UTC Optimization	Global Contract Optimization
INFRASTRUCTUE	Value Chain Information Systems	Visualization	RYG Spreadsheets/ACE	Command Centers	Virtual Command Centers	Mobile Alerts
INFRASTRUCTUE	Value Chain Information Systems	Data Warehousing	Ad-Hoc, Dis-Integrated	Integrated Database	Integrated Portal	Data Mining
ADMINISTRATION	Security, Compliance & Risk	Risk	Qualitative/Subjective	Risk Assessment	Risk Valuation	Risk Optimization
ADMINISTRATION	Organization & Culture	Integration	One Process	One Division	One BU	One Company
ADMINISTRATION	Organization & Culture	Education	Course by Course	Value Chain University	PPS University	ABC University
		Units	800	900	1000	1100
		COGS/Unit $	5,000,000	4,800,000	4,500,000	4,200,000
		COGS $	4,000,000,000	4,320,000,000	4,500,000,000	4,620,000,000
		Turns	3.5	4	4.5	5
		AIV $	1,142,857,143	1,080,000,000	1,000,000,000	924,000,000
		EBIT %	25%	30%	35%	40%
		EBIT/AIV	1.00	1.10	1.20	1.30
		CSL	90.0%	92.5%	95.0%	97.5%
		VCC/PD $	500,000	444,444	400,000	363,636

第 3 章

サプライチェーン・サービス戦略

RightServe™

3-1
サプライチェーン・サービスの原理原則

　長年にわたり、クライアント企業のサプライチェーン最適化を支援する中で、サプライチェーン・サービスにおける以下に挙げる10の原理原則を発見することになった。これらの原理原則は、企業をワールドクラスのサプライチェーン組織にするための必須要件である。

　　（1）リーダーは奉仕する！
　　（2）失望を貨幣価値で表せ！
　　（3）ピンチはチャンス！
　　（4）デザインし、書面化し、共有せよ！
　　（5）ノーと言っても良いのだ！
　　（6）ワンサイズですべてにフィットするわけではない！ セグメント化せよ！
　　（7）あるがままに言え！
　　（8）プロアクティブ（積極姿勢）はリアクティブ（受け身の姿勢）に勝る！
　　（9）まず人があり、次に会社が来る！
　　（10）コストとサービスをバランスさせよ！

（1）リーダーは奉仕する！

　最も尊敬される企業および個人が持っている資質の1つとして、サーバントリーダーシップがある。簡単に言うと、サーバントリーダーシップとは、自分自身よりも他人に奉仕することを優先させることをいう。例えば、ホンダとのプロジェクトの際、判断が難しいサプライチェーン・トレードオフ問題が発生したとき、顧客へのサービス提供を優先させる意思決定をした。また、ディズニーとのプロジェクトのときには、ゲストの満足がサプライチェーン意思決定における彼らの最終的な判断基準であった。L.L.ビーンの場合、メイン州の住

人たちの多くが持っている"おもてなしの心"が、同社の企業文化に深く浸透しており、L.L.ビーンは、メイン州を代表する有名企業となったのだ。ホンダ、ディズニー、L.L.ビーンといった企業が、全世界で最も尊敬を集める企業であり、同時に優れたサプライチェーンを持っていることは、決して偶然ではないのだ。

同時に、彼らのようなトップ企業は、サプライチェーンの他のステークホルダーの利益を決して無視することはない。彼らは、様々な形態やレベルのサービスを提供するためのコストと、提供する価値とを天秤にかけているのである。コストは、経費、モラル、資本、複雑性、そしてリスクという形で表される。RightServe™手法は、こうしたトレードオフの関係を定量化し、企業がすべての主要なステークホルダー（従業員、顧客、株主、地域社会）の利益のために、サプライチェーン・サービス戦略を開発する組織を支援するものである（図表3.1）。

リーダーシップは、優れたサービスである！

図表●3.1
サプライチェーン・ステークホルダー

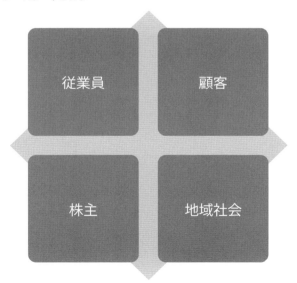

(2) 失望を貨幣価値で表せ！

　多くの企業は、サービスの悪化により発生する財務的な被害を過小評価している。以下のような、顧客の行動を考えてみよう。

・不満足な顧客は、満足している顧客よりも彼らの不満について、より多くの（関係ない）誰かに話す
・不満足な顧客の大多数は、苦情を言わない……彼らはただ単にその店で買わなくなるだけである
・顧客にとって、ある特定の店で買い物をしなくなっても、替わりの店を見つけることがますます容易になりつつある
・ある顧客が特定の店を離れ、競合店に移る理由の多くは、彼らが買った商品とは何ら関係がなく、サービスの問題による
・新規顧客の獲得は、既存の顧客を維持するよりも、はるかに高コストで、多くの時間がかかり、手間がかかる

　顧客の不満足は、彼らの期待に応えられなかったこと、そしてパフォーマンスが低下したことに原因がある。サプライチェーン・サービスの最も重要な側面の1つは、関連する顧客のサービスに対する期待を定量化し、定義し、共有し、満足する利益性の高いサービス戦略を開発することである。
　失望を貨幣価値で表し、それを回避することは優れたサービスである！

(3) ピンチはチャンス！

　私は、セミナーの参加者に対して、誰がディズニーワールドにおいて最も満足している顧客だと思うかと、しばしば質問する。それに対する典型的な答えは、"人気アトラクションで長蛇の列に並ばなくてもいい人"や、"フロリダ晴れの日に来園した人"、さらに"ディズニーワールド内のホテルに滞在している人"などである。こうした顧客も確かに満足しているだろうが、本当に満足しているゲストは、驚いたことにディズニーにおいて不満足な経験をした人たちなのだ。
　読者には奇妙に聞こえるかもしれないが、園内のあるディズニーストアの女性店長が起こしたマジックをその傍で、私は目撃してしまった。この店長によると、ディズニーのキャストは日ごろから不満足なゲストを見つけることができるようにトレーニングを受けているという。また、そうした不満足なゲスト

というのは、そう多くはいないので間違いようがないのである。

　ある日、私は"メインストリートUSA"にある店で、この店長の動きを観察していたとき、小さな女の子が泣いていることに気付いた。この店長は、優しく女の子に近付くと、膝を折って彼女に囁きかけ、女の子になぜ泣いているのかと尋ねた。するとこの女の子は、長い時間をかけてオクラホマから、デイジーダックTシャツを買いにきたのに、彼女のサイズのTシャツを見つけることができなかったのだという。この店長は、棚の上にあるTシャツを調べたが、そのサイズのものを見つけることはできなかった。

　店長は、この女の子が探しているサイズが無いという指摘に対し感謝を述べ、バックルームに在庫がないか探してみると伝えた。彼女は女の子に、小さなディズニーの本を渡し、バックルームに行っている間、これを読んでいるようにと言った。数分後、店長は何も持たずに戻ってきた。彼女は再び膝を折って、女の子にバックルームにもTシャツがなかったことを伝えたが、ディズニーワールドにある他の店にも電話して、そのTシャツを見つけることを約束したのである。そして、別のディズニーの本を渡し、電話をかけ始めたのである。

　店長は、公園内の3つの店舗に電話をした。すると、3番目の店で女の子のサイズのTシャツが見つかった。他店に在庫があることを確認しただけでなく、ディズニーは、このTシャツをギフトボックスに入れ、小さな女の子が待つ店に届け、さらにディズニーからのプレゼントとして、この女の子に手渡したのである。言うまでもなく、この小さな女の子と彼女の両親は、この日起こったことを生涯決して忘れることはないだろう。

　ピンチをチャンスに変えることは、優れたサービスである！

（4）デザインし、書面化し、共有せよ！

　顧客の期待を満足させられないことは、サービスが悪いという評価と認識を生む最大の要因である。デザインされず、書面化されず、共有されない期待を満足させることは不可能である。ただし、サプライチェーン・サービスへの期待の多くは、デザインされず、書面化されず、共有もされていない。それが原因で通常、営業とオペレーションの隙間に、戦場の霧（不確定要素）が立ち込めることになるのだ。

　私は、クライアント企業に対し、なぜデザインされ、書面化され、共有され

たサプライチェーン・サービス戦略を持っていないのか尋ねることにしている。彼らの典型的な答えは、「方法が分からない」「複雑すぎる」「今までやったことがない」といったものである。こうした良くある言い訳は、ツール、教育、プロセスの徹底、リーダーシップ、責任の所在の欠如が社内に存在することを表している。

　　明確で、合理的な、そして共有された期待は、優れたサービスである！

（5）ノーと言っても良いのだ！

　私が主催するサプライチェーン・セミナーの1つにおいて、ある格言めいたことを言った。それは、「顧客は常に正しくもないし、また神様でもない」というものである。これに対して、参加者の1人がすぐに、そして大声で攻撃的に次のように反論してきた。彼女は、唐突に「私の会社では、顧客は常に正しく、そして神様だ」と言った。

　私は彼女に対して、どこの会社で働いているのか尋ねた。すると彼女はある大手電力会社のCSCO（チーフサプライチェーン・オフィサー）であると答えた。次に私は彼女に、「もし顧客が電気料金の支払いを忘れたら、あなたの会社はどう対応するのか」と質問した。彼女は、「それは簡単なことだ。直ちに、電気を止めるのだ」と言った。そこで私は、「それがあなたたちの言う、顧客を神様のように扱うことなのか」と聞いた。彼女は、「違う。それは私たちが、繰り返し電気料金の支払いに応じない人たちに対する対応だ」と答えた。そこがポイントだ。すべての顧客が、神様ではないし、また正しくもないということなのだ。

　私が今まで読んだ本の中で、一番好きなものの1つが『境界線（バウンダリーズ）』というジョン・タウンゼントらの書いた本である。この本は、いつ、どのように、「イエス」と「ノー」を言うか、そしていかに顧客の期待を管理するか、さらに他の人たちの不合理な期待にどう対応するかを教えている。

　私は、ある小売業のCSCO（チーフサプライチェーン・オフィサー）のピンチヒッターとして約6か月間仕事をしたことがある。私の仕事には、代わりの新しいCSCOを見つけることが含まれていた。社長は繰り返し私に、「どんな人間を探しているのか」と聞いてきた。その質問に対して私も繰り返し、「顧客の不合理な期待に対して、正直で、信用され、親切さを感じられるノーと言える誰かだ」と答えていた。幸運なことに、新しいCSCOはすぐに見つける

ことができた。彼は、正直で、知恵と親切さを兼ね備えており、この仕事に適任だったのである。

不合理な顧客に対しノーと言うことは、優れたサービスである！

（6）ワンサイズですべてにフィットするわけではない！　セグメント化せよ！

　ある日、私はあるクライアントの施設におり、その日この会社では年次賞与が支払われるはずであった。この日、CEO が彼らの賞与について説明し、会社の状況についての話をし、従業員との Q&A に応じていた。この集まりは、この会社の体育館において行われていた。バンド演奏があり、沢山の飾りつけが施され、ビュッフェスタイルの昼食が用意されていた。

　昼食後、CEO が立ち上がり、従業員に次のように語りかけた。「まず、良い知らせがある。創立以来初めて、第4四半期にフィルレート目標を達成した（それは 88％ であった）」と彼は言った。バンドが力強く演奏し、風船が空に向けて放たれた。紙ふぶきが舞う中で、次に彼は、「残念なことに、悪い知らせもある。それはこの年度末に、賞与は出ないということだ。理由は、今期に利益が出なかったことにある」と CEO は言った。なぜ利益が出なかったのだろうか。その理由は、フィルレートと利益性には、トレードオフの関係があるからである。

　この日のイベントが終わった後、私はこの会社の在庫計画のトップに会った。彼との打合せの際、私は彼にこの会社がどのようにフィルレートの目標値を在庫計画に組み入れているか質問した。彼は、「我々は単に、すべてのアイテムに対し、同じ目標値を設定している」と答えた。それに対し、私は「OK、あなたがランズエンド（大手アパレル通販会社）に電話をして、彼らが M サイズの白いワイシャツを持っていなかったとしよう。ランズエンドにおける M サイズの白いワイシャツの欠品は、ケンタッキーフライドチキンに行ったら、チキンがなかったようなものだ。もし M サイズの白いワイシャツに対するフィルレートが 88％ なら、彼らの評判を傷つけることになるだろう。それは、すぐに（競合する）L.L. ビーンのサイトに行って、オーダーをしろと顧客に言っているようなものだ」と私は伝えた。

　次に私は、彼らの扱う商品の中で、一番突拍子もないアイテムは何か聞いた。彼らはすぐに全員一致で、「ペイズリー柄の犬のベッド」と答えた。私は彼ら

に、「それはペイズリー柄の犬のベッドのフィルレートも88%ということを意味するのか」と尋ねた。彼らは、「その通り。全商品88%のフィルレートだ」と答えたのだ。最初に私が考えたことは、ペイズリー柄の犬のベッドは、そもそも在庫として持つべきではないということだった。私は、「ペイズリー柄の犬のベッドの予測誤差率はどれくらいか」と質問した。彼らは、「それはあまりにも大きすぎて、計算することもできない」と答えた。予測不能なアイテムに88%のフィルレート目標を設定することは、極めてリスクが高く、また高コストにつくのである。

　私が言いたいことは、得意客が買う売れ筋商品と、たまにしか買わない客が購入する低回転商品とでは当然異なるフィルレートを設定すべきだということである。顧客そしてアイテムは、その特性によりセグメント化して対応すべきなのである。

セグメント化することは、優れたサービスである！

（7）あるがままに言え！

　私は数年前、クリーブランドにあるクライアントを訪ねた。この会社の自動化されたDC内の会議室で打ち合わせしていたとき、数名の参加者の携帯電話がけたたましく鳴り響いた。ミーティングが中断し、静寂が訪れた後、その数名が会議室から出て行った。ミーティングは、約1時間にわたり中断することになった。

　ミーティングが再開された時、私は今の大騒ぎは何だったのか尋ねた。彼らは、自動倉庫の1つが故障したため、その日に出荷する予定のいくつかのオーダーが遅れることになったと説明してくれた。中座した人たちは、問題の調査に当たり、影響を受けたオーダーについて出荷処理を速めるように命じられたのだ。加えて、影響を受けた顧客に対し、調査結果を報告し、ETA（予定到着時刻）を伝えようとしていた。顧客とのコミュニケーションには、電話を掛け、問題が起きたことをメールで謝罪し、オーダー金額に応じたリベート対応、そして各顧客の調整後の予定到着時刻が含まれていた。この会社のサプライチェーンで発生した問題に対する透明性、周到で素早い対応は、会社の評判を落としかねない事故を、会社の評判を改善することにつながるものに転換したのである。それは、人や組織が失敗にどのように対処するかにより、成功した時よりもさらに高い評判を確立することができることを証明していた。

我々は、長年にわたり、キャタピラー社の様々なプロジェクトに携わってきた。数年前、この会社のDCで、いくつかの新しいバナー（垂れ幕）があることに気付いた（図表3.2）。そのうちの1つが特に私の目を引いた。このバナーには、「誠実であれ！……正直であることは力である」と書かれていた。私は、センター長からKPIのスコアボードについて説明されるまで、少し懐疑的だった。なぜなら、このDCのフィルレートが、キャタピラー社の典型的な世界水準のパフォーマンスよりも若干低いことに気付いたからである。彼は、ERPの導入中に、それらの数値が落ち込んだのだと説明した。私は、「顧客があなた方のDCを訪問した時、彼らがこの低い数値を見たらと、心配にならないのか」と尋ねた。彼は、正直であることはフィルレートよりも、はるかに重要なサプライチェーン・サービスの側面であると、答えたのだった。

正直であることは、優れたサービスである！

図表●3.2
キャタピラー社における「正直であることは力である」のバナー

（8）プロアクティブ（積極姿勢）はリアクティブ（受け身の姿勢）に勝る！
　数年前、我々はシリコンバレーにある大手企業と長期コンサルティング契約をし、この会社のサプライチェーン戦略の構築を支援した。この会社のCOO（最高執行責任者）とのキックオフミーティングが始まる約90分前に、会議室のドアをたたく、いかにも緊急性を帯びた大きな音がした。ノックの直後、誰かが部屋に飛び込んできて、COOを見てから、「スティーブ、顧客の工場の製

造ラインに問題が生じた。我々が供給するいくつかの部品が欠品したために、すぐに対応しなければ契約違反に対するペナルティを支払わなければならなくなる。できるだけ早く復旧させる解決策を見つけなければならない」と、大声でまくし立てた。この COO は私を見て、このミーティングの中でこの問題を議論しても良いかと尋ねてきた。私はそれに同意し、その後、数日間をこの問題の解決に費やした。この週の終わりには、彼らは非常に満足した様子だった。そして我々のチームは、アトランタに帰ったのである。

翌月に、我々はプロジェクトを再開するためにサンホセに戻った。COO との約60分のキックオフミーティングの間に、大きなドアノックと共に誰かが慌てて部屋に入ってきた。「スティーブ、顧客の製造ラインに問題が発生した。いくつかの重要な部品の配送が遅れたために、ペナルティが発生しそうだ。すぐに配送を速めるための解決策を見つける必要がある」。COO は、私を見てこのミーティングの中でこの問題解決について議論して良いか尋ねてきた。私は、渋々同意し、数日かけてこの問題を解決した。彼らは、その週の仕事にとても満足していた。

さらに翌月、我々はプロジェクトを再開するために再びサンホセに戻った。COO とのミーティングが始まる30分前にまた誰かが会議室に入ってきて、「スティーブ、電話で顧客が怒っている。我々が間違った部品を出荷したため、彼らはペナルティを課そうとしている」と、大声でまくし立てた。COO は私を見て、この問題を解決するための支援をしてくれるかどうか尋ねた。私は、「お断りします。あなたは誰もドアをノックしなくなるようなサプライチェーン戦略を構築するために我々を雇ったはずです。我々は、それに対する支援は喜んでしますが、毎回このような混乱に付き合うのはごめんです」と言った。

そう言ったとき私は、この仕事を首になるだろうと思った。COO は、明らかに激怒していることがその表情からうかがわれた。彼は、「私は、我々を支援してもらうために、あなたと契約したのだ」と言った。それに対して私は、「その通りだ。ただし、あなたの会社のサプライチェーンで欠品が発生したり、遅延したり、間違いを犯したりするたびに、我々が直接、問題解決に当たることは、あなたの会社を支援することにはならないのだ。我々は、そうした欠品、遅延、間違いの根本原因を取り除くための支援をすることはできるが、これからもミーティングのたびに誰かがノックして会議室に飛び込んでくるなら、我々は荷物をまとめてアトランタに帰らなければならない」と言った。私は、

この会社の中で、今までに誰かがスティーブに対してノーと言ったことがあるかどうか疑問であった。なぜなら、それ（私が言ったこと）は、彼にショックを与えたように見えたからだ。数分後、彼は落ち着きを取り戻し、先ほど言ったことが本気だったかどうか私に尋ねた。私は彼に対し、「サプライチェーンの混乱および障害を最小化するための戦略を構築するために、我々と契約したはずなのに、あなたの会社ではそうした混乱や障害がオペレーションの一部になってしまっている。問題が発生することが当たり前になってしまい、それが発生しても麻痺して何も感じなくなっており、さらにそれの中毒にさえなっている。そして、もはやそれのないサプライチェーンの世界を想像することもできなくなっているのだ」と言った。私はまた、最近彼らの会社のロジスティクス部門のトップが精神を患ったことを忘れないよう彼に促した。

　長い沈黙の後、私は今度こそ本当に首になることを覚悟した。ところが次に彼が言ったことで、私は床に転げ落ちそうになるほど驚いた。彼は、「OK、あなたは正しい。私は今までに一度もそういう視点で考えたことはなかった。このプロジェクトを遂行するのに、あなたに必要なものは何でも言ってくれ」と言ったのである。私は、最も優秀なアナリスト2人をフルタイムでこのプロジェクトに参加させ、4か月にわたり隔週で彼らと、途中で邪魔されず集中できる3時間のミーティングを設け、さらに彼らのサプライチェーン・データに対して自由にアクセスできるようにしてほしいと要望した。4か月後、我々は彼らのサプライチェーン戦略を最適化し、その戦略を維持するための厳格なスケジュールの導入に成功したのである。今までのような混乱と障害は起こらなくなった。過剰なコストの発生も収まり、過剰在庫と極端な欠品のシーソー状態は解消されたのである。

　つまり、問題が起きるたびに対症療法的（リアクティブ）に対処するのではなく、その根本原因を積極的（プロアクティブ）に排除することが重要なのである。

　プロアクティブであることは、優れたサービスである！

（9）まず人があり、次に会社が来る！

　ドローンを武器として使った戦争において最も難しい課題の1つは、ドローンに搭載された銃のトリガーを引く人と実際の標的の距離がかけ離れていることだという。標的が遠ければ遠いほど、ドローンのトリガーを引く人にとって、

標的がものであるか人であるかに関係なく、リアリティが失われるというのである。

同様に、サプライチェーン・サービスを計画する人およびそれを実行する人たちは、意思決定と実行の影響からあまりに遠く離れ過ぎているために、悪いサービスを提供していることに鈍感になっていることがある。すべてのサプライチェーンに関する決定と実行の裏側には、それに携わる人々がいる。彼らの個人的または職業的な成功が、彼らの仕事に対する取り組みだけでなく、提供するサービスのデザインおよびサービスそのものの成功を左右するのである。

私は常に我々のチームに対し、そしてチームは私に対し、我々のクライアントはまず人であり、会社よりも先に来ることを忘れないように指導している。

パーソナリゼーション（個人を尊重すること）は、優れたサービスである！

（10）コストとサービスをバランスさせよ！

顧客そして営業部門は、コストまたは利益に責任を持つことなしに、無限大のSKUが100%フィルレートで、100%カスタマイズされた梱包で、100%の精度で、100%オンタイムで、さらにゼロレスポンスタイムで、オーダーが配送されることを求めている。もしも、そうした状況が本当に起こったとすれば、100%の確率でその会社は倒産するだろう。当然ながら、倒産することは優れたサービスとは言えない！

それほど昔のことではないが、私はある大手自動車会社のサプライチェーンのトップから電話を受けたことがある。その理由は、営業部門のトップから、この会社のフィルレートが低いことについて文句を言われたということだった。彼は私に、フィルレートを上げるためのアドバイスを求めてきた。私はいつもクライアントに推奨するように、彼らのサービスゴールを達成しつつ、財務的目標を満足するための最適なフィルレートを計算し、それに沿ってサプライチェーンを運営することだと答えた。彼は私のアドバイスに対し、感謝の意を表して電話を切った。

数か月後、私は再び彼から電話を受けた。このときは、CFO（最高財務責任者）から在庫レベルが高すぎると文句を言われており、どうしたら良いかアドバイスが欲しいとのことであった。私はいつもクライアントに推奨するように、彼らのサービスゴールを達成しつつ、財務的目標を満足するための最適なフィルレートを計算し、それに沿ってサプライチェーンを運営することだと答えた。

彼は私のアドバイスに対し、感謝の意を表して電話を切った。

それから数か月後、また彼から電話を受けた。このときの理由は、営業部門のトップから、この会社のフィルレートが低いことについて文句を言われたからだった。彼は再び私にフィルレートを上げるためのアドバイスを求めたのである。私はまずゆっくりと深呼吸し、「私のアドバイスはあなたが忠実に私の言ったことを実行することだ。在庫維持コストと機会損失コストを計算し、それに沿って在庫戦略を構築しなければならない」と伝えた。

いかなる会社も個人も、無限のリソースを持っている訳ではない。限りあるリソースをサプライチェーンに割り当てるために、そのコストを計算し、彼らが提供するサービスを最適化することは優れたサービスである。

コストとサービスのバランスを取ることは、優れたサービスである！

3-2 サプライチェーン・サービス手法

　我々は、クライアントが利益性の高いサービスを最適化し、導入することを支援するための **RightServe™** 手法を開発した（図表3.3）。この手法は、5つのステップを通してとり進めていく。

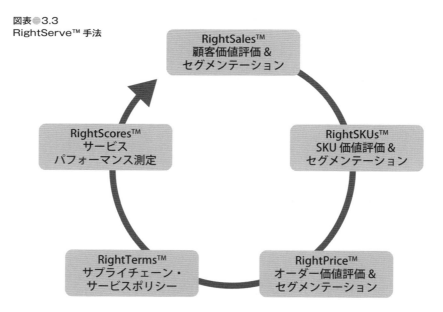

図表●3.3
RightServe™ 手法

　最初のステップは、RightSales™ と言い、これは顧客価値およびセグメンテーション（層別化）、サービスを受ける顧客の剪定および優先順位付けを支援する。2番目のステップは、RightSKUs™ と言い、SKU の価値およびセグメンテーション（層別化）、SKU の剪定および優先順位付けを支援する。第3のステップは、RightPrice™ であり、これはオーダーの価値およびセグメン

テーション、出荷するオーダーの剪定、優先順位の決定、そして価格決定を支援する。4番目のステップは、RightTerms™と言い、これはサプライチェーン・サービス戦略をチャネル毎セグメント毎に、サービスメニューおよびサービスレベルを策定し、導入するものである。最後の5番目のステップは、RightScores™で、これはサプライチェーンのサービスパフォーマンスと顧客満足をモニターするものだ。この5段階のサイクルは、少なくとも四半期毎に繰り返し実施し、さらに理想的には月次でのISCP（S&OP進化形、第11章参照）に組み込まれるべきである。

3-2-1
RightSales™ 顧客価値評価

　数年前、顧客の評価手法および分析手法を開発したが、それは株式アナリストが株式の価値評価をするための手法に近かった。この評価および分析の手法は、次の3つから構成される（図表3.4）。
（1）顧客ビジネス価値評価
（2）顧客戦略的価値評価
（3）顧客コストトゥサーブ価値評価

図表 3.4
RightServe™ 顧客価値評価モデル

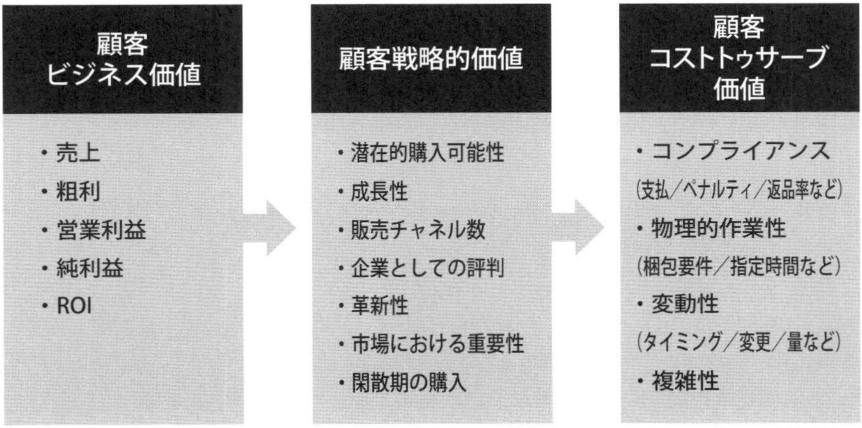

顧客ビジネス価値	顧客戦略的価値	顧客コストトゥサーブ価値
・売上 ・粗利 ・営業利益 ・純利益 ・ROI	・潜在的購入可能性 ・成長性 ・販売チャネル数 ・企業としての評判 ・革新性 ・市場における重要性 ・閑散期の購入	・コンプライアンス （支払／ペナルティ／返品率など） ・物理的作業性 （梱包要件／指定時間など） ・変動性 （タイミング／変更／量など） ・複雑性

（1）顧客ビジネス価値評価

我々は、顧客のビジネス価値を評価する際、以下の5つの要素を検討する。売上、粗利、営業利益、純利益、ROIの5つである。顧客ビジネス価値評価の要素をまとめた表を図表3.5に示す。

図表●3.5
RightServe™ 顧客ビジネス価値評価要素

(1) 売上	(2) 粗利	(3) 営業利益	(4) 純利益	(5) ROI
売上額	粗利額	営業利益額	純利益額	投下資本利益率
売上貢献	粗利貢献	営業利益貢献	純利益貢献	
売上ランキング	粗利ランキング	営業利益ランキング	純利益ランキング	
1個当たり売上	1個当たり粗利額	1個当たり営業利益額	1個当たり純利益額	GMROI（商品投下資本粗利益率）
	売上高粗利率	売上高営業利益率	売上高純利益率	
		粗利額に占める営業利益率	粗利額に占める純利益率	
			営業利益額に占める純利益率	

我々は、これらのデータを使って、顧客を評価、ランク付け、セグメンテーションしている。いくつかの事例を以下に挙げる。

大手食品メーカーにおける顧客ビジネス価値評価の事例

我々は最近、業界の平均的な純利益率を下回る、ある大手食品メーカーからコンサルティングを依頼された。図表3.6から図表3.8に、彼らの RightServe™ 顧客ビジネス価値評価の結果を示す。

図表3.6は、売上、粗利、営業利益、純利益を基準にした、典型的な顧客のABCDセグメンテーションである。RightServe™ 手法においては、売上、粗利、利益、純利益そしてROIのそれぞれについて、最初の50％を生み出した顧客をA顧客として分類している。次の30％に貢献した顧客を、B顧客として定義している。そして、次の15％に貢献した顧客はC顧客であり、最後の5％

図表●3.6
RightServe™ 顧客パレートマトリクスの事例

Strata		Revenue	Gross Margin	Gross Margin %	Operating Income	Operating Income %	Net Income	Net Income %
A's	Customers	$204,588,000	$21,826,000	10.67%	$7,684,000	3.76%	$6,840,000	3.34%
	per Customer	4	5		3		4	
		$51,147,000	$4,365,200		$2,561,333		$1,710,000	
B's	Customers	$112,848,000	$15,801,000	14.00%	$6,022,000	5.34%	$1,921,000	1.70%
	per Customer	9	11		8		10	
		$12,538,667	$1,436,455		$752,750		$192,100	
C's	Customers	$33,699,000	$3,909,000	11.60%	$1,281,000	3.80%	$207,000	0.61%
	per Customer	16	20		17		26	
		$2,106,188	$195,450		$75,353		$7,962	
D's	Customers	$7,504,000	-$388,000	-5.17%	-$2,455,000	-32.72%	-$3,893,000	-51.88%
	per Customer	95	88		96		84	
		$78,989	-$4,409		-$25,573		-$46,345	

95

を生み出した顧客は、D顧客として定義している。

　図表3.6はまた、粗利、営業利益、純利益に損失の出ている顧客を示している。この事例において、88社のD顧客にサービスを提供するのに、粗利ベースで年間38万8,000ドルの損失を出している。96社のD顧客にサービスを提供するのに、営業利益ベースで年間245万5,000ドルの損失を出しており、84社のD顧客では、純利益ベースで年間389万3,000ドルの損失を出しているのである。こうした付加価値の低い顧客を認識し、彼らの販売契約を見直し、即座に彼らとの取引を止めるか、または再交渉を行った。このクライアントは、こうした取り組みを通して、業界の純利益ベンチマークで再びトップレベルに返り咲いたのである。

　RightServe™顧客ビジネス価値評価パレート分析においては、売上、粗利、営業利益、純利益のそれぞれについて高い方から順にランク付けし、累積売上、粗利、営業利益、純利益をそれぞれグラフ上にプロットしていく。図表3.7の事例は、クライアント企業の顧客を粗利の高い順に左から右へランク付けしたものである。

　典型的な粗利のパレート分析（売上、営業利益、純利益も同様）に見られるように、グラフの中で曲線の傾斜が変化する点に対応して、顧客を4つのセグメントに分けることができる。一番急な右上がりの傾斜部分に位置する「A」顧客は、高い粗利貢献度を持つ顧客である。それより若干緩やかな右上がりの傾斜部分に位置する「B」顧客は、ある程度の粗利貢献をしている顧客である。傾斜が大きく変化し平坦になる部分に位置する「C」顧客の多くは、損益分岐上にいる顧客である。そして、右下がりの傾斜を持つ部分に位置する「D」顧客は、この企業のビジネスに損失をもたらしている顧客である。

　顧客ビジネス価値評価において3番目の有効な診断ツールが、RightServe™ XYZチャートである。その事例を、図表3.8に示す。顧客は、X軸（売上）とY軸（粗利率）のグラフ上にプロットされ、円の大きさは純利益の大きさを表している。売上の大きな顧客、純利益の高い顧客、そして粗利率の大きな顧客は、最も高いビジネス価値を持つ顧客である。売上が小さく、純利益も小さく、さらに粗利率も低い顧客は、最も低いビジネス価値を持つ顧客という評価になる。

図表●3.7
RightServe™ 顧客ビジネス価値評価のパレート図の事例

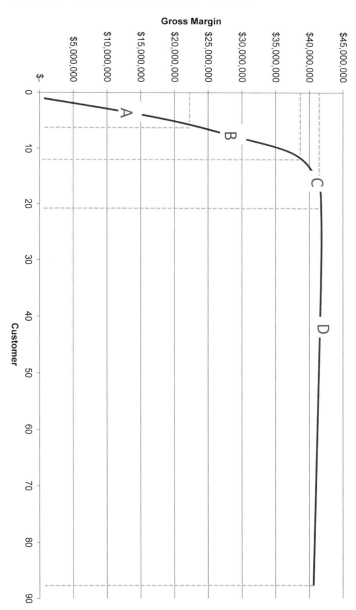

図表●3.8
RightServe™ 顧客ビジネス価値評価の XYZ チャートの事例

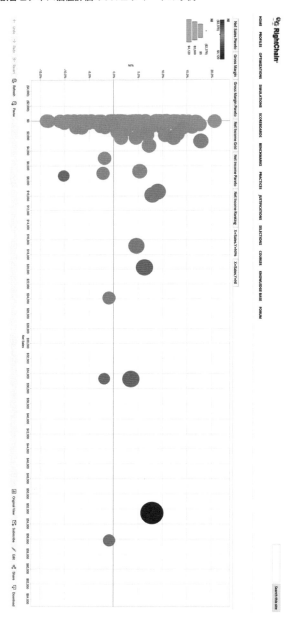

飲料メーカーの顧客ビジネス価値評価の事例

最近ある大手飲料メーカーとのプロジェクトの中で、各顧客の ROIC と営業利益を計算した。この分析結果を、図表3.9に示す。

驚いたことに、彼らは営業利益がマイナスとなっている顧客にサービスを提供するために、1億ドル以上の投資をしていたのである（これは顧客全体の約43%に当たる）。また、このクライアント企業は、ROIC が10% 未満（この会社の閾値）の顧客に対しても、合計1.4億ドルの投資をしていたのである。彼らはまた、同社の営業利益の95% が、顧客のわずか18% から生み出されていることを知り、驚いたのだ。

こうした顧客価値の分析は、どの顧客に対しても同じサービスを提供するという、既存のサプライチェーン・サービスポリシーに対して大きな警鐘を鳴らし、最適化されたサプライチェーン・サービスポリシーの開発を後押しすることになったのである。

図表●3.9
RightServe™ 顧客ビジネス価値評価の事例

ROIC	顧客数	顧客構成比	投資額	投資額構成比	コストトゥサーブ
マイナス	43,632	43.40%	$111,102,000	13.80%	$8,052,000
0%〜5%	3,812	3.90%	$15,148,000	1.90%	$1,563,000
6%〜10%	3,379	3.40%	$14,920,000	1.80%	$1,770,000
			$141,170,000		

営業利益	顧客数	顧客数構成比	投資額	投資額構成比	コストトゥサーブ
マイナス	43,632	43.40%	$111,102,000	13.80%	$8,052,000
下位5%	80,688	82.20%	$234,577,000	29.20%	$24,707,000
下位10%	85,083	86.70%	$272,225,000	33.90%	$30,611,000
上位90%	13,066	13.30%	$531,028,000	66.10%	$139,961,000
上位95%	17,461	17.80%	$568,675,000	70.80%	$145,688,000

大手化学薬品メーカーの顧客ビジネス価値評価の事例

我々のクライアント企業の1つに、グローバル化学薬品メーカーがある。この会社の化学者や化学エンジニアは、サプライチェーンの財務面には疎い人たちだった。この会社の CFO は、急激な利益率の悪化に直面し、利益が落ち込んだときのサプライチェーンの役割を評価するように我々に依頼してきた。ほ

とんどの企業に見られるように、このクライアントも、彼らの顧客全体にわたり、サービスレベルの区別をしていなかったのである。つまり、彼らのサプライチェーン・サービス戦略における"ワンサイズフィットオール"型のアプローチは、多くの顧客に過剰なサービスを提供していたのである。例えば、多くの顧客は在庫が生産されたはるか後にオーダーをキャンセルしていたのである。EBIT および出荷量を用いて、我々は明確に顧客をセグメント化し、その後さらにサプライチェーン・サービス戦略を修正したのである。

（2）顧客戦略的価値評価

　営業部門が、はじめから我々のこの価値評価、ランク付け、セグメント化を受け入れてくれることはめったにない。なぜなら、もし彼らが成功報酬で仕事をしているとしたら、潜在的なサービスレベルの低下は、絶対に受け入れることはできないからである。我々の顧客ランクが、不採算な顧客を認識するとき、営業部門はこれらの顧客が"戦略的"な顧客であると主張し、抵抗するのだ。確かに一部の顧客は"戦略的"かもしれない。しかしながら、我々の顧客戦略的価値評価手法を通して判断すると、そうした戦略的顧客と単に損失を出しているだけの顧客を明確に分けることができる。

　"戦略的"とはビジネス界の流行語であり、しばしば明確に定義されず、曖昧な解釈のまま使われている。我々のクライアントが、体系的な顧客評価プロセスを開発することを支援する一環として、各顧客の戦略的価値を決定するために、潜在的購入可能性、成長性、販売チャネル数、企業としての評判、革新性、市場における重要性、閑散期の購入といった要素を検討する。ある大手樹脂メーカーの顧客戦略的価値評価の事例を図表3.10に示す。

図表 3.10
RightServe™ 顧客戦略的価値評価の事例

Strategic Valuation Criteria	Definition	Warehouse	Distributor	Club	Wholesale	International	Average
Purchasing Potential	Purchasing Potential = Sales Channel VP's estimated 12 month potential dollar sales for this specific customer when fully developed with products currently offered for sale by the company	3	3	3	4	5	3.60
Growth Potential	Growth Potential = Estimated percentage growth potential for the customer over the next 5 years	5	5	5	2	5	4.40
Channels	Channels = Number of Sales Channels for which this customer is currently actively purchasing product.	5	2	5	5	5	4.40
Relationship Life Cycle	Relationship Life Cycle = Indifferent (1) to SCBNA occasionally purchases, Moderate Interest (2) to SCBNA regularly purchases with minimal support, Active Interest (3) to SCBNA regularly purchases some products with consistent support for promotions etc, Engaged Interest (4) regularly purchases most products offered and consistently supports promotional and new product efforts; Loyal Customer (5) in the past and predicted to be so in the future not only actively purchases products offered and consistently supports products but favors SCBNA to the competition. Customer participates in new product development with follow-through on purchase and actively solicits and or develops promotional opportunities.	1	5	2	5	5	3.60
Innovation	Innovation - Assign a rating of 1-5 (highest) indicating the degree of innovation demonstrated by the customer. Based on participation in new SCBNA Product development with follow-through on purchase and actively solicitation and or develops promotional opportunities OR is an innovator in their Business Segment setting the bar for which their competitors reach.	5	3	5	4	1	3.40
Branded vs. Private Label	Branded vs. Private Label - 1 = Customer only buys only Private Label Products, 2 = Customer Buys Private Label & Branded Products, 3 = Customer purchases only SCBNA Branded Product.	5	2	5	5	5	4.60
Loyalty	Loyalty - On a scale of 1-5 (highest) rate the customer in terms of how recently they have purchased, how frequently they purchase and the length of time that they have purchased SCBNA products.	4	5	5	2	5	4.20
Geographic	Geographic - Rate this customer's geographic location on a scale of 1-5 (highest) in importance to your sales efforts. Example - new targeted market area, location projected to have significant population growth in the next 5 years, etc.	1	5	4	5	2	3.40
Marketplace Importance	Marketplace Importance - rate this customer's importance in the marketplace on a scale of 1-5 (highest).	3	5	1	5	4	3.60
% of SKUs Purchased that are Strategic SKUs	% of SKUs Purchased that are Strategic SKUs - Number of SKUs purchased by this Customer that are defined by the Sales Channel VP to be Strategic divided by total number of SKUs purchased	5	3	5	3	5	4.20
Off-Season Activity	Off-Season Activity = Customer's % of units purchased during the periods deemed to be "Off-Season" for specific SKU groups.	4	5	3	5	5	4.60

(3) 顧客コストトゥサーブ価値評価

"コストトゥサーブ（サービスを提供するためのコストの構成要素）"は、もう1つのビジネスにおける流行語であるが、公式に定義されていることは稀である。顧客にサービスを提供するための金額ベースのコストは、我々のビジネス価値評価に含まれるため、ここで言う"コストトゥサーブ"は、顧客へのサービス提供における、相対的な難しさを表すものである。

この難しさを生み出す要素は、顧客にサービスを提供するときのコンプライアンス、物理的作業性、変動性の3つである（図表3.11）。コンプライアンスの要素には、コンプライアンスに違反した場合のペナルティ、支払期限、支払履歴、在庫に対するコミットメント（顧客への約束）、返品率などが含まれる。物理的作業性には、梱包要件、ハンドリングユニット要件（パレット、ケース、ユニット等）、配達場所へのアクセスのしやすさなどが含まれる。変動性には、オーダー変更の頻度、オーダーサイズの変動、オーダータイミングの変動、需要予測のしやすさなどが含まれる。ある消費財メーカーのための顧客コストトゥサーブ価値評価の事例を図表3.12に示す。

図表●3.11
RightServe™ 顧客コストトゥサーブ価値の構成要素

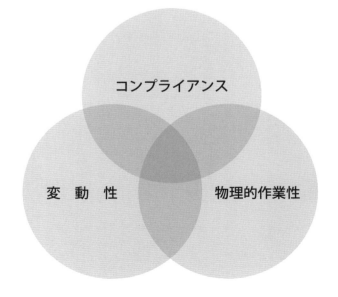

図表●3.12
RightServe™ 顧客コストトゥサーブ価値評価の事例

Cost-to-Serve Valuation Criteria	Definition	Warehouse	Distributor	Club	Wholesale	International	AVERAGE
Time Between Orders	Time Between Orders = 365 days divided by total number of orders during the last 12 months.	2	4	4	4	4	3.60
Forecastability	Forecastability = Average Forecast Accuracy at the Customer Level since January 04.	4	0	4	4	4	3.20
Re-Distribution Activity	Re-Distribution Activity = Does the customer re-distribute SCBNA products? (Shelf-life requirements?)	4	4	4	3	4	3.80
Average Order Size	Average Order Size = Last 12 months case sales divided by number of orders placed in the last 12 months.	4	1	4	4	4	3.40
Order Size Variability	Order Size Variability = % variability in customer's order size based on lowest cost order multiples during a 12 month period.	4	4	4	4	4	4.00
Dock Delays	Dock Delays = Average time for unloading at customer's location	5	4	4	4	4	4.20
Seasonality	Seasonality = % of annual volume that falls in Sep to Dec	4	4	2	4	3	3.40
Complementary Seasonality	Complementary Seasonality = % of annual volume that falls in Jan to May	4	4	4	4	4	4.00
% Change Orders	% Change Orders = Customer's number of changed orders divided by the total number of orders placed.	4	4	4	4	2	3.60
EDI vs. Not	EDI vs. Not = Does the customer utilize EDI for order processing.	4	4	2	4	4	3.60
VMI vs. Not	VMI vs. Not = Does SCBNA manage the customer's DC inventory & order placement process	2	4	4	4	4	3.60
Payment History	Payment History = Average number of days between order shipment and receipt of payment	4	4	1	4	4	3.40
Terms of Payment	Terms of Payment - What are the payment terms for this customer?	4	3	4	4	4	3.80
Invalid Deduction Rate	Deductions = last 12 month's dollar value of this customer's deductions divided by the last 12 month's dollar value of customer's purchases	4	4	4	4	2	3.60
COA Requirements	COA Requirements - Does this customer require a COA on finished goods?	4	4	4	2	4	3.60
Return Rate	Returns = last 12 months dollar value of this customer's returns divided by the last 12 month's dollar value of customer's purchases	4	4	4	4	4	4.00
Service Penalties	Service Penalties - Does this customer impose service failure penalties or cause service penalties in other areas?	1	4	4	4	4	3.40
Inventory/Deployment Commitments	Inventory Commitments - Does this customer mandate any specific inventory commitments and/or deployment?	4	4	4	4	4	4.00
Pallet/Layer/Case Pick	Pallet/Layer/Case Pick = Percentage of customer's case sales that are Pallet, Layer and Case picked. (3 measures)	3	4	4	4	4	3.80
Plant Direct/Pickup	Plant Direct / Pick-up - Percentage of Customer's Sales that are Shipped Plant Direct and Percentage of Customer's Sales that are Picked-up at Plant (2 measures)	4	4	4	4	0	3.20

（4）最も価値の高い顧客とは？

　我々の手法は、これまで解説したビジネス価値評価、戦略的価値評価、コストトゥサーブ価値評価に基づいて、顧客ランキングを計算し、最も価値の高い顧客（MVC）を認識する。我々は、サプライチェーン・サービスを最適化するために、このランキングを使って顧客をA、B、C、Dのセグメントに分類する。MVCランキングと顧客セグメント化の事例を図表3.13に示す。

　一部の顧客が、他の顧客に比べてその価値が低いという考え方は、ほぼ常に抵抗に合う。こうした抵抗は、ある場合は根拠のない期待と拒絶である。それは、違いが存在することを否定し、最終的にすべてがうまく行くことを期待するものである。一部の抵抗は、情緒的である。ただし、この評価は人間的な価値の判断ではなく、各顧客が自社のビジネスといかに接点を持っているかを評価するものである。また、一部の抵抗は、怠慢によるものである。ほとんどの顧客は評価されたことなどなく、よってそうすることにはエネルギーを要する。正当な顧客評価に基づいてサービスを最適化するには、さらに大きなエネルギーを要する。

　顧客評価をしないことは、すべての顧客が等しい価値を持ち、全顧客に同じサービスリソースを割り当てるべきだと言っているのと同じである。私がセミナーの中で、このことを指摘すると、典型的な反応は、すべての顧客はA顧客であるように対応すべきだというものである。その考え方は、A顧客が本来受けるべきサービスよりも低いサービスを受け、逆にC顧客は過剰なサービスを受けていることを意味している。

　私が受けるもう1つの質問は、「もし自分が、C顧客として扱われていることを発見した場合、どうなるのか？」というものである。まず第1に伝えたいことは、誰にも彼らのセグメントを知らせる必要はないということである。第2に、もし彼らが自分の属するセグメントを認識した場合には、我々は喜んで彼らがA顧客になるための支援を惜しまないということになる。

図表●3.13
RightServe™ 大手消費財メーカーの MVC ランキングと顧客セグメント化の事例

#	Customer	EBIT	EBIT Rank	Pounds	Pound Rank	EBIT/Pound	EBIT per Lb Rank	EBIT%	EBIT% Rank	Rank Sum	Value Rank	MVC	ABCD
1	YLUAY	$4,440	1.0	13,147	1	$0.34	9	20.9%	9	20	40	1	A
2	RLNICL	$2,361	2.0	7,162	3	$0.33	12	21.0%	8	25	39	2	A
3	INTERNILM	$896	6.0	2,656	12	$0.34	10	21.1%	5	33	38	3	A
4	UUPLINT	$1,184	4.0	4,391	5	$0.27	16	18.7%	13	38	37	4	A
5	PRINTPACY - VIRGINIA	$943	5.0	2,770	11	$0.34	11	17.7%	17	44	35	5	A
6	NLEL PRLUUCTR	$531	11.0	586	28	$0.91	1	38.6%	1	41	35	5	A
7	C P NILMR	$694	9.0	2,092	13	$0.33	13	20.0%	11	46	34	7	A
8	MEAUTERT VACL	$850	7.0	3,683	6	$0.23	22	19.2%	12	47	33	8	A
9	RPECTRATEY	$359	14.0	959	22	$0.37	5	20.2%	10	51	32	9	A
10	RYC LIMITEU - RUTLN	$1,722	3.0	10,938	2	$0.16	24	9.8%	26	55	29	10	A
11	TRANRILTRAP	$845	8.0	3,558	8	$0.24	20	14.7%	19	55	29	10	A
12	TAVENRLNT	$252	18.0	409	33	$0.61	2	32.3%	2	55	29	10	A
13	RLLIANT	$277	16.0	882	23	$0.31	14	21.1%	6	59	28	13	A
14	LLPAREL	$649	10.0	3,968	6	$0.16	23	11.8%	23	62	27	14	A
15	MULTI-PLARTICR	$294	15.0	966	21	$0.30	15	12.8%	16	67	26	15	A
16	AVERY	$474	12.0	3,071	10	$0.15	25	12.8%	22	69	24	16	B
17	CRLTN	$107	27.0	233	36	$0.46	3	24.8%	3	69	24	16	B
18	PLARTIC RUPPLIERR	$195	19.0	620	27	$0.31	13	18.4%	15	74	23	18	B
19	MPI	$80	29.0	0	37	$0.36	6	21.5%	4	76	22	19	B
20	BEMIR	$412	13.0	4,475	4	$0.09	32	5.8%	30	79	21	20	B
21	MILPRINT	$70	32.0	176	38	$0.40	4	21.0%	7	81	20	21	B
22	AUNILM	$101	28.0	295	35	$0.34	7	18.5%	14	84	19	22	B
23	GLARTEEL	$183	20.0	1,220	19	$0.15	26	11.5%	24	89	18	23	B
24	PRLTECT-ALL	$124	25.0	483	29	$0.26	17	16.5%	18	89	17	24	B
25	ALCAN PYG	$261	17.0	3,105	9	$0.08	33	5.5%	32	91	16	25	B
26	RLEEVECL	$130	23.0	701	26	$0.19	22	9.9%	25	96	15	26	C
27	ELLPACY	$165	21.0	1,735	14	$0.10	31	5.7%	31	97	14	27	C
28	RMP	$139	22.0	1,229	18	$0.11	29	6.8%	29	98	13	28	C
29	RENLELITE	$108	26.0	431	32	$0.25	19	13.8%	21		12		C

3-2-2
RightSKUs™ SKU 価値評価

（1）SKU の合理化

　SKU 価値評価は、SKU 合理化または SKU ポートフォリオ管理とも呼ばれ、サプライチェーン・サービス戦略構築における最初の、そして最も重要なステップの1つである。我々のクライアントの大半においても、通常 SKU の約3分の1が利益を出しており、3分の1が損益分岐上に、そして残りの3分の1が損失を出しているにもかかわらず、これら3つの SKU セグメントに対するサービスポリシーは、ほぼ常に同じものになっている。これらの各 SKU セグメントに対するサービスポリシーの差異化は、ビジネスおよびサプライチェーン戦略の重要な構成要素であり、過度な不採算 SKU を排除する必要がある。もしクライアントが、D 顧客に販売する極端に大きな損失を出している SKU の排除に躊躇する場合、私は彼らに次のようなことを思い起こさせるようにしている。

・あなたが取り扱っていない SKU に対する予測精度は、完璧である
・あなたが取り扱っていない SKU に対するリードタイムはゼロである
・あなたが取り扱っていない SKU に対する在庫投資はゼロである
・あなたが取り扱っていない SKU が占める容積はゼロである
・あなたが取り扱っていない SKU に対するピッキングコストはゼロである
・あなたが取り扱っていない SKU に対する計画時間はゼロである
・あなたが取り扱っていない SKU に対する製造コストはゼロである
・あなたが取り扱っていない SKU に対する輸配送コストはゼロである

　パレート法則が当てはまらない企業は稀であり、事実ほとんどの売上、粗利、営業利益は、少数の SKU から派生している。SKU のパレート法則と SKU 最適化の3つの事例を以下に示す。

大手バイオテクノロジー会社のパレート法則の事例

　大手バイオテクノロジー会社の RightSKUs™ 分析の事例を図表3.14に示す。この会社では、上位5％の SKU が売上の67％を占めている。また、上位10％の SKU が、売上の81％、上位20％の SKU が92％を占めていることが分かる。

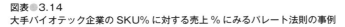

図表 3.14
大手バイオテック企業のSKU%に対する売上%にみるパレート法則の事例

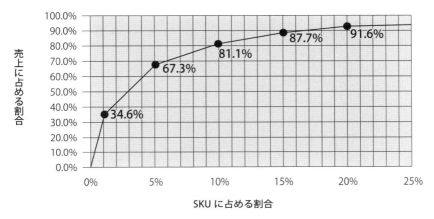

大手工業製品卸売企業のRightSKUs™分析の事例

もう1つの事例を図表3.15に示す。この事例は、ある大手工業製品卸売企業のものである。ここからは、彼らの扱うSKUのうち926（19.2%）が、売上の99%を生み出していることが分かる。残念ながら、彼らの在庫投資のうち34.7%または873万ドルが、売上の1%を生み出しているに過ぎないのである。さらに悪いことは、1875万ドル以上の新製品が、この同じ1%のためにすでに発注済みとなっていることである。

図表 3.15
大手工業製品卸売企業のためのRightSKUs™分析の事例

ランク	売上構成比	SKU数（積上げ）	SKU構成比（積上げ）	オンハンド在庫金額	オンハンド在庫構成比	発注済み金額	発注済み構成比
A	50%	38 (38)	0.8 (0.8%)	$4,039,410	16.0%	$49,172,393	52.5%
B	50%〜80%	143 (181)	3.0 (3.8%)	$4,062,673	16.1%	$12,720,699	13.6%
C	80%〜90%	153 (334)	3.1 (6.9%)	$2,866,522	11.4%	$5,676,796	6.1%
D	90%〜95%	165 (499)	3.5 (10.4%)	$2,531,909	10.1%	$4,370,671	4.7%
E	95%〜99%	427 (926)	8.8 (19.2%)	$2,942,393	11.7%	$2,929,997	3.1%
F	99%〜100%	3,901 (4,827)	80.8 (100.0%)	$8,732,685	34.7%	$18,755,643	20.0%

大手ハイテク部品メーカーの SKU パレート分析の事例

　我々は最近、ある大手ハイテク部品メーカーからコンサルティングの依頼を受けた。彼らの事業の非常に重要な事業部が、成熟化し、ゆっくりとではあるが業績が右肩下がりだったからである。彼らが我々に期待した課題は、そのサプライチェーンを最適化することであった。

　我々は、図表3.16に示すような、純利益 SKU パレート分析からスタートした。前述のように、SKU は優良セグメント（純利益がプラス）、中間セグメント（損益分岐）、そして不振セグメント（純利益がマイナス）の3つに分類できる。不振セグメントは、あまりにも大きい損失を出していたため、事業部全体が赤字になっており、緊急にこれらの SKU を識別し、排除し、戦略の見直しをする必要があった。この事例の場合、SKU の排除と、在庫の集中化戦略が導入されたことで、年間2000万ドル以上の節約を達成したのである。

（2）最も価値の高い SKU ランキング

　顧客と同様に、我々は SKU についても、ビジネス価値、戦略的価値、そしてコストトゥサーブ価値の評価を使って、ビジネス全体に対する価値貢献度に基づいてランク付けを行っている。ビジネスに対して最も高い価値を提供する SKU は、A ランク SKU であり、次に貢献度の高いものが B ランク SKU となり、次が C ランク SKU で、最も貢献度が低くさらに損失を生み出すものが D ランク SKU となる。顧客価値評価の場合と同様に、SKU 価値評価についても営業部門からの強い抵抗がしばしば見受けられる。

　我々は、未だかつて SKU の増加が、売上、粗利、営業利益、マーケットシェア、在庫フィルレートの改善に貢献した会社を見たことがない。そして私の経験において、新しい SKU が導入されることで発生する、サプライチェーンの複雑性によるコストについて理解している企業はほぼないに等しい。SKU 価値ランキングは、こうした理解を助けることを目的に実施するものである。

図表●3.16
大手ハイテク部品メーカーの純利益SKUパレート分析の事例

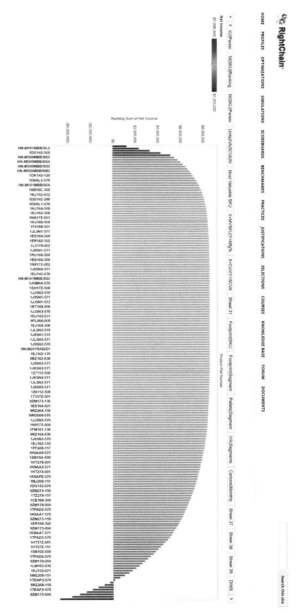

(3) 顧客－SKU セグメント

　十分なデータと時間をかけて、我々は顧客分析およびSKU分析を、顧客－SKUセグメントとして統合化する。顧客－SKUセグメントは、ABC顧客とABC SKUから構成される16の異なるビジネスセグメントにおける、売上、粗利、営業利益、純利益額または販売数量を明らかにするものである。

　顧客－SKUセグメントの事例を図表3.17に示す。この図において、棒グラフの高さは、売上、粗利、営業利益、純利益または販売数量を表している。他のほとんどの事例と同様、売上、粗利、営業利益、純利益または販売数量の大半は、A顧客が購入するAアイテムから生まれている。通常、このセグメントに属する顧客またはSKUは、極めて少数であるが、競争は熾烈である。一方、最も小さな、売上、粗利、営業利益、純利益または販売数量は、C顧客が購入するCアイテムから派生する。このセグメントには、通常多くの顧客と多くのSKUがあり、そこでの競争はそれほど激しくない。とすると、Aアイテムを購入するA顧客に対するサービスと、Cアイテムを購入するC顧客に対するサービスが、同じというのは合理的と言えるだろうか。もちろん、答えはノーである。ところが、多くの企業は、全セグメントにわたり、同じサービスレベルを提供しているのだ。

図表●3.17
RightSales™ 顧客－SKU 評価マトリクスの事例

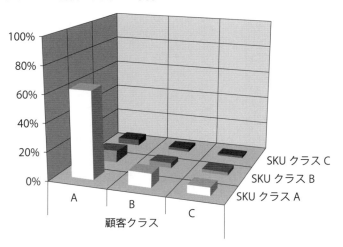

それに対する我々のクライアント企業からの典型的な言い訳は、全顧客に対して、最高レベルのサービスを提供しているからだというものである。もし本当にそうだとしたら、それはBレベルのサービスということになるだろう。この場合には、A顧客－A SKUセグメントは、過少なサービスを受けていることになり、反対にBおよびC顧客－BおよびC SKUは、過剰なサービスを受けているということになる。

3-2-3
RightPrice™ オーダー価値評価

オーダーは、顧客とSKUを結びつけるものである。そして、少数の顧客およびSKUが、粗利および営業利益の大半を占めるように、少数のオーダーが利益の大半を生み出している。最も利益性の高いオーダー特性を認識することは、オーダー価値評価、オーダー管理、そしてサプライチェーン・サービスポリシーの構築における重要なステップである。サプライチェーン・サービスポリシーは、顧客を利益性の高いオーダーパターンに導くように設定するべきである。

最近、ある大手冷凍食品メーカーのために行ったオーダー最適化の事例を図表3.18に示す。この分析から、各オーダーのパレット数と利益性に強い相関があることを発見した。基本的に、このメーカーのパレット未満のオーダーは、損失を出していたのである。こうした状況を克服するため、このメーカーは、フルパレット単位でのオーダーに対し、より大きな割引をし始め、パレット未満の単位でオーダーする場合には、より大きなフィーを課すことにしたのである。この比較的シンプルな価格体系の調整が、この会社の純利益に400万ドルの改善をもたらしたのである。

3-2-4
RightTerms™ サービスポリシー最適化

サプライチェーン・サービスポリシーは、プロアクティブな顧客および需要管理の最初のステップである。サプライチェーン・サービスポリシーは、サプライチェーン組織とそれがサービスを提供する消費者および会社との間の契約

図表●3.18
RightPrice™ 大手冷凍食品メーカーのオーダー最適化の事例

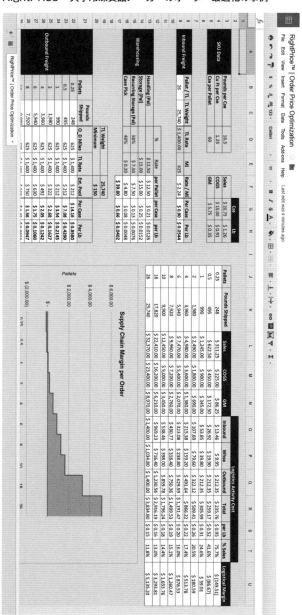

のようなものである。それは、サプライチェーンにおける各チャネルおよび顧客/SKUセグメント毎に、サービス目標を定義することである。それはまた、在庫管理、サプライ、輸配送、ウェアハウジングを含む各サプライチェーン活動のサービス要件を設定することである。その意味で、サプライチェーン・サービスポリシーは、サプライチェーン・プランニングの土台となるものである。それにもかかわらず、大多数の企業は、サプライチェーン・サービスポリシーなしで運営されている。

我々がクライアント企業に、サプライチェーン・サービスポリシーを持っているか質問すると、例外なくイエスと答える。興味深いことに、どの企業にも共通した回答は、「いつでも、100％のSKUについて、100％の顧客に対し、100％のフィルレートを即時に提供する」というものである。これが事実であるなら、間違いなくその会社は倒産するはずである。企業は有限のリソースしか持っておらず、それを戦略的に、利益が出るよう、顧客のために配備しなければならない。そのためのマスタープランが、サプライチェーン・サービスポリシーの最適化なのである。

サプライチェーン・サービスポリシーは通常、企業の文化およびサプライチェーンの複雑性を反映したものとなる。我々は、サプライチェーン・サービスポリシーをその特徴に基づき、次の4段階に分類している。

- **第1段階：場当たり的対応**、つまり実際には何もサービスポリシーは存在しない（「お客様から言われた通りに対応します」）
- **第2段階：抽象的な表現**、つまりサービスポリシーは存在するが、定量化されていない（「お客様のかゆいところに手の届くサービスを提供します」）
- **第3段階：ワンサイズフィットオール**、即ち、明文化され、定量化されたポリシーは存在するが、セグメンテーションができていない（「すべてのお客様に対し、翌日配送を約束します」）
- **第4段階：高度に戦略的なSCSP（サプライチェーン・サービスポリシー）**、つまりチャネル別に顧客およびSKUがセグメント化され、明文化並びに定量化されたサービスポリシーが存在する

（1）サプライチェーン・サービスポリシーの構成要素

サプライチェーン・サービスポリシーは、次の4つの要素から構成されなければならない（図表3.19）。

①サービスチャネル
②サービスセグメント
③サービスメニュー
④サービスレベル

①サービスチャネル

　サービスチャネルを定義するための基準には、地域、事業部、顧客の業種、店舗形態などがある。例えば、大手飲料メーカーは、レストラン、食品小売店舗、コンビニエンスストア、自動販売機、そして学校や公共施設などの業務用フードサービスという5つの主要なチャネルにサービスを提供している。靴の大手小売チェーンは、路面店舗、ショッピングモール内の店舗、E－コマースの3つの主要なチャネルを通して消費者にサービスを提供している。サプライチェーンの文化、競争環境、商品特性、安全性、セキュリティ、ロジスティクスインフラは、各サービスチャネルによる独自性が強く、チャネル毎にサービスポリシーを区別することが極めて重要である。

図表●3.19
サプライチェーン・サービスポリシーの構成要素

サービスチャネル	サービスセグメント	サービスメニュー	サービスレベル
地域、事業部、顧客の業種、店舗形態など	各チャネル内における顧客およびSKU価値評価に基づくABC階層化	フィルレート、レスポンスタイム、返品ポリシー、付加価値サービス、最小発注量、オーダー集約など	各セグメントおよび各サービスメニューにおける財務およびサービスの関わりを考慮したパフォーマンス目標

②サービスセグメント

　不動産業界における成功の条件は、"ロケーション、ロケーション、ロケーション"である。我々の考えるサプライチェーン・サービスの成功の条件は、"セ

グメンテーション、セグメンテーション、セグメンテーション"となる。我々の手法は、1つのチャネル内の、顧客が自社のビジネスにもたらす価値により、顧客をセグメント化するものである。通常、顧客をA、B、C、Dにセグメント化し、提供するサービスを区別する。

このセグメント化というコンセプトは、クライアントの企業文化に共鳴する場合と、しない場合が存在する。企業の心理的な障壁は、人間の極めて本質的なものであるため、セグメント化およびサービスの差異化は、サプライチェーン内のどこかに失望と軋轢を生み出す可能性がある。人間の本質は、失望と軋轢を避けようとするものである。

最も成熟化したサプライチェーン組織は、この双方への健全な対応方法を学んできている。サプライチェーン・サービスポリシーは、彼らの武器庫の中の強力なツールとなるのだ。

③サービスメニュー

サプライチェーン・サービスポリシーは、サプライチェーン組織と顧客との間に存在する契約のようなものである。したがって、サービスポリシーは、フィルレート、レスポンスタイム、返品ポリシー、付加価値サービス、最小発注量、オーダー集約などサプライチェーン・パフォーマンスの重要な側面について明文化しておく必要がある。我々はこれらを、サービスメニューと呼んでいる。

④サービスレベル

我々の手法は、各サービスメニューに対して、それぞれの財務およびサービスの密接な関わりを考慮して、最適なパフォーマンス目標を決定するものである。これらの最適なパフォーマンス目標のことを、"サービスレベル"と呼んでいる。我々は、独自のアルゴリズムを駆使して各チャネル内の各セグメントについての、最適なサービスレベルを決定する。

半導体メーカー向けパーツ卸売業のサプライチェーン・サービスポリシーの事例

我々は最近、半導体メーカー向けにパーツを提供するグローバル企業のサプライチェーン・サービスポリシー導入プロジェクトに従事した。この会社のビジネスは、他のシリコンバレーの企業と同様に、変動の大きなビジネスサイク

ルに左右されていた。サービスポリシー導入以前は、この大きな需要変動に翻弄されていた。このプロジェクトの最大の目的は、セグメント化されたサプライチェーン・サービスポリシーを導入することにより、需要変動による影響を吸収することにあった。つまり、以前は顧客であるすべての半導体メーカーに対し、同じレベルのサービスを提供していたために、需要が大きなときには不眠不休の対応が要求され、逆に需要が小さいときには、極端に稼働率が下がるといった大きな変動にさらされていたのだ。

　我々はCOOに請われ、こうした大きな需要変動による影響を最小化させることにより、サプライチェーンがビジネスサイクルにうまく呼応するための方法を開発することになった。それが、サプライチェーン・サービスポリシーであった。図表3.20の事例は、このサービスパーツ企業のために構築したものである。

　このサプライチェーン・サービスポリシーでは、ABC顧客とABC　SKUからなる、9つのサービスセグメントでサービスレベルを区別している。フィルレートの目標値は、A顧客向け－Aアイテムの99％から、C顧客向け－Cアイテムの50％までの範囲となっている。レスポンスタイムの範囲は、A顧客向け－Aアイテムの24時間から、C顧客向け－Cアイテムの96時間までとしている。返品ポリシーについては、A顧客向け－Aアイテムの100％の返品許容から、C顧客向け－Cアイテムの0％までの範囲としている。付加価値サービスは、A顧客向け－Aアイテムの個別対応から、C顧客向け－Cアイテムについては対応なし、までの範囲となっている。最小発注量は、A顧客向け－Aアイテムの設定なしから、C顧客向け－Cアイテムの500個までの範囲としている。オーダーの集約化については、A顧客向け－Aアイテムについての個別対応から、C顧客向け－Cアイテムの一部対応までの範囲となっている。

図表 3.20
RightServe™ 半導体メーカー向けパーツ卸売業のサプライチェーン・サービスポリシーの事例

サービスセグメント	顧客ーアイテムクラス	フィルレート	レスポンスタイム（時間）	返品ポリシー	付加価値サービス	最小発注量	オーダーの集約化
I	A-A	99%	24	100%	個別対応	なし	個別対応
II	A-B	95%	24	100%	個別対応	なし	個別対応
III	A-C	85%	48	100%	個別対応	なし	個別対応
IV	B-A	97%	24	50%	制限あり	1,000+	一部対応
V	B-B	90%	48	50%	制限あり	500+	一部対応
VI	B-C	80%	72	0%	なし	100+	一部対応
VII	C-A	90%	48	50%	なし	5,000+	一部対応
VIII	C-B	75%	72	0%	なし	1,000+	一部対応
IX	C-C	50%	96	0%	なし	500+	一部対応

大手冷凍食品メーカーのサプライチェーン・サービスポリシーの事例

　我々のクライアントの1つに、大手冷凍食品メーカーがある。彼らは、多様なサプライチェーン・チャネルを通して自社製品を流通させており、そうしたチャネルには、量販店、伝統的な食品小売業、ドラッグストア、業務用施設、食品卸売業、そして通販まで含まれている。ところが、この会社はかつて一度も、サプライチェーン・サービスポリシーを導入したことがなかった。これは、典型的な"ワンサイズフィットオール"のアプローチであった。我々は、可能な限りチャネル間の相乗効果を図りながら、チャネル毎、顧客毎、そしてSKU毎に最適化され、差異化されたサプライチェーン・サービスポリシーの構築を支援したのである（図表3.21）。

図表●3.21
RightServe™ 大手冷凍食品メーカーのサプライチェーン・サービスポリシーの事例

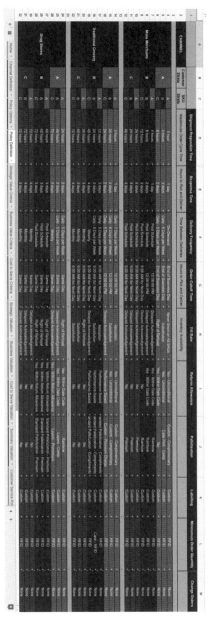

大手消費財メーカーのサプライチェーン・サービスポリシーの事例

　我々のクライアント企業の1つに、グローバル消費財メーカーがある。彼らの研究開発および製品の革新は世界的に有名であり、高い評価を受けている。残念なことに、彼らのサプライチェーンの革新は、その製品の革新に追いついておらず、この乖離により頻繁に起こる欠品や業界平均を上回るサプライチェーン・コストが発生していた。

　我々は、彼らのサプライチェーンが製品と市場の革新に歩調を合わせるための、手法およびツールを構築し、導入する支援を行った。最初に、パフォーマンスの低いSKUを漏らさず剪定した後、製品開発部門と顧客開拓部門が協働し、さらにはその利益を維持するようなサプライチェーン・サービスポリシーを構築したのである。その事例を図表3.22に示す。

　彼らのチャネルには、卸、顧客直販、小売が含まれていた。卸と顧客直販は、ABCD顧客セグメントに区別されている。一方、すべてのチャネルにおいてSKUは、ABCD　SKUセグメントに区別されている。この事例では、充足率、定時出荷率、出荷頻度、返品ポリシー、付加価値サービスの提供、安全在庫レベル、そしてサプライチェーン計画モデルのレベルを特定している。これは、グローバル化されたビジネス環境における最も包括的で効果的なサプライチェーン・サービスポリシーの1つである。

図表●3.22
RightServe™ 大手消費財メーカーのサプライチェーン・サービスポリシーの事例

CHANNEL	CUSTOMER CLASS	SKU CLASS	% OTIF	PA	SERVICE LEVEL — SHIPPING FREQUENCY	SERVICE LEVEL — RETURN POLICY	SERVICE LEVEL — VALUE ADDED SERVICES	SAFETY STOCK	PLANNING TYPE
DISTRIBUTORS	A	A	95%	97%	3 TIMES A WEEK	ONLY STOCKABLE ITEMS SOLD LESS THAN 6 MONTHS AGO	CUSTOM	25 DAYS	COLLABORATIVE LEVEL 3
DISTRIBUTORS	A	B	93%	95%				27 DAYS	
DISTRIBUTORS	A	C	90%	92%				38 DAYS	
DISTRIBUTORS	A	D	88%	90%				59 DAYS	
DISTRIBUTORS	B	A	93%	95%	TWICE A WEEK	ONLY STOCKABLE ITEMS SOLD LESS THAN 6 MONTHS AGO	LIMITED	25 DAYS	STATISTICAL FORECAST
DISTRIBUTORS	B	B	90%	92%				27 DAYS	
DISTRIBUTORS	B	C	88%	90%				38 DAYS	
DISTRIBUTORS	B	D	85%	87%				59 DAYS	
DISTRIBUTORS	C	A	90%	92%	ONCE A WEEK	ONLY STOCKABLE ITEMS SOLD LESS THAN 6 MONTHS AGO	LIMITED	25 DAYS	STATISTICAL FORECAST
DISTRIBUTORS	C	B	88%	90%				27 DAYS	
DISTRIBUTORS	C	C	85%	87%				38 DAYS	
DISTRIBUTORS	C	D	82%	84%				59 DAYS	
DISTRIBUTORS	D	A	85%	87%	ONCE A WEEK	ONLY STOCKABLE ITEMS SOLD LESS THAN 6 MONTHS AGO	LIMITED	25 DAYS	STATISTICAL FORECAST
DISTRIBUTORS	D	B	83%	85%				27 DAYS	
DISTRIBUTORS	D	C	82%	82%				38 DAYS	
DISTRIBUTORS	D	D	80%	82%				59 DAYS	
CUSTOMERS	A	A	98%	100%	5 TIMES A WEEK	ONLY STOCKABLE ITEMS SOLD LESS THAN 6 MONTHS AGO	CUSTOM	25 DAYS	COLLABORATIVE LEVEL 2
CUSTOMERS	A	B	96%	98%				27 DAYS	
CUSTOMERS	A	C	94%	96%				38 DAYS	
CUSTOMERS	A	D	92%	94%				59 DAYS	
CUSTOMERS	B	A	96%	98%	3 TIMES A WEEK	ONLY STOCKABLE ITEMS SOLD LESS THAN 6 MONTHS AGO	LIMITED	25 DAYS	STATISTICAL FORECAST
CUSTOMERS	B	B	94%	96%				27 DAYS	
CUSTOMERS	B	C	92%	94%				38 DAYS	
CUSTOMERS	B	D	90%	92%				59 DAYS	
CUSTOMERS	C	A	94%	96%	TWICE A WEEK	ONLY STOCKABLE ITEMS SOLD LESS THAN 6 MONTHS AGO	LIMITED	25 DAYS	STATISTICAL FORECAST
CUSTOMERS	C	B	92%	94%				27 DAYS	
CUSTOMERS	C	C	90%	92%				38 DAYS	
CUSTOMERS	C	D	88%	90%				59 DAYS	
CUSTOMERS	D	A	94%	96%	ONCE A WEEK	ONLY STOCKABLE ITEMS SOLD LESS THAN 6 MONTHS AGO	LIMITED	27 DAYS	STATISTICAL FORECAST
CUSTOMERS	D	B	92%	94%				38 DAYS	
CUSTOMERS	D	C	90%	92%				59 DAYS	
RETAILERS	A	A	95%	97%	TWICE A WEEK	ONLY STOCKABLE ITEMS SOLD LESS THAN 6 MONTHS AGO	CUSTOM	VIRTUAL WAREHOUSE	COLLABORATIVE LEVEL 1
RETAILERS	A	B	95%	97%					
RETAILERS	A	C	95%	97%					
RETAILERS	A	D	95%	97%					

3-2-5
RightScores™ サービスパフォーマンス指標

　サプライチェーン・サービスポリシーが構築され、導入されたら、次のステップは、自分たちが顧客に対してした約束をどれくらい守れているかモニターすることである。後に解説するように、サプライチェーンのサービスメニューに影響を与えるのは、フィルレート、レスポンスタイム、配送頻度、そして配送タイミングである。そこから派生する指標が、OTIF（On – Time – In – Full）であり、それはフィルレートとオンタイム出荷を組み合わせたものである。この指標に、オーダー精度を加えれば、オンタイムで、完璧（フル）で、正確なオーダーとなり、これはデータの収集のしやすさから、より実用性の高いパーフェクトオーダー・パーセンテージ（POP）となる（図表3.23）。

図表●3.23
パーフェクトオーダーの構成要素

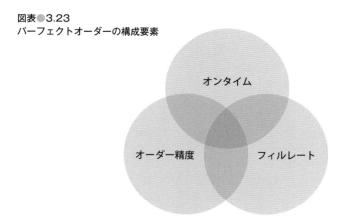

　我々は、自身の過去のパフォーマンスとの関係だけでなく、競合との関連にも関心を持つ必要がある。我々は、これをサプライチェーン・サービス競争力分析と呼んでいる。サービスメニューの中でも特に顧客にとって重要で、かつ我々のパフォーマンスが競合企業に対して相対的に低いものについて、注視する必要がある。図表3.24の事例では、右下の領域にあるフィルレートとDCのレスポンスタイムが、サプライチェーン・サービスにおける2つの弱点である。次回のサプライチェーン計画会議において、何に焦点を置いて議論すべきかは容易に想像がつくだろう。

図表●3.24
サプライチェーン・サービス競争力分析の事例

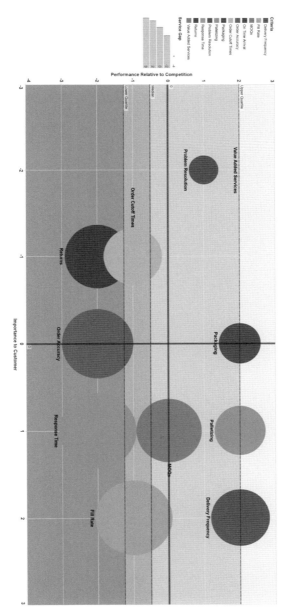

第 **4** 章

在庫戦略

RightStock™

私は、在庫管理の実務者たちのために、在庫意思決定における複雑性やトレードオフの克服を支援することを目的として、RightStock™ 在庫戦略モデル（図表4.1）を RightChain® フレームワークの一要素として開発した。このモデルは、在庫およびサプライチェーン戦略の開発における、30年以上のコンサルティングや研究開発に基づくものだ。他の在庫意思決定モデルと異なり、RightStock™ は、定量的かつ論理的手法であり、"流行のサプライチェーン哲学"ではない。このモデルの独自性は、SKU レベルから検討する点にある。我々はまず SKU レベルの最適な在庫戦略から始める。そしてそれらをカテゴリーに、さらには事業部に、そして企業全体の戦略へと展開していく。

　RightStock™ は、7つのステップからなるプロセスで、在庫レベルを最適化（最小化ではないことに注意）するものである。最適な在庫レベルとは、要求されるサービスレベルを満足し、同時に選択された財務関連指標について最良の結果を生みだすことを意味する。これら財務およびサービスパフォーマンス指標を設定した後に、この RightStock™ プロセスが始まる。

　最初のステップは、SKU 最適化（RightSKUs™）であり、財務パフォーマンスとサービスおよび品揃えに対する顧客の要求との間で、バランスのとれた SKU ポートフォリオを構築するものである。第2のステップは、予測最適化（RightCast™）であり、サプライチェーン全体にわたり、意思決定の改善を可能にする予測精度を達成することを意味する。第3のステップは、リードタイムの最適化（RightTimes™）であり、仕入れ原価、輸配送コスト、そして在庫レベルのバランスを取るようなリードタイムを計算し、導入することを指す。第4のステップは、ロットサイズの最適化（RightLots™）であり、サプライチェーン全体にわたり、在庫維持コストと製造段取り費用または発注コストとのバランスを取るロットサイズを設定することだ。5番目のステップは、在庫配備最適化（RightPloy™）であり、在庫維持コスト、再配備コスト、そして顧客へのレスポンスタイムを最適化する拠点への在庫配備を定義することを指す。第6ステップは、ビジビリティの最適化（RightSight™）であり、これは在庫投資に対する最大のリターンを生みだす在庫ビジビリティのレベルおよび手法を定義し、導入することだ。最後7番目のステップは、在庫維持レートの最適化（RightRate™）であり、これは資本のオポチュニティコスト、保管およびハンドリング、ロス、ダメージ、陳腐化、値下げ、保険、税金などのコストを算定し、さらに最適化するものだ。

図表●4.1
RightStock™ 在庫戦略モデル

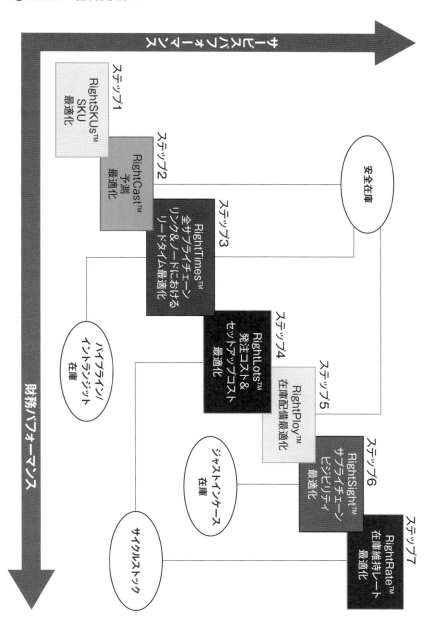

4-1
RightSKUs™ SKUを最適化する

　第3章でも説明したように、SKU最適化は、しばしばSKUの合理化またはSKUポートフォリオ管理と呼ばれる。在庫戦略の開発において最初に取り組むべきものの1つで、また最も重要なステップでもある。我々がRightStock™プロジェクトに取り組むとほとんどの場合、SKUの3分の1が利益を出しているもの、次の3分の1が収支とんとん、そして残りの3分の1は損失を出している。本書で紹介している取り組みの中で何か1つ実行するとしたら、おそらくこのステップである。SKU最適化プロセスについて以下、大手飲料メーカーの事例を紹介する。

（1）SKU最適化プロセス
　図表4.2は、最近行った食品・飲料業界のクライアントのためのSKU戦略プロジェクトの成果物の1つだ。
　SKUの28%が、同社の営業利益の90%を生みだしていることに注目してほしい。そして、SKUの39%で、営業利益の95%を生みだしている。ところが、SKUの28%は、この企業のゴールである投下資本利益率（ROIC）10%の閾値をクリアできていないのだ。
　彼らが期待していることは、他の多くの企業と同様に、より多くのSKUを持てば、より大きな売上と利益を生みだすことができるということだ。図表4.3から分かることは、新しいSKUの導入が、必ずしもより多くの売上を生みださないこと、逆に、同じ売上をより多くのSKUに分散させていることだ。SKUを増やして売上を維持することは、正しいことのように見える。しかし、SKUを追加することによる複雑性の増加が、サプライチェーン、在庫、そして利益パフォーマンスに対して悪影響を与えているかもしれないのだ。
　図表4.4では、在庫投資は2230万ドルから4852万ドルへと拡大している。117%の在庫投資拡大は、SKU数の44%の拡大から来たものである。状況をさ

図表●4.2
RightSKUs™ SKU 分析の事例

ROIC	アクティブSKU数	%	サプライチェーン投資金額($)	%	トータルサプライチェーンコスト($)	%	顧客サービスコスト($)	%
Negative	49	12.0	100,048,000	12.8	38,929,198	4.8	5,851,178	3.5
0-5%	42	12.4	21,413,249	2.7	15,406,779	1.9	2,672,602	1.6
5-10%	30	4.0	1,653,841	0.2	38,317,811	4.7	6,707,992	4.0
	121	28.4	123,115,090	15.7	92,653,788	11.4	15,231,772	9.1

営業利益	アクティブSKU数	%	サプライチェーン投資金額($)	%	トータルサプライチェーンコスト($)	%	顧客サービスコスト($)	%
Negative	45	12.0	100,048,000	12.8	38,929,198	4.8	5,851,178	3.5
Last 5%	227	61.0	217,944,594	27.9	148,934,875	18.3	22,986,486	13.7
Last 10%	267	71.8	257,296,241	32.9	202,238,685	24.8	32,145,743	19.2
First 90%	105	28.2	524,146,276	67.1	611,760,859	75.2	135,693,062	80.8
First 95%	145	39.0	563,497,923	72.1	665,064,669	81.7	144,852,319	86.3

図表●4.3
ケースボリューム vs SKU 数の事例

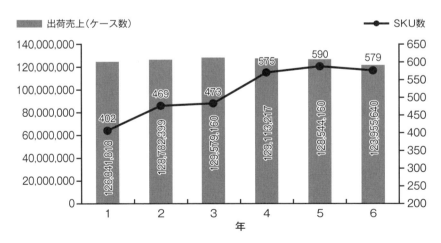

図表●4.4
在庫投資 vs SKU 数の事例

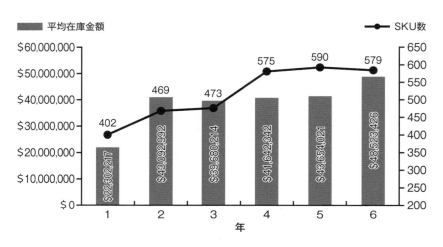

　らに悪くしたのは、需要が増えていないのに、より多くの SKU に分散されたことにより、予測精度が低下し、その結果急激に欠品が増えたことである。欠品率は、2％から7％へと250％も悪化したのだ（図表4.5）。

　SKU 数の増加による、倉庫スペースの拡大、ウェアハウス内の混雑、ピッキング距離の伸長、プランニング時間の増加、そして稼働時間の短縮化等はすべて、1ケース当たりのトータルサプライチェーン・コストを2.56ドルから3.26ドルへ、つまり27％の上昇を引き起こした原因と考えられる（図表4.6）。この事例の場合、以前の1ケース当たり2.56ドルに戻すことができるならば、それは年間サプライチェーン・コストを8500万ドル以上節約することにつながる。最後に、売上の拡大なしに、在庫レベルの上昇、そしてサプライチェーン・コストの上昇に伴う粗利の減少によって、在庫投資粗利益率（GMROI）は2,648％から1,205％へと、1,400ポイントも悪化したのだ（図表4.7）。

図表●4.5
欠品率 vs SKU数の事例

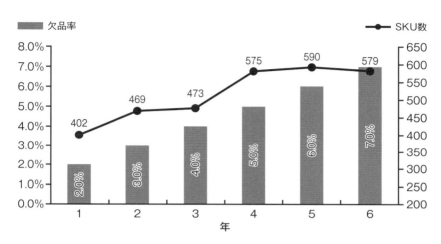

図表●4.6
1ケース当たりのトータルサプライチェーン・コスト vs SKU数の事例

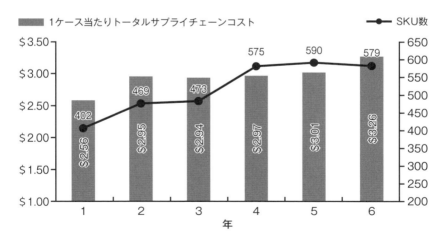

図表●4.7
GMROI vs SKU 数の事例

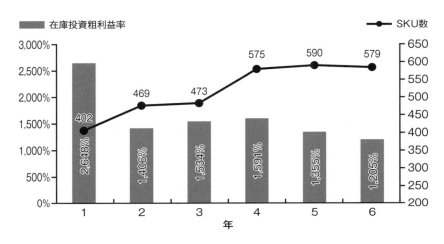

（2）RightSKUs™ 手法

　今多くの企業が、SKUの合理化プロジェクトに着手しながら途中で頓挫してしまっている。我々が見つけたSKUの合理化プロジェクトを成功させるための唯一の方法は、合理化を促進する手法にしたがうこと、そして、**プロジェクトとして終わらせるのではなく、継続的なプロセスにすること**だ。我々は、そのためにRightSKUs™という名称の体系的なSKUの合理化手法を開発している。RightSKUs™手法には、1つひとつのSKUの付加価値を評価するための定量的な基準がある。各SKU評価基準に重み付けをし、すべてのSKUをその付加価値によりランキングするのである。このランキングは、継続的な剪定プロセスを制度化する定期的な「ISCP ミーティング」（第11章参照）において活用され、更新される。

　大手樹脂メーカーのために最近行ったSKU評価を図表4.8に示す。この分析は、金利支払前税引前利益（EBIT）、総ポンド数、1ポンド当たりのEBIT、最も利益性の高いSKUのEBIT%ランキングを含んでいる。我々は、この評価を、最優秀SKUランキング（MVS）と呼ぶことがある。サプライチェーン・サービスポリシーの決定では、ABCDランク別にサービスレベルを設定する。この中で、DランクのSKUが剪定の対象となる。

図表 4.8
SKU 評価ランキングの事例

SKU	EBIT ($000s)	EBIT Rank	Pounds (000s)	Pound Rank	EBIT/Pound	EBIT/Pound Rank	EBIT %	EBIT% Rank	Rank Sum	Value Rank	MVSKU	ABCD
3097001	$ 4,440	1.0	13,147	1	$ 0.34	9	20.9%	9	20	40	1	A
3022012	$ 2,361	2.0	7,162	3	$ 0.33	12	21.0%	8	25	39	2	A
3022022	$ 896	6.0	2,656	12	$ 0.34	10	21.1%	5	33	38	3	A
3092001	$ 1,184	4.0	4,391	5	$ 0.27	16	18.7%	13	38	37	4	A
3092002	$ 943	5.0	2,770	11	$ 0.34	8	17.7%	17	41	35	5	A
3092003	$ 531	11.0	586	28	$ 0.91	1	38.6%	1	41	35	5	A
3022031	$ 694	9.0	2,092	13	$ 0.33	11	20.0%	11	44	34	7	A
3022068	$ 850	7.0	3,683	7	$ 0.23	21	19.2%	12	47	33	8	A
3022195	$ 359	14.0	959	22	$ 0.37	5	20.2%	10	51	32	9	A
3022240	$ 1,722	3.0	10,938	2	$ 0.16	26	9.8%	26	55	29	10	A
3092007	$ 845	8.0	3,558	8	$ 0.24	20	14.7%	19	55	29	10	A
3032111	$ 252	18.0			$ 0.61	2	32.3%	2	55	29	10	A
3032259	$ 277						21.1%	6	59	28		A
3061001	$ 649						11.8%	23	62	27		
3061006							18.0%	16	67			
3061010			3,105	9			12.8%	22	69			
		23.0	701	26	$ 0.10						26	C
		21.0	1,735	14	$ 0.10						27	C
	139	22.0	1,229	18	$ 0.11						12	28	C
	108	26.0	431	32	$ 0.25						12	28	C
3061052	$ 129	24.0	1,117	20	$ 0.12	28	7.7%		100	11	30	C
3061055	$ 78	30.0	1,327	15	$ 0.06	34	4.2%	34	113	10	31	D
3051031	$ 9	36.0	37	40	$ 0.26	18	14.6%	20	114	9	32	D
3094005	$ 73	31.0	726	25	$ 0.10	30	5.4%	33	119	7	33	D
3051040	$ 55	33.0	1,303	16	$ 0.04	35	3.3%	35	119	7	33	D
3061008	$ 11	35.0	83	39	$ 0.13	27	8.4%	27	128	6	35	D
3061010	$ (23)	39.0	1,254	17	$ (0.02)	39	-1.5%	39	134	5	36	D
3061012	$ 9	37.0	753	24	$ 0.01	37	0.8%	37	135	4	37	D
3061014	$ 12	34.0	473	31	$ 0.03	36	1.3%	36	137	3	38	D
3061016	$ (3)	38.0	385	34	$ (0.01)	38	-0.5%	38	148	2	39	D
3061031	$ (170)	40.0	475	30	$ (0.36)	40	-31.5%	40	150	1	40	D

（3）ステップバイステップ

　剪定作業は、痛みを伴うものだ。自身の生活において利益にならないまたは有害な活動や付き合いをカットしなければならないときのことを思い出せば、このことは容易に理解されるだろう。サプライチェーン戦略においては、マーケティングまたは製品開発部門の誰かが、彼らの担当する SKU が何の付加価値も持たないという事実に直面するときがある。簡素化（剪定作業）が容易に進むことはまずないし、好んで取り組む作業でもない。それは現状維持に対するチャレンジだ。多くの企業においては、彼らの仕事の複雑性を自慢したり、たとえそれが付加価値を生まない、または自己矛盾を含む複雑性であっても、複雑であることが流行のようになっている。ただし、シンプルであることこそ利益性が高く、成功するサプライチェーン企業に共通する成功要因なのだ。

　我々のクライアント企業の多くは、SKU をドラスティックに削減するのではなく、段階的に SKU 最適化のパイロットを行い、導入することに成功している。消費財メーカーにおける段階的な SKU 最適化の事例を図表4.9に示す。このプログラムを通してこのメーカーは、700万ドルの利益改善を達成した。一度理想的なポートフォリオが開発されれば、それを維持する不断の努力が要求される。ある小売業のクライアントは、新しい SKU を導入する際は常に、他の（既存の）SKU のカットを伴うというシンプルなルールを導入している。

図表●4.9
段階的な SKU 最適化の事例

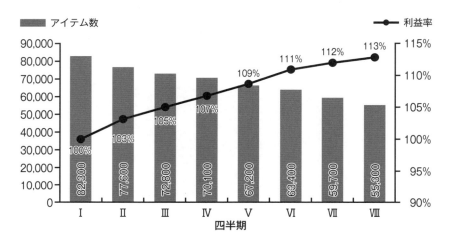

4-2
RightCast™ 予測を最適化する

　数年前、私はある大手スポーツ用品メーカーの在庫戦略構築の支援を行った。彼らの在庫およびサプライチェーンに関する私の見立てに基づいて、私は予測システムを導入することを強く推奨した。ところが、この会社のCIOは、プレゼンテーションの途中で私を遮って、私の意見に強く反対した。彼は、「我社は予測など導入しない！」と強く言い切った。私は彼の強い批判的な態度に驚いたが、「なぜあなたは、予測しないのですか？」と質問した。すると彼は、「なぜなら予測は必ず間違っているからだ」と答えた。私は、自分の感情を抑えて次のように言った。「あなたの言う通りだ。私が知る限り、完璧な予測ができるのは"神"しかいないが、彼はサプライチェーン業界では働いていない。たとえそうだとしても、予測がどれくらい外れているか、そしてどの方向に外れているか、そして予測は良くなっているのか、それとも悪くなっているのか、知りたいとは思いませんか？」

　私が推奨した予測システムを導入することに強く反発したこのCIOのケースは、極端な例のように見えるかもしれない。しかし、彼の態度は、多くの企業でごく普通に見られるものだ。大多数の企業は、まったく予測をしないか、またはもし予測していたとしても、経営レベルでの予測しかしていない。そうして出てきた予測値は、通常、在庫プランニングを目的に使用するには役に立たず、また、予測値に対して責任の所在が明確ではないのだ。これでは、まったく予測していないに等しい。

　予測は、あるべき在庫レベルを決めるために決定的に重要な役割を果たすものだ。予測はまた、ほぼすべてのサプライチェーンに関する決定に影響を与える。結果として、予測に含まれるエラーは、全サプライチェーンの意思決定におけるエラーとして影を落とすことになるのだ。予測精度に関する小さな改善でさえ、在庫削減に大きな影響を及ぼす。最近我々が従事した、大手エンジンメーカーのプロジェクトにおいて、予測精度を10％改善するたびに、5％の

在庫削減につながった事例を図表4.10に示す。この事例の場合、予測精度の改善は、500万ドル以上の安全在庫の削減につながった。

図表●4.10
予測エラー率と在庫投資削減

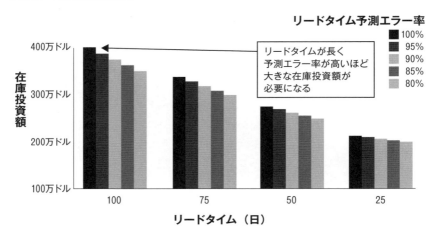

（1）RightCast™によるシミュレーション

ある大手玩具メーカーのある1つのSKUの予測最適化のシミュレーションの事例を図表4.11－a（改善前）および図表4.11－b（改善後）に示す。

今、予測バイアスの認識とその最小化、個人のアカウンタビリティの構築と予測精度改善のための専任化、バックキャスティング、素早いエラーの修正など、いくつかのRightCast™プラクティスを導入したと仮定しよう。そして、予測エラーが現状の140％から、80％に改善した場合の波及効果を図表4.12に示す。

もうお分かりのように、予測精度が改善するとより少ない安全在庫で、以前と同じ92％のユニットフィルレートを満足することができるようになる。この事例の場合、安全在庫金額は、6万630ドルから3万4,646ドルへと削減され、これは2万5,984ドルまたは43％の節約を意味する。平均在庫額も、同じ額だけ削減されている。結果として、在庫維持コストは、4万2,632ドルから3万680ドルへ下がり、これは年間1万1,953ドルまたは28％の節約を意味する。在庫回転率は、1.24から1.72へと改善するが、これは39％の改善を意味している。

図表●4.11－a
大手玩具メーカーの RightCast™ シミュレーションツール（予測精度改善前）

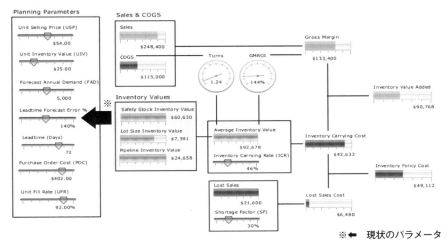

図表●4.11－b
大手玩具メーカーの RightCast™ シミュレーションツール（予測精度改善後）

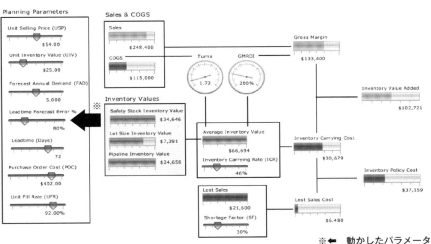

図表●4.12
大手玩具メーカーの RightCast™ シミュレーションの結果

	RightCast™ 導入前	RightCast™ 導入後	変化量	改善率
販売価格／個	$ 54.00	$ 54.00		
原価／個	$ 25.00	$ 25.00		
粗利／個	$ 29.00	$ 29.00		
年間予測需要	5,000	5,000		
期待利益	$ 145,000.00	$ 145,000.00		
ユニットフィルレート	92.00%	92.00%		
合計粗利額	$ 133,400.00	$ 133,400.00		
リードタイム予測エラー	(140%) ※1	(80%) ※2	60%	43%
リードタイム	72	72		
発注コスト	$ 402.00	$ 402.00		
安全在庫	$ 60,630	$ 34,646	$ 25,984	43%
＋ロットサイズ在庫	$ 7,391	7,391		
＋パイプライン在庫	$ 24,658	24,658		
平均在庫金額	$ 92,679	$ 66,695	$ 25,984	28%
在庫維持レート	46%	46%		
在庫維持コスト	$ 42,632	$ 30,680	$ 11,953	28%
在庫回転率	1.24	1.72	0.48	39%
在庫投資粗利益率（GMROI）	144%	200%	56%	39%
在庫付加価値（IVA）	$ 90,768	$ 102,721	$ 11,953	13%
機会損失額	$ 21,600	$ 21,601		
ショーテージファクター	30%	30%		
機会損失コスト	$ 6,480	$ 6,480		
在庫ポリシーコスト	$ 49,112	$ 37,160	$ 11,953	24%

※1　現状のパラメータ
※2　動かしたパラメータ

在庫投資粗利益率（GMROI）は、144％から200％へ39％の改善を示している。在庫付加価値は、9万768ドルから10万2,721ドルとなり、13％改善している。在庫ポリシーコストは、4万9,112ドルから3万7,160ドルに削減され、24％の改善となる。

　在庫投資が43％も削減されること、在庫回転率が39％も上昇すること、GMROIが144％から200％に改善すること、在庫付加価値が13％改善すること、そして在庫ポリシーコストが24％改善することは、努力するに値することだろうか。答えは言わずもがなだろう。実際、RightCast™（予測最適化）プラクティスの導入後、大きなビジネス改善がなかったプロジェクトはなかったと言っても過言ではない。

4-3
RightTimes™ リードタイムを最適化する

　多くの企業が、リードタイム削減にほとんど狂ったように取り組んでいる。数年前、我々はある大手コンピュータ企業のために、サプライチェーンのベンチマーキング調査を行ったことがあった。私はそこで、今までに会ったこともないような、エンジニアのグループに出会った。彼らは社内で"ベロシティ・エンジニアリンググループ"と呼ばれていた。私は彼らに、何をしているのか尋ねた。すると彼らは、自分たちの活動のすべてが、企業内すべてのプロセスにおけるサイクルタイムの短縮を達成するためにあると説明した。彼らは皆、オタクのように次々と時間短縮のアイデアについて議論し、自分たちだけのサブカルチャーの中で生きているように見えた。それはまるでサイクルタイム忍者の秘密結社のようであった。彼らは私が一緒にいたいと思うタイプの人たちではなかったが、とにかくどんなプロセスからも時間を取り除くことには非常に長けていた。

　もう１つのクライアントが最近電話をしてきて、どうしたら航空機のエンジンの修理におけるサイクルタイムを短くできるかと質問した。私は、現在はどれくらいの時間がかかっているのか尋ねた。すると彼らは、7日間だと答えた。これにはヨーロッパへの往復の輸配送も含まれていた。彼らのサイクルタイムはすでに非常に短いのに、さらに短くしようということに私は驚いた。それでも彼らは執拗に、さらなるサイクルタイム短縮化について検討するよう主張した。私は、サイクルタイムが7日間に短縮される前には、どれくらいだったのか、そして、サイクルタイムをどうやって7日間に短縮したのか尋ねた。彼らは、業務フローにおける各プロセスに何日要するかを計算し、並行して処理できるプロセスを見つけ、無駄な時間を排除していったのだ。私は彼らに、このプロセスを繰り返すことを推奨した。日々のバケツに代わって時間ごとのバケツを使うようにし、特に1週間の中で、どの日に、そして毎日どの時間帯にどの活動をするのかを見るように伝えたのだ。彼らは、私の提案を受け入れ、現

在ではこの国際取引のプロセスを4.5日で行っている。

　リードタイムは、サプライチェーン戦略を支援するために要求される在庫を決定するときに、しばしば支配的な役割を演じている。それは直接的に、パイプライン在庫および安全在庫に影響するからだ。

　安全在庫については、リードタイムは乗数効果を及ぼす。ホンダにいる私の友人、チャック・ハミルトンは、この効果について、ゴルフの比喩を使って説明する。もしもゴルファーが、ティーから100ヤード飛ばしたとして、フェースが左右に10％傾いていたら、ボールはそのフライトの最後に10ヤード中央からずれているが、まだフェアウェイはキープしている。今度はもしボールを200ヤード飛ばし、フェースがまた10％傾いていたら、今度はボールが中央から20ヤードずれて、フェアウェイをやっとキープすることができる状態となる。さらに、ゴルファーが300ヤード飛ばし、フェースが10％傾いていたら、ボールが止まったところではフェアウェイ中央から30ヤードずれていて、今度はラフに、それも深いラフにつかまっていることだろう。つまり、リードタイムが長いということは、予測エラーの影響も大きいということなのだ。

　最近のある大手食品メーカーとのプロジェクトにおいて、我々はリードタイム削減1日分が、在庫投資約500万ドルに相当することを発見した（図表4.13）。

図表●4.13
在庫投資 vs リードタイム日数（大手食品メーカーの事例）

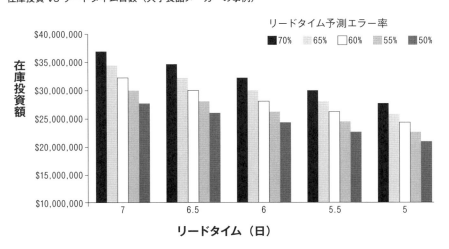

この結果から引き出される、論理的な仮説は、「リードタイムが短い方がベターだ」ということになろう。ただし私は、たとえ異端的だと言われるリスクを冒しても、**適正なリードタイムの方がベターである**と強く言いたい。多くの顧客は、スピードよりも安定したリードタイムを好む傾向がある。また、多くの顧客、サプライヤー、社内システムは、短縮化されたリードタイムにうまく対応するようにはできておらず、リードタイムの削減は高コストにつく。
　ある種のリードタイムは、より高コストの輸配送モード（飛行機 vs 船、トラック vs 鉄道など）を使い、製品をより高頻度で動かすことによって、短縮化できる。また別のタイプのリードタイムは、ローカルサプライヤーから高価格で製品を仕入れることにより、短縮化することが可能である。さらに、より消費時点に近いタイミングで前もって蓄積することによって、過剰な在庫は要求されるが、ある種のリードタイムは、短縮することができる。また、マテハン自動化に投資して、複数のウェアハウス、ディストリビューションセンター、港、工場内を高スピードで通過することによって、ある種のリードタイムは短縮化される。これらの投資は、それにより達成することが期待されるリードタイム短縮による効果や利益との比較において、正当化されなければならない。

（１）RightTime™ によるシミュレーション

　リードタイムの短縮化への適正な投資を決定することが、RightTimes™ による最適化とシミュレーションの目的だ。前出の大手玩具メーカーのある SKU に対する RightTimes™ シミュレーションの事例を図表4.14に示す。
　この事例の中で、様々なリードタイム短縮化オプションが検討されているが、そうしたオプションとしては代替輸配送モード、代替輸配送スケジュール、近い調達地での仕入れ（ニアソーシング）、入荷の自動化が含まれている。それらは、現状のリードタイム72日間を、40日間にまで短縮する可能性を持っている。このときの波及効果として何が考えられるかを図表4.15でシミュレーションしてみよう。これらのオプションに対して、いくらまでの投資が正当化できるだろうか。
　まず初めに、安全在庫金額が、6万630ドルから3万3,683ドルに縮小するが、これは2万6,947ドルまたは44％の削減に相当する。次に、パイプライン在庫は2万4,658ドルから1万3,699ドルに低下し、これは1万959ドルまたは44％の在庫削減を意味する。平均在庫金額は9万2,679ドルから5万4,773ドルへ、

図表●4.14−a
大手玩具メーカーの RightTimes™ リードタイムシミュレーション(リードタイム日数改善前)

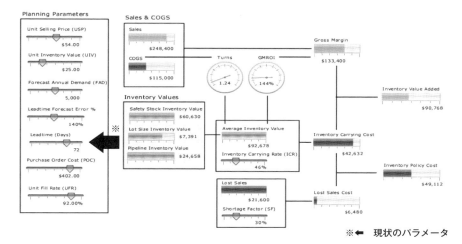

図表●4.14−b
大手玩具メーカーの RightTimes™ リードタイムシミュレーション(リードタイム日数改善後)

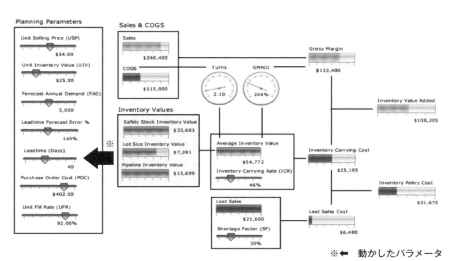

図表●4.15
大手玩具メーカーの RightTimes™ シミュレーション結果

	RightTimes™ 導入前	RightTimes™ 導入後	変化量	改善率
販売価格／個	$ 54.00	$ 54.00		
原価／個	$ 25.00	$ 25.00		
粗利／個	$ 29.00	$ 29.00		
年間予測需要	5,000	5,000		
期待利益	$ 145,000.00	$ 145,000.00		
ユニットフィルレート	92.00%	**92.00%**		
合計粗利額	$ 133,400.00	$ 133,400.00		
リードタイム予測エラー	140%	140%		
リードタイム	72 ※1	40 ※2	32	43%
発注コスト	$ 402.00	$ 402.00		
安全在庫	$ **60,630**	$ **33,683**	$ 26,947	44%
＋ロットサイズ在庫	$ 7,391	$ 7,391		
＋パイプライン在庫	$ **24,658**	$ **13,699**		
平均在庫金額	$ **92,679**	$ **54,773**	$ 37,906	41%
在庫維持レート	46%	46%		
在庫維持コスト	$ 42,632	$ 25,196	$ 17,437	41%
在庫回転率	**1.24**	**2.10**	0.86	69%
在庫投資粗利益率（GMROI）	**144%**	**244%**	100%	69%
在庫付加価値（IVA）	$ **90,768**	$ **108,204**	$ 17,437	19%
機会損失額	$ 21,600	$ 21,601		
ショーテージファクター	30%	30%		
機会損失コスト	$ 6,480	$ 6,480		
在庫ポリシーコスト	$ 49,112	$ 31,676	$ 17,437	36%

※1　現状のパラメータ
※2　動かしたパラメータ

3万7,906ドルまたは41％の在庫削減を意味する。在庫維持コストは4万2,632ドルから2万5,196ドルへ、年間1万7,437ドルまたは41％削減される。在庫回転率は1.24から2.10へ、69％の改善が期待される。在庫投資粗利益率（GMROI）は、144％から244％へと上昇する。在庫付加価値は、9万768ドルから10万8,204ドルへ、1万7,437ドルまたは19％改善する。在庫ポリシーコストは、4万9,112ドルから3万1,676ドルへ、1万7,437ドルまたは36％の削減が期待される。

　在庫投資額の41％削減、在庫回転率の69％の改善、GMROIの100％の上昇、在庫付加価値の19％の改善、在庫ポリシーコストの36％の削減は、投資する価値のあるものだと思うだろうか。

　この事例において、これらのパーセンテージを、全SKUに当てはめた場合には、2,000万ドルの在庫削減が期待される。在庫維持コストは年間800万ドル削減され、在庫回転率は1.2から2.0へ改善し、GMROIは150％から250％へ、そして在庫付加価値も1,700万ドル以上も改善することになる。代替輸配送モード、ニアソーシング、ロジスティクスおよびマテハンシステムの自動化など、リードタイム削減を達成するためのオプションへの投資額合計は約450万ドルで、在庫維持コストの削減に対し0.56年で投資回収することが期待できるのである。

4-4
RightLots™ ロットサイズを最適化する

　私がロットサイズについて教えるとき、身近な事例をよく使うことにしている。例えば、今読者がジョージア州に住んでいるとして、州内にはATMがただ1つしかないとする。この州内唯一のATMは、ジョージア州南部の小さな遠隔地の町にあるとしよう。そして、このATMは7月の最後の週にだけ稼働している。もし現金が必要になったら、混雑する田舎道を蚊の大群に襲われながらドライブし、傘が必要かと思うほど湿度が高く、また暑さの中をディズニーワールドにいるかと錯覚するほど長い列に並ばなければならないのだ。さらにもう1つ、やっと順番が巡ってきたとき、キャッシュを引き出すための手数料が1回当たり1,000ドルであることが分かった。あなたは、このような状況で、いくらキャッシュを引き出すだろうか。おそらく、口座にある全額だろう。たとえ利息が付かなくても、キャッシュで持っていたらなくしたり盗まれたりするかもしれなくても、さらに私のようにキャッシュがあれば全部使ってしまうかもしれなくてもだ。この例のような奮闘、手間、そして引き出し手数料の合計をトランザクションコストと呼ぶ。一般的に、トランザクションコストが高ければ、トランザクション件数は少なくなる。

　製造および生産環境において、ロットサイジングに関するトランザクションコストは、生産ラインの段取りや段取り替えのためのコスト、労力、時間を指す。このコストが大きいほど、また時間が長く手間がかかるほど、我々はトランザクション（生産ラインの段取り）をしたがらなくなるし、生産ラインの段取りを完了したら、しばらく稼働し続けるべきだと考える傾向がある。その結果、多くの在庫が溜まる。だから、"ロット（Lot：多いという意味）"サイズと呼ばれるのであろう。

　次に、仕入れ調達環境の視点で見てみると、時間、テレコミュニケーション、プランニング、発注書の発行などに関するコストが、トランザクションコストとなる。生産のときと同じように、コストが大きいほど、時間が長いほど、ま

た労力が大きいほど、私たちはトランザクション件数を減らしたいと考える。したがって、発注書を発行する場合、私たちは1度に沢山オーダーすることになるのだ。

さて、ジョージア州南部のATMの事例に戻り、さらに今度は他の時代に時間を進めてみよう。今、いつでもどこでもATMが手の届くところにあると仮定しよう。そしてそれは24時間365日いつでも稼働しており、さらにキャッシュを引き出す時にも、手数料は無料だとする（驚くべきことに、自分のお金を引き出すのにお金がいらないのだ！）。さて、あなたはATMからいくら引き出すだろうか。それは、次にキャッシュが必要になるとき、または、次の数分間を賄える金額だろう。

製造および生産環境においては、生産ラインの段取りまたは段取り替えのためのコストがゼロで、時間もかからないとしたら、何度でもしたいだけ段取りができる。こうした状況において、製造ロットサイズ在庫は最小化される。仕入れ調達環境においても、発注コストおよび手間がかからないなら、好きな回数だけ発注できる。こうした状況において調達ロットサイズ在庫は、ほぼゼロになるのだ。

このようにトランザクションコストを捉えることは、トランザクションサイズを決める上で決定的な役割を果たす。ところが驚いたことに、この最も重要なサプライチェーン・トランザクションの本当のコストについて知っている企業は稀だ。トランザクションコストには、段取り費用、段取り替え費用、発注コスト、運賃支払いコスト、輸配送における段取り費用などが含まれる。結果として、ロットサイズ最適化はしばしば、在庫およびサプライチェーン・パフォーマンスを改善する機会であるにもかかわらず、見過ごされてしまうことになるのだ。ロットサイズ最適化は、サプライチェーン最適化における暗黒大陸と言っても間違いではない。それは、大きなメリットを提供する経済的発注量（EOQ）でさえ、多くの企業から見捨てられているのと似ている。

ロットサイズ最適化の重要性を再認識し、サプライチェーン戦略の一部として統合化するためのツールとして、我々はロットサイズ偏差分析を開発・実行している。この分析を行うと通常、ロットサイズがプラスあるいはマイナス方向に100%から300%ずれていることを発見する。図表4.16の事例は、ある大手食品・飲料メーカーのものだ。彼らのSKUのうち86.5%のロットサイズが、適正なロットサイズよりも小さく、その偏差率は平均で50%下回っているこ

とに注目してほしい。この会社の場合、ロットサイズが最適化されたため、トータルサプライチェーン・コストは、1,000万ドル以上も削減された。そのコスト削減額の多くは、製造ロットサイズの最適化による生産性の向上から派生したものだ。

図表●4.16
食品・飲料メーカーのRightLots™ロットサイズ偏差分析の事例

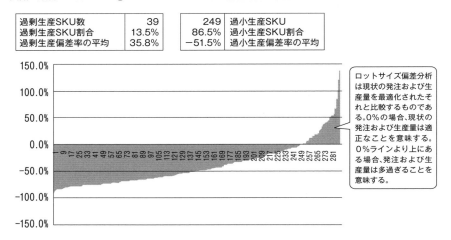

(1) RightLots™によるシミュレーション

マスコミ、業界誌などの宣伝により現在、在庫圧縮の風が吹き荒れているが、この風はまたロットサイズをも縮小する方向に作用している。具体的には、高度にフレキシブルな生産セル、自動車業界で一般的に使われる複合型高速段取り替え、1つのロットサイズへの収れんなどが挙げられる。多くの事例およびSKUについて検討すると、ロットサイズを小さくすると投下資本利益率（ROIC）が大きくなる場合もあるが、そうはならない場合もある。製造における稼働期間の長さと調達ロットサイズの最適化を達成するロットサイズを計算し、導入することが、RightLots™（ロットサイズ最適化）の目的だ。図表4.17と図表4.18に前出の玩具メーカーのロットサイズシミュレーションの事例を示す。

この事例においては、調達プロセスマッピング、電子調達、ブランケット

図表 4.17-a
大手玩具メーカーの RightLots™ シミュレーション（発注コスト改善前）

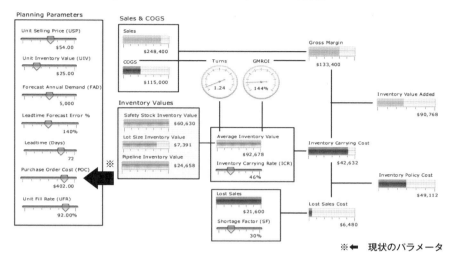

※← 現状のパラメータ

図表 4.17-b
大手玩具メーカーの RightLots™ シミュレーション（発注コスト改善後）

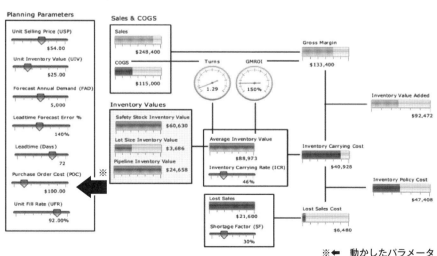

※← 動かしたパラメータ

図表●4.18
大手玩具メーカーの RightLots™ シミュレーションの結果

	RightLots™ 導入前	RightLots™ 導入後	変化量	改善率
販売価格／個	$ 54.00	$ 54.00		
原価／個	$ 25.00	$ 25.00		
粗利／個	$ 29.00	$ 29.00		
年間予測需要	5,000	5,000		
期待利益	$ 145,000.00	$ 145,000.00		
ユニットフィルレート	92.00%	92.00%		
合計粗利額	$ 133,400.00	$ 133,400.00		
リードタイム予測エラー	140%	140%		
リードタイム	72 ※1	72 ※2		
発注コスト	$ (402.00)	$ (100.00)		
安全在庫	$ 60,630	$ 60,630		
＋ロットサイズ在庫	$ 7,391	$ 3,686	$ 3,705	50%
＋パイプライン在庫	$ 24,658	$ 24,658		
平均在庫金額	$ 92,679	$ 88,974	$ 3,705	4%
在庫維持レート	46%	46%		
在庫維持コスト	$ 42,632	$ 40,928	$ 1,704	4%
在庫回転率	1.24	1.29	0.05	4%
在庫投資粗利益率（GMROI）	144%	150%	6%	4%
在庫付加価値（IVA）	$ 90,768	$ 92,472	$ 1,704	2%
機会損失額	$ 21,600	$ 21,601		
ショーテージファクター	30%	30%		
機会損失コスト	$ 6,480	$ 6,480		
在庫ポリシーコスト	$ 49,112	$ 47,408	$ 1,704	3%

※1　現状のパラメータ
※2　動かしたパラメータ

オーダリング（包括注文）、そして入荷の自動化は全て考慮されている。これらの施策を組み合わせることによって、1件当たりの発注コストは402ドルから100ドルに削減できるものとする。また、容易に想像できるように、最適なロットサイズ在庫は、7,391ドルから3,686ドルへと、50％の削減が期待される。ただし、この事例の場合、ロットサイズ在庫はトータル在庫のほんの一部を占めるに過ぎず、よってロットサイズ在庫を削減しても、在庫投資額（平均在庫金額）の削減は、わずか4％に過ぎない。さらに関連する在庫維持レート、在庫回転率、GMROI、在庫付加価値、そして在庫ポリシーコストの改善も同様に、非常に小さく2％から4％という無視できるような範囲に入ってくる。

　結果として、この事例の場合は、発注および段取り費用を減らすための施策よりも、安全在庫やパイプライン在庫といったより優先度の高い在庫への取り組みを検討すべきという結論が導き出される。ただし、これは、いつでも取るべき対応という訳ではない。なぜなら我々が関わった多くのプロジェクトにおいて、ロットサイズ在庫はトータル在庫金額および過剰在庫の大半を占めていたからだ。その場合には、ロットサイズ在庫を在庫最適化の焦点に置くべきである。

4-5
RightPloy™ 在庫配備を最適化する

　時には、どれだけの在庫を持つかではなく、それをサプライチェーンの中でどこに置くかが、サービスおよび財務的に大きな違いを生み出すことがある。複数の拠点への在庫アロケーション（割り付け）を、在庫配備という。これは、最も複雑な在庫戦略決定の1つであるが、その理由は顧客レスポンスタイム、輸配送コスト、再配備コストおよび業務が相互に強く関連し合っているからだ。私は常に、クライアント企業に対して、他のすべての条件が同じなら、できるだけ少ない数の保管拠点を持つことを勧めている。

　もしも拠点が1つだけだとしたら、在庫配備を間違える可能性はあるだろうか。その可能性はゼロだ。在庫配備に関して取り得るシナリオを考えるとき、それはただ1つの中央配送センター（セントラルDC）から、すべての顧客の拠点に在庫を委託するまで、限りなく多様なシナリオが存在する。そうした幅広いシナリオの中から、どこに在庫を置くか決定することが、在庫配備の最適化なのだ。そのため我々は、評価のための候補となる可能性の高いいくつかの在庫配備のシナリオに絞り込むことを推奨している。在庫配備決定を支援するため、このプロセスには、以下のような取り組みが必要になる。

・膨大なデータの収集、分析
・候補となる在庫配備シナリオを特定するためのブレインストーミング
・シナリオの評価基準の設定
・厳格な分析モデリング

　我々は、そうしたプロセスを何度も通ってきた。在庫配備最適化について説明するための最良の方法は、いくつかの事例を見ていくことである。

（1）顧客のウェアハウスに在庫を配備する

　数年前、我々はある大手半導体メーカーのスペア（パーツ）部門のために、サプライチェーン戦略を開発したことがある。このプロジェクトのきっかけと

なったのは、営業部門から要望のあった、各顧客の倉庫内に、自社のスペアウェアハウスを設置するというオンサイトスペア・プログラムだった。それは非常に優れた顧客サービスだった。ただし、同時に非常に高コストの取り組みとなる可能性があった。その取り組みはまた営業部門にとっては、要求しやすいものだった。なぜなら、営業部門には在庫またはサプライチェーン経費を負担する責任がなかったからだ。

このプロジェクトにおける我々の役割は、この会社が、顧客に対してウェアハウスを提供するに当たり、その条件を決定するための支援を行うことであった。我々は、継続的に彼らの疑問を解決できるよう、図表4.19のようなシミュレーションシステムを開発した。

まず我々は、財務部門と一緒に、顧客のウェアハウスに対する総資産利益率（ROA）の閾値を開発することにした。推定される売上、在庫消費、拠点内のロジスティクスに基づいて、我々は各顧客のウェアハウスに保管する場合のROAを推定した。各顧客の予測されるROAに基づいて、彼らのウェアハウスに割り付けられる在庫が決定された。このオンサイトスペア・プログラムの基準を満たせなかった顧客には、取扱量を拡大することによって、このプログラムを利用することができるというオプションが与えられた。

営業およびマーケティング部門も、このオンサイトスペア・プログラムをサポートするための追加的サプライチェーン・コストの負担を了承した。重要なことは、信頼できるデータと、リアルタイムの意思決定支援ツールを通して、財務、営業、サプライチェーン部門が協働することであった。

図表●4.19
半導体パーツの在庫配備最適化シミュレーションの事例

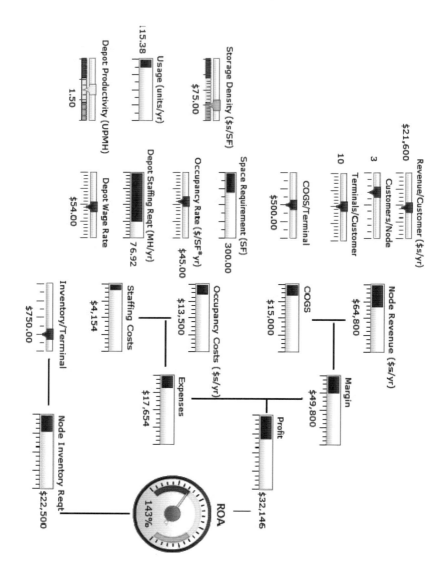

（2）多階層の在庫配備最適化のシナリオ

　我々のクライアントの1つに、アメリカ南東部にあるスーパーマーケットに対して、商品を店舗直納（DSD）する大手食品メーカーがあった。従来彼らが取ってきた在庫配備戦略は、在庫を集中保管し、配達時間許容枠が許す限り、その在庫配備を遅らせるというものだった。このアプローチは、在庫ポストポーンメント（延期）のリーン原則をベースにしたものだ。つまり、オーダーが入るまで、在庫を中央配送センター（セントラルDC）に集約・保管しておくのだ。これはまた、遅延された配備または受注配送（DTO）と呼ばれるものだ。

　彼らの現状のアウトバウンド輸配送コストと比較すると、私が提案したアプローチは非常に高コストなものだったかもしれない。その分析結果を図表4.20に示す。

　これは我々が開発したマルチエシェロン在庫配備最適化システムの画像イメージであり、多階層のネットワーク構成のシナリオをSKU毎に検討するというものだ。このシステムでは、ネットワーク内の中央配送センターの数、広域配送センターの数、地域デポの数が定義されている。この事例の場合、単一の中央配送センターが、12か所の広域配送センターに商品を供給し、さらに各広域配送センターは17の小さなデポに商品を供給するというネットワーク構成になっている。輸配送コスト、在庫維持コスト、機会損失コストを含む、トータルサプライチェーン・コストを最小化することによって、最適な在庫配備が決定されるのだ。ここで重要なことは、最適な在庫の割り付けを、SKUタイプ毎に行うということを理解することにある。この事例の場合、推奨される在庫配備は、20%対30%対50%だ。つまり、在庫の20%は中央配送センターに、30%の在庫は広域配送センターに、そして在庫の50%は大口顧客に近いデポに配備される。このプロジェクト以前には、この会社の在庫配備状況は、60%対20%対20%だった。在庫配備の見直しにより、同社はトータルサプライチェーン・コストを1200万ドル節約することに成功した。

図表●4.20
マルチエシェロン在庫配備最適化システムの事例

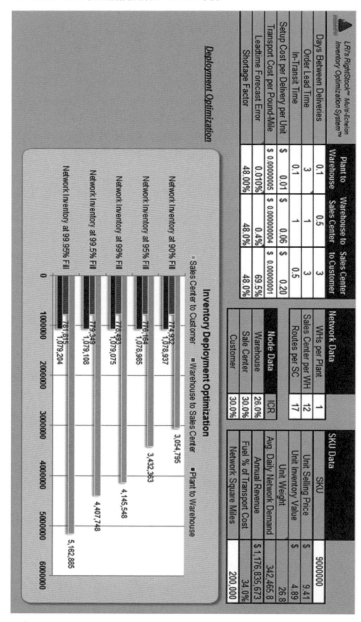

4-6
RightSight™ 在庫ビジビリティを最適化する

　在庫レベルの決定は多くの場合、信頼に基づいて行われる。一般的に私たちは、見えないものは信頼しないという傾向があるため、サプライチェーンにおけるブラインドスポットまたはビジビリティの悪さは、過剰在庫を蓄積させるように作用する。ビジビリティの価値は、**実在庫を、在庫に関する情報で代替することにある。**

　ある DIY 小売業とのプロジェクトにおいて、私は彼らのバイヤーの１人と１時間ほど一緒にいる機会があり、彼の仕事の内容について知ることができた。彼とのミーティングが始まってまだ間もない頃、彼は材木の補充のための大きなオーダーを入れた。このミーティングが終わりに近づいた頃、もう一度彼は同じオーダーを、同じ量で同じベンダーに入れた。私は彼になぜそんなことをするのかと聞いた。すると彼は、もしベンダーから最初のオーダーを受け取ったという連絡が入ってこなかった場合、再発注するのだと説明した。私は彼に、それなら最初のオーダーをキャンセルすべきではないかと言った。彼の答えはノーだった。そこで私は、なぜ彼が最初のオーダーをキャンセルしなかったのか尋ねた。彼は、ベンダーが確実にオーダーを受け取ったことを確認したかったからだと答えた。私は彼に、在庫を持ちすぎることが怖くないかどうか質問した。彼は再びノーと答え、その理由について、彼の前任者が在庫を欠品させたためにクビになったからだと説明したのだ。ビジビリティの悪さ、この事例の場合はサプライヤーからの電子的な確認（オーダーを受け取ったという連絡）の欠如が、過剰在庫を引き起こしていたのだ。

　在庫精度は、在庫ビジビリティ達成への主要な貢献要素だ。今あなたが小売業のバイヤーであると仮定し、自分が担当する地域の店舗において欠品を出さないことが、あなたの仕事を維持する条件であると仮定してみよう。ただし、あなたの担当地域におけるウェアハウスの在庫精度は60％であるとする。この場合、どれくらい過剰在庫を調達することになるだろうか。少なくとも40％、

いや実際にはもっと多くなるだろう。もし精度がこれだけ悪いと、この配送センターから報告されるどんな数値も信用することは難しい。

サプライチェーンにおける在庫ビジビリティへの欲求の強さには、ほとんど際限がない。バーコードによる可視化から、QRコード、RFIDタグ、GPSによる可視化まで、様々なレベルやタイプのビジビリティを選択できる。ただし、難しいのは、どのレベルそしてどのタイプのビジビリティに価値があるのかを判断することだ。包括的なビジビリティシナリオを継続的に開発するための適正なアプローチは、各シナリオに対する回収利益および投資額を推定し、最も良いシナリオを選択することである。我々はこのアプローチをRightSight™と呼び、サプライチェーンにおける最も適切な在庫ビジビリティのポイント／トランザクション／タイプを決定している。

RigthSight™のシナリオ作成のためのテンプレートを図表4.21に示す。我々は、各ドキュメント、各トランザクション、サプライチェーンの各ノード、そして各リンクについて検討し、最適なビジビリティレベルおよびタイプを推奨する。また、ビジビリティのパフォーマンスを評価するために、ビジビリティプログラムを遵守しているSKU数のパーセンテージ、またはサプライチェーン・トランザクションのパーセンテージとして測定する。

図表●4.21
RightSight™ ビジビリティ・ソリューションテンプレートの事例

		Documents							Inventory			
		PO	ASN	BOL	Forecast	BOM	Work Order	Mnt Sched	At Supplier	In Transit	In Warehouse	At Customer
Supplier	Response	Seconds	Minutes	Hours	Days	x Days	Days	Weeks	Seconds	Seconds	Hours	Seconds
	Frequency	Daily	On Demand	Daily	Weekly	Weekly	Daily	Weekly	On Demand	On Demand	On Demand	On Demand
	Granularity	Order Line	Doc #	Doc #	Unit	Order Line	Order Line	Order Line	Order Line	Order Line	Order Line	Order Line
	Format	XML	XML	Email	Email	XML	Efax	Email	EDI	XML	EDI	EDI
Client	Response	x Seconds	Minutes	Hours	Days	x Days	Days	Weeks	Seconds	Minutes	Minutes	Hours
	Frequency	On Demand	On Demand	On Demand	On Demand	Weekly	On Demand	On Demand	On Demand	On Demand	On Demand	On Demand
	Granularity	Order Line	Order Line	Order Line	Order Line	Order Line	Order Line	Order Line	Order Line	Doc #	Order Line	Order Line
	Format	MMS	MMS	MMS	Efax	Efax	MMS	Fax	MMS	Fax	MMS	MMS
Customer	Response	Minutes	Minutes	Hours	Hourly	Hourly	Days	Weeks	Seconds	Seconds	Hours	Seconds
	Frequency	On Demand	On Demand	On Demand	On Demand	On Demand	On Demand	On Demand	On Demand	On Demand	On Demand	On Demand
	Granularity	Order Line	Order Line	Order Line	Order Line	Order Line	Order Line	Order Line	Order Line	Order Line	Order Line	Order Line
	Format	MMS	MMS	MMS	MMS	MMS	MMS	MMS	MMS	MMS	MMS	MMS
4PL	Response	Minutes	Minutes	Hours	Days	x Days	Days	Weeks	Seconds	x Hours	Seconds	Hours
	Frequency	On Demand	On Demand	On Demand	Daily	Hourly	On Demand	On Demand	On Demand	On Demand	On Demand	On Demand
	Granularity	Order Line	Order Line	Order Line	Unit	Efax	Order Line	Order Line	Unit	Order Line	Unit	Doc #
	Format	MMS	Fax	MMS	MMS	MMS	Email	MMS	MMS	Fax	MMS	MMS

4-7
RightRate™ 在庫維持レートを最適化する

　在庫維持レートは、1ドルの在庫を1年間維持するためのコストを指す。この中には、資本のオポチュニティコスト、保管およびハンドリング、ロスおよびダメージ、陳腐化および値引き、保険および税金等のコストが含まれている。在庫維持レートは、在庫を維持するための財務的な実行可能性を決定するものだ。もし在庫を持つことが高コストでなければ、高いフィルレートを維持することも短いレスポンスタイムを提供することも可能となる。在庫維持レートは、ほぼすべての在庫に関する計算において、極めて重要な要素となるものであるが、それを認識している企業またはそれを計算に使っている企業は極めて少ない。

　在庫維持レートを活用している企業が少ないため、それが持つ在庫戦略への影響を理解していない企業がほとんどである。たとえ在庫維持レートを使ってる企業があったとしても、彼らはそれが固定された数値だと思い込んでいる。彼らは、予測精度、リードタイム、発注コスト等と同様に、それが在庫最適化において果たすべき重要な役割を見過ごしているのだ。在庫維持レートは、プロセス改善および投資の可能性として評価されなければならない。例えば、ウェアハウスのプロセス改善および関連するマテハン機器および倉庫管理システム（WMS）投資は、通常高い労働生産性、高いウェアハウス保管密度、高い在庫精度、低いダメージ率およびロス率の改善を達成する。結果として、保管およびハンドリングコストは、劇的に削減されることになり、在庫維持レートを大きく引き下げることになる。加えて、金利、税金、光熱費の低い地域へのウェアハウスの移転も、在庫維持レートを下げることになる。

　工業用サプライのクライアントの1つは、彼らのウェアハウスを3ブロック離れた場所に移転し、その時、移転費用および高度な自動化機器へ投資をしたが、それを上回る在庫維持コストの削減を達成した。この在庫維持コストの削減は、低い在庫維持レートの積み重ねによるものだ。低い在庫維持レートは、

立地する郡における低い税金と、新しい施設に対して与えられた関税免除という条件により達成されたものである。

(1) RightRate™ によるシミュレーション

　ウェアハウスの移転や自動化を検討している在庫戦略のシミュレーション事例を図表4.22に示す。ここでは、年間の在庫維持レートを46%から20%に低減する可能性が検討されている。シミュレーションの結果、推定される在庫投資額は若干増加するもの、在庫維持コストは大幅（55%）に削減される。

　また、在庫付加価値も26%上昇し、在庫ポリシーコストは48%低下する（図表4.23）。

　これらの数値が意味するところは、在庫維持およびトータルサプライチェーン・コストの年間節約額が700万ドルを超え、クライアントに対する在庫付加価値およびEVAは年間300万ドル以上上昇するということである。こうした節約分は、ウェアハウスのプロセス改善およびマテハン設備や倉庫管理システム（WMS）への投資金額250万ドルを大幅に上回り、このプロジェクトを容易に正当化するものだ。

図表●4.22-a
大手玩具メーカーのRightRate™シミュレーション（在庫維持レート改善前）

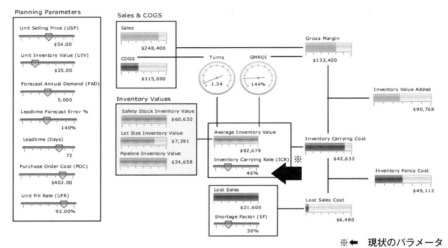

※← 現状のパラメータ

図表●4.22-b
大手玩具メーカーのRightRate™シミュレーション（在庫維持レート改善後）

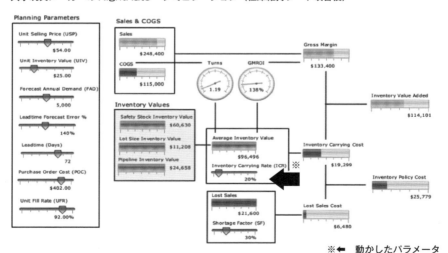

※← 動かしたパラメータ

図表●4.23
大手玩具メーカーの RightRate™ シミュレーション結果

	RightRate™ 導入前	RightRate™ 導入後	変化量	改善率
販売価格／個	$ 54.00	$ 54.00		
原価／個	$ 25.00	$ 25.00		
粗利／個	$ 29.00	$ 29.00		
年間予測需要	5,000	5,000		
期待利益	$ 145,000.00	$ 145,000.00		
ユニットフィルレート	92.00%	92.00%		
合計粗利額	$ 133,400.00	$ 133,400.00		
リードタイム予測エラー	140%	140%		
リードタイム	72	72		
発注コスト	$ 402.00	$ 402.00		
安全在庫	$ 60,630	$ 60,630		
＋ロットサイズ在庫	$ 7,391	$ 11,208	$ (3,817)	−52%
＋パイプライン在庫	$ 24,658	$ 24,658		
平均在庫金額	$ 92,679	$ 96,496	$ (3,817)	−4%
在庫維持レート	※1 46%	※2 20%		
在庫維持コスト	$ 42,632	$ 19,299	$ 23,333	55%
在庫回転率	1.24	1.19	(0.05)	−4%
在庫投資粗利益率（GMROI）	144%	138%	−6%	−4%
在庫付加価値（IVA）	$ 90,768	$ 114,101	$ 23,333	26%
機会損失額	$ 21,600	$ 21,601		
ショーテージファクター	30%	30%		
機会損失コスト	$ 6,480	$ 6,480		
在庫ポリシーコスト	$ 49,112	$ 25,779	$ 23,333	48%

※1 現状のパラメータ
※2 動かしたパラメータ

4-8

RightStock™ そして在庫は最適化される

　優れた在庫戦略は、多くのシナジー効果が期待できるため、今まで解説してきた RightStock™ の原理原則である7ステップすべてを考慮しなければならない。すなわち、SKU 最適化、予測精度、リードタイム、ロットサイズ、在庫配備、ビジビリティ、在庫維持レートの7ステップである。以下は、大手玩具メーカーにより、最終的に受け入れられた我々の提案である。

　そのシミュレーション結果を図表4.24と図表4.25に示す。予測エラーは140%から80%に改善され、リードタイムは72日から40日に短縮され、発注コストは1トランザクション当たり402ドルから100ドルに削減され、在庫維持レートは年間46%から20%に低下することを想定した。

　結果として、すべてのタイプの在庫が劇的に削減され、トータル在庫投資額は58%圧縮することが期待されるのである。このシミュレーションで設定したSKUの在庫維持コストは、年間4万2,632ドルから、7,707ドルに低下し、在庫回転率は1.24から2.98に改善している。在庫投資粗利益率（GMROI）は、144%から346%に改善している。在庫付加価値は、9万768ドルから12万5,693ドルに、38%改善している。在庫ポリシーコストは、4万9,112ドルから1万4,187ドルへ、71%改善している。既存のサービスレベルを落とすことなしに、在庫投資額の58%、そして在庫維持コストの82%の削減、さらに在庫回転率の140%の改善、GMROIが144%から346%へ改善、在庫付加価値の38%の改善、在庫ポリシーコストを71%改善することができるのであれば、時間と労力をかけて投資するだけの価値があるのではないだろうか。

　この事例の場合、これらの数値が意味するところは、4,000万ドル以上に相当する在庫の削減、年間1,000万ドルの在庫維持コストの節約、650万ドルの在庫付加価値の改善、1,000万ドルの在庫ポリシーコストの圧縮であり、これらを達成するために必要な投資額350万ドルは容易に回収することが可能なことを示している。

図表●4.24−a
大手玩具メーカーの RightStock™ シミュレーション（改善前）

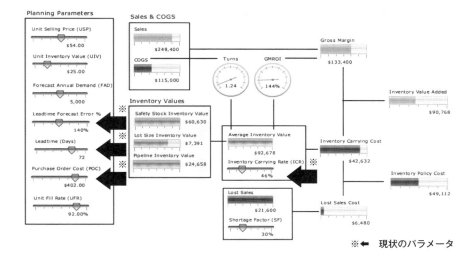

※← 現状のパラメータ

図表●4.24−b
大手玩具メーカーの RightStock™ シミュレーション（改善後）

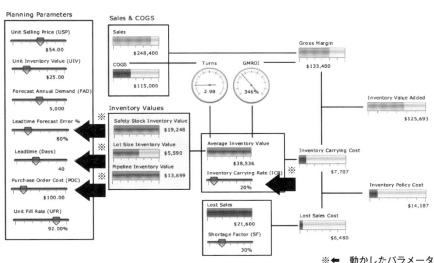

※← 動かしたパラメータ

図表●4.25
大手玩具メーカーの RightStock™ シミュレーション結果

	RightStock™ 導入前	RightStock™ 導入後	変化量	改善率
販売価格／個	$ 54.00	$ 54.00		
原価／個	$ 25.00	$ 25.00		
粗利／個	$ 29.00	$ 29.00		
年間予測需要	5,000	5,000		
期待利益	$ 145,000.00	$ 145,000.00		
ユニットフィルレート	92.00%	92.00%		
合計粗利額	$ 133,400.00	$ 133,400.00		
リードタイム予測エラー	140% ※1	80% ※2	60%	43%
リードタイム	72 ※1	40 ※2	32	44%
発注コスト	$ ※1 402.00	$ ※2 100.00	$ 302	75%
安全在庫	$ 60,630	$ 19,248	$ 41,382	68%
＋ロットサイズ在庫	$ 7,391	$ 5,590	$ 1,801	24%
＋パイプライン在庫	$ 24,658	$ 13,699	$ 10,959	44%
平均在庫金額	$ 92,679	$ 38,537	$ 54,142	**58%**
在庫維持レート	※1 46%	※2 20%	26%	57%
在庫維持コスト	$ **42,632**	$ **7,707**	$ 34,925	82%
在庫回転率	**1.24**	**2.98**	1.74	140%
在庫投資粗利益率（GMROI）	**144%**	**346%**	202%	140%
在庫付加価値（IVA）	$ **90,768**	$ **125,693**	$ 34,925	38%
機会損失額	$ 21,600	$ 21,601		
ショーテージファクター	30%	30%		
機会損失コスト	$ 6,480	$ 6,480		
在庫ポリシーコスト	$ **49,112**	$ **14,187**	$ 34,925	71%

※1　現状のパラメータ
※2　動かしたパラメータ

第 **5** 章

サプライ戦略

RightBuys™

私は、今までに300回以上のサプライチェーン・セミナーおよびカンファレンスを主催してきた。その中で、一度だけ参加者同士がある1つの問題について論争を繰り広げたことがある。それは、私がRightBuys™セミナーをしているときのことだった。当事者の1人は、ある大手自動車会社の調達部門の責任者であった。その前の月に、車のシートの供給が滞ったために、彼の工場の組み立てラインの1つが、数日間にわたり停止したというのである。偶然にも、クラスの1人が、その問題が起きた日に、この工場で彼が特注した自動車が組み立てられるはずであったと大声で訴えたのだ。おそらくこの発言をした人は、友人や会社の同僚に見せびらかすために、その新車を購入したのだろう。当然、約束したその日に彼の車が届かなかったことに、たいそう腹を立て、彼はその自動車メーカーの調達部長に公の場（セミナー会場）で恥をかかせようと、大声でこの自動車メーカーの欠点について誇張して話したのである。もちろん、この調達部長は、すぐに自分自身と会社を守ろうために反論を開始した。それでも腹の虫が治まらないこの車の購入者がもう一度口撃を始めたとき、私はこの2人の興奮を鎮めようと試みた。しかし、彼らはこの論争を止めなかったため、私は彼らに退席するよう求め、それ以降のセミナーへの出席を断ったのである。車のシートをめぐる"真昼の決闘"を想像できるだろうか。

　ソーシングおよび調達に関する意思決定は、サプライチェーンの究極的な成功または失敗を左右するものである。残念ながら、この分野の専門家の中で、サプライチェーン・マネージメントの体系的な教育を受けている人は極めて少なく、ソーシングおよび調達における複雑なトレードオフを解決するためのツールを備えていることも稀である。それゆえ、私はホンダの調達部門のトップから電話をもらい、RightChain®教育プログラム全コースを受講したいと言われたときには、非常に驚くとともに、大いに勇気付けられたことを覚えている。私は、彼らの意思決定がサプライチェーン全般に波及することを理解できれば、彼らのサプライチェーンが良い方向へ向かうことを理解していた。予想通り、トレーニングを始めてすぐに、ホンダのサプライチェーン・パフォーマンスは劇的な改善を見せたのである。ほぼすべてのサプライチェーン・パフォーマンスが、トヨタはもちろん、その他の自動車メーカーを凌駕したのだ。私は、彼らと共有した同じ原理原則を、本書において凝縮した形で解説している。

　私は過去何年にもわたり、ソーシングの成功または失敗を左右する、以下に挙げる8つの原理原則を体系化してきた（図表5.1）。それらは我々の

RightBuys™ 手法の中で示される順番に従い適用されるべきものである。

図表 5.1
RightBuys™ 手法

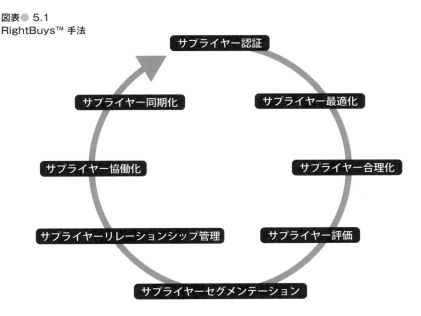

　RightBuys™ 手法における最初のステップは、**サプライヤー認証**であり、これは基本的には事前にサプライヤー候補としての資格を与えるものである。第2のステップは、**サプライヤー最適化**と呼ばれるもので、これは我々の開発した分析手法を使って、国内外のサプライヤーを選定するものである。第3のステップは、**サプライヤー合理化**と呼ばれ、サプライヤー数を最適化することである。第4のステップは、**サプライヤー評価**であり、サプライヤーを測定するための手法である。第5は、**サプライヤーセグメンテーション**である。6番目のステップは、**サプライヤーリレーションシップ管理**と呼ばれ、サプライヤーとのコミュニケーション方法の構築である。7番目のステップは、サプライヤーを統合化するものであり、**サプライヤー協働化**と呼ばれている。8番目、そして最後のステップは、フローのタイミングをサプライヤーと調整する、**サプライヤー同期化**である。

5-1
サプライヤーの認証

　サプライ戦略における重要なステップは、サプライヤーの認証基準を設定することである。あるサプライヤーが自社のサプライ候補となるには、認証基準に含まれる一組のパフォーマンス指標、サプライチェーン能力、そしてビジネス要件を満足するか、超えなければならない。典型的なサプライチェーン認証基準に含まれる項目には次のようなものがあるが、これだけに限定されるものではない（図表5.2）。

- 事前出荷通知（ASN）能力
- バーコードまたはRFID能力
- ISO認証
- ユニットロード（カートン／パレット）構築能力
- オンタイム配送率の許容範囲
- ダメージなし入荷率の許容範囲
- リアルタイム入荷情報精度
- 取引におけるリスク（生産量や品質などの制約）

図表 5.2
RightBuys™ サプライヤーリスク評価の事例

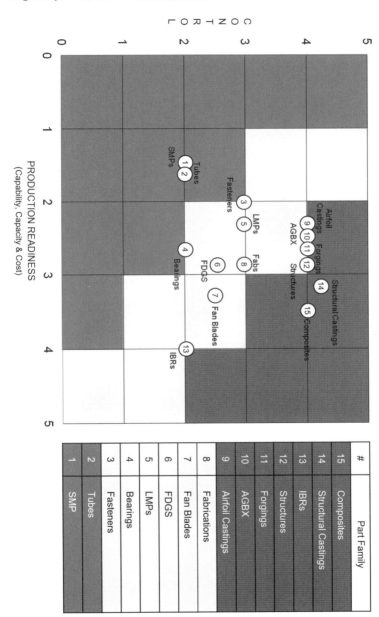

5-2
サプライヤーの最適化

　限られた国内労働力の可用性、高コストな国内労働力、多種多様な製品への国内需要、グローバル通信システムの高度化、貿易障壁の低下、海外サプライヤーの能力の高度化、そして世界の特定地域における特有の製品開発は、あらゆる会社がグローバルソーシング戦略を導入することを促している。グローバルソーシング戦略は、アメリカ企業に多大な利益をもたらしてきた。ナイキは、100％グローバルソーシングを実施しており、アメリカ企業の代表的な事例となっている。残念ながら、多くのアメリカ企業は、振り子をあまりにも大きく反対側に振り過ぎており、国内ソーシングのメリットを過小評価しているきらいがある。国内ソーシングのメリットとは、短いイントランジット時間、低輸配送コスト、低い在庫レベル、文化的な類似性、信頼性の高い通信機能等が挙げられる。ソーシング最適化は、トータルアクイジションコスト（TAC）、グローバルビジネス戦略、そして戦略的ソーシングポリシーに基づいてグローバルと国内のソーシングを決定し、国内と海外の最適な組み合わせを明らかにするものである。

　各アイテムについて最初にすべきソーシング決定は、それを生産するかまたは調達するかである。この意思決定は、長期的なビジネス戦略、コアコンピタンス、最適なサプライヤー能力、総所有コスト（導入、ランニング、メンテナンスまでの総コスト）、そして国内もしくは海外ソーシングに付随する品質への影響を考慮する必要がある。国内ソースについても、海外ソースと同じサプライヤー認証を受けなければならない。

　海外サプライヤーを選択する場合、様々な要素を検討しなければならない。ただし、その中で最も重要なものは、トータルアクイジションコスト（TAC）である。TACは、伝統的な1個当たりの仕入れ原価をはるかに超えるものであるが、その理由はインバウンド輸配送コスト、在庫維持コスト、機会損失コスト、ウェアハウジングコスト、国際ロジスティクスフィー、そして低品質に

よるコストを含むためである。TAC分析では、各アイテムおよび、すべてのソーシング候補について計算し、比較しなければならない。仕入れ原価が低く見えても、輸配送コスト、機会損失コスト、在庫維持コスト、国際ロジスティクスコストが高く、その低い原価のメリットを相殺してしまう可能性が考えられる場合、TAC分析は特に重要である。TAC分析に加えて、RightBuys™分析には、粗利、在庫回転、GMROI、そして在庫付加価値の分析が含まれる。

RightBuys™ソーシング最適化の事例を図表5.3に示す。この事例は、最近我々が従事したあるクライアント企業のものであり、同社はサプライヤーの多くを、中国と東ヨーロッパに移すことを検討していた。事実、遠くからソーシングするシナリオはこの時、社内で勢いを増していたのである。

（1） 1個当たり仕入れ原価（初期コスト）

我々の分析は、ソーシング決定における、3つの主要なコスト要素を考慮する。第1が、各サプライヤーから提示される**1個当たり仕入れ原価**である（初期コストと言われることもある）。このコストは、中国のサプライヤー候補から提示される4,101ドルから、国内サプライヤーからの6,906ドルまでの範囲となっている。

（2） ランディングコスト（陸揚げコスト）

検討対象のコスト群の2番目が、**ランディングコスト**である。これには、インバウンド運賃、通関費用、フレイトフォワーディング（荷役）、保険、調達組織の費用、関税、銀行手数料、そして低品質から派生するコストが含まれている。図表5.3の事例の場合、1個当たりのランディングコストは、国内サプライヤーから調達した場合の146ドルから、中国のサプライヤーからの998ドルまでの範囲となっている。1個当たりのランディングコストは、1個当たりの仕入れ原価にプラスされ、これが1個当たりの**ランデッドコスト（陸揚げ原価）**となる。この事例の場合、1個当たりのランデッドコストは、4,628ドルから6,914ドルまでの範囲となっている。

（3） 在庫維持コスト

多くのソーシング分析は、ランディングコストは検討対象としているものの、在庫維持コストまで考慮しているものは極めて少ない。ここでいう在庫維

図表●5.3
あるグローバルメーカーのための RightBuys™ ソーシング最適化の事例

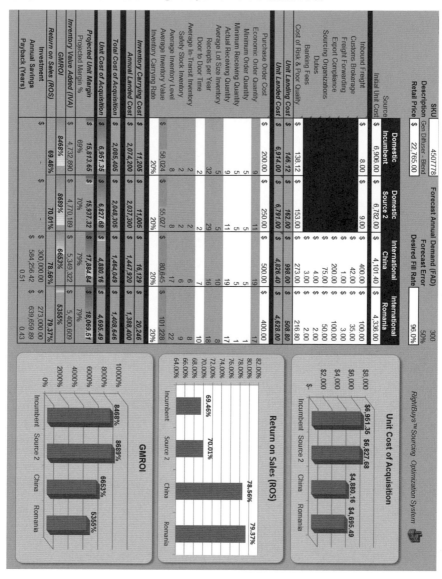

持コストでは、安全在庫、ロットサイズ在庫、パイプライン在庫の3つのタイプの在庫を含めて検討している。予想されるように、海外サプライヤーから調達する場合の在庫維持コストは、国内調達よりはるかに大きなものとなる。各シナリオの在庫維持コストは、国内サプライヤー候補の1万1,005ドルから、ルーマニアのサプライヤーからの2万246ドルまでの幅がある。

(4) トータルアクイジションコスト (TAC)

仕入れ原価、ランディングコスト、そして在庫維持コストの合計が、トータルアクイジションコスト（TAC）となる。事例の場合、TACは140万8,646ドルから208万5,405ドルまでの範囲となっている。TACを1個当たりのアクイジションコストに直すと、ルーマニアのサプライヤーからの4,695ドルから、国内サプライヤー候補からの6,951ドルで幅がある。

1つのシナリオが、評価項目について圧倒的に優位であることは稀であるが、この事例の場合にはそうした稀な状況が発生している。ルーマニアのシナリオが、最もTACが小さく、粗利、ROS、在庫付加価値が最も高く、そして投資回収期間が最短であることを示している。

5-3 サプライヤーの合理化

　RightBuys™ 手法における調達スキームは、①ソールソーシング（唯一のサプライヤーからの調達）、②プライマリー（主要な）／セカンダリー（二次的）ソーシング、そして③トランザクショナルソーシング（適宜入札によるサプライヤーの選択）の3つに区別される。

　第1のソールソーシングは、特許を持った製品を調達する場合や、サプライヤーが市場に1社だけしかない場合に適用される。ソールソーシングは、唯一のサプライヤーが、この調達方法において要求される信頼を勝ち取るための、十分な対応能力、コミットメント、取引履歴を持つ場合のみに可能な方法である。サービスが途絶することのリスクの大きさを、規模の経済性が凌駕する場合に、ソールソーシングを選択する企業が存在する。

　プライマリー（主要な）／セカンダリー（二次的）ソーシングにおいては、自社の提示する要件を満足し、サプライヤーパフォーマンス目標と同等またはそれを超える限りにおいて、プライマリー（主要な）サプライヤーが選択される。もし、プライマリーサプライヤーのパフォーマンスに低下が見られた場合には、その落ち込み度合に比例して、セカンダリー（二次的）サプライヤーに需要の一部が移行することになる。

　トランザクショナルソーシングは、3社または4社の事前に認証を受けているサプライヤーを、必要に応じて戦略性の低い要件に対し、適宜入札に参加させ、選択する。

　サプライヤー合理化の目的は、ソーシングポリシーに謳われている品質およびコスト目標を満足しつつ、サプライヤーの数を最適化することにある。一般的に言われているのは、キャパシティリスクが満足される限りにおいて、サプライヤーの数が少なければ少ないほど、サプライチェーンは効果的に運営することができるというものである。

　サプライヤーを合理化する主な理由が3つ存在する。第1に、取引するサプ

ライヤーの数を減らし、同時にボリュームを拡大することは、1個当たりの仕入れ原価の低下につながる。第2に、品質基準を引き上げることは、結果的に多くのサプライヤーを取引不適格にする。第3に、顧客サービスを改善し、トータルサプライチェーン・コストを低減することを目的とした短期的および長期的なサプライチェーン改善施策は、高度に統合化され、高い能力を持つ少数のサプライヤーとの間で実行する方が、能力にバラつきがあり、統合化レベルの低い多数のサプライヤーと実行することよりも、はるかに導入が容易だからである。

5-4 サプライヤーの評価

 我々のクライアント企業の1つは、「サプライヤーを管理せよ、さもなければ、彼らにより自分たちが管理されることになる」という格言を好んで使っている。サプライヤー管理において、最も重要な要素の1つは、サプライヤーパフォーマンス指標とそれに関連するアカウンタビリティ（説明責任）計画である。常識的な理解とは裏腹に、多くの企業は、体系的なパフォーマンス指標またはサプライヤーに対するアカウンタビリティを問うことなしに、そのサプライチェーンを運営している。こうした指標とアカウンタビリティの存在の有無は、サプライヤーに向けて非常に強い警鐘になりうる。

 サプライヤーの評価には、財務、品質、サイクルタイム、そしてコンプライアンスの4つのカテゴリーから構成されるサプライヤーパフォーマンス指標が含まれる。

(1) 財務指標

 先に説明した通り、サプライヤーに対する主要な財務的な評価は、トータルアクイジションコスト（TAC）と、それに関連する、GMROI および在庫付加価値を含む財務指標である。

(2) 品質指標

 我々は、2つの戦略レベルのサプライヤー品質指標を推奨している。それらは、サプライヤーフィルレート（充足率）と完全発注率（PPOP）である。

 サプライヤーフィルレート（充足率）は、極めて重要な品質指標であるが、その理由はサプライヤーフィルレートと、顧客フィルレートとの間の差が生じるたびに追加的な在庫維持コストが発生するからである。例えば、もしあるサプライヤーが94％のフィルレートを提供しており、顧客に提供すべきフィルレートが98％であった場合、この4％のギャップをどうやって補ったら良い

のだろうか。その答えは、追加的な在庫を持つことである。

第2の指標は、完全発注率（PPOP）である。既に解説したパーフェクトオーダーを構成する全ての要素が、サプライヤーへの発注にも適用される。より広い範囲で考えると、我々が顧客に提供すべきパーフェクトオーダー・パーセンテージ（POP）と、サプライヤーが我々に提供する完全発注率（PPOP）の差が生じるたび、追加的な在庫、追加的な検品、追加的な輸配送コストなどが発生している。我々の経験からは、顧客向けのPOPと、サプライヤーが提供するPPOPの差が、企業の過剰なサプライチェーン・コストの大部分を生み出していることが分かっている。

（3）サイクルタイム

我々がモニターする2つのサイクルタイム指標は、発注サイクルタイム（POCT）とその変動率である。POCTは、オーダー入力時間、オーダー処理時間、製造時間（もし必要であれば）、そして移動時間を含む、発注を処理するための経過時間をまとめたものである。我々はまた、その変動率をモニターするが、その理由は、しばしば最悪の事態を想定しなければならないからである。平均的なPOCTが短いサプライヤー（A社）でも、その変動率が大きい場合、最悪の場合にはPOCTが著しく長くなる（図表5.4）。

図表●5.4
POCTの平均値と変動率の関係イメージ

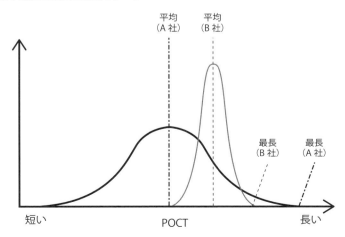

一方、平均的なPOCTが長いサプライヤー（B社）でもその変動率が小さければ、両者を比較し、最悪の事態を回避するために、後者のサプライヤー（B社）を選択する場合がある。

（4）コンプライアンス

　事前に設定したサプライヤー認証基準のすべては、継続的にモニターされなければならない。我々のクライアントの中には現在、入荷時にビジョンシステムを使って、認証コンプライアンスを自動化し、これに準拠しないサプライヤーにはペナルティを課している。

（5）サプライヤーアカウンタビリティ

　サプライチェーン認証基準の重要な構成要素の1つは、優れたパフォーマンスを達成したサプライヤーに対する報奨と、この基準に準拠しないサプライヤーに対するペナルティを設計することにある。典型的な報奨としては、高いパフォーマンスベンダーという認証、長期間にわたる契約の締結、前述のソールソーシングなどがある。反対に、ペナルティは、特定の認証基準違反に対する罰金、調達量および範囲の縮小、入荷の拒絶などを含んでいる。

　我々の小売業のクライアントの1つは、各コンプライアンス違反の商品および納品書のデジタル写真を撮り、先に合意しているペナルティの課金額に従って、違反したサプライヤーに対し請求書を送っている。もう1つのクライアントは、彼らのベンダーを、過去の配送品質の履歴に基づき、"ホワイトハット"と"ブラックハット"に分類している。ブラックハット企業は、入荷検品1時間につき、50ドルが課せられている。私の知る限り、最も厳しいコンプライアンス違反に対するペナルティプログラムを導入している企業は、入荷トラックに積まれたすべての荷物の小売価格の2倍のペナルティを課している。

　サプライヤーアカウンタビリティにおける重要なツールとして、アカウンタビリティ基準について各サプライヤーのパフォーマンスを継続的に測定し、報告することがある。我々が用いているRightBuys™スコアボードは、各サプライヤーの財務、品質、サイクルタイムパフォーマンスを測定し、報告するためのものである（図表5.5）。

図表 5.5
RightBuys™ スコアボードの事例

Supplier	43760		ENDICOTT PRECISION INC (V)			

Demand

		2009	2010
	SKUs	58	
	% SKUs	5.8%	
Historic Annual Demand		52,344	
Forecast Annual Demand		41,544	

Financial

		2009	2010
Revenue			606,823
COGS			291,138
Margin			315,685
Margin %			52.0%
Avg Inventory Value	$	3,100,000	$ 4,316,400
Inventory Carrying Rate		0.3	30.0%
Inventory Carrying Cost	$	930,000	$ 1,294,920
Inventory Value Added			$ (979,235)
GMROI			0.07

Inventory Carrying Cost	$ 1,294,920
Inbound Transportation Cost	$ 647,460
Outbound Transportation Cost	$ 1,035,936
Total Warehousing Cost	$ 431,640
TOTAL SUPPLY CHAIN COST	$ 3,409,956

Turns

Turns at Cost	0.07
Turns at Retail	0.14
Historic Unit Turns	8.78
Forecast Unit Turns	6.97

Operational

Forward Days On Hand	144
Backward Days On Hand	121
Leadtimes On Hand	3.79
Cube On Hand	35,499

Quality

Fill Rate	12.5%
Avg Forecast Accuracy	37.5%
Avg Days Late	2.13
Inventory Accuracy	87.6%
Perfect Purchase Order %	48.3%

Buckets

	Units	$s	Days
Safety Stock Inventory	4,123	$ 1,236,900	41
Lot Size Inventory	5,209	$ 1,562,700	52
Pipeline Inventory	1,201	$ 360,300	12
Value Added Inventory	10,533	$ 3,159,900	105
Excess Inventory	3,855	$ 1,156,500	39
TOTAL INVENTORY	14,388	$ 4,316,400	144
On Order	1,720	$ 515,993	17

Lot Sizing

Sales Orders	107
Purchase Orders	102
SO-PO Ratio	1.05
Lot Size Deviation %	83.0%
Avg Leadtime	51.00

5-5
サプライヤーセグメンテーション

　設定されたゴールに対するパフォーマンスと入荷量を基準にして、サプライヤーを3つか4つのセグメントに分類すべきである。インバウンドサプライチェーン計画を目的とする、サプライヤーおよびアイテムのセグメンテーションのためのテンプレートを図表5.6に示す。

　Aサプライヤーから入荷するAアイテムは、フルトラックロード（トラック満載）で入荷する可能性が高い。BサプライヤーおよびCサプライヤーから入荷するBアイテムおよびCアイテムは、インバウンド輸配送のコンソリデーション（貨物の集約化）機会を提供するかもしれない。Cサプライヤーから入ってくるCアイテムは、AサプライヤーからのAアイテムよりも、より高頻度の入荷検品が要求される可能性が高い。

図表●5.6
RightBuys™ サプライヤーセグメンテーションの事例

		サプライヤーセグメント		
		A	B	C
SKU セグメント	A	Aサプライヤーから調達するAアイテム	Bサプライヤーから調達するAアイテム	Cサプライヤーから調達するAアイテム
	B	Aサプライヤーから調達するBアイテム	Bサプライヤーから調達するBアイテム	Cサプライヤーから調達するBアイテム
	C	Aサプライヤーから調達するCアイテム	Bサプライヤーから調達するCアイテム	Cサプライヤーから調達するCアイテム

図表5.7の事例は、我々がある企業のために開発したサプライヤーセグメンテーションである。サプライヤーは、その規模とパフォーマンスにより、A、B、CそしてDの4つのカテゴリーに分類されている。またこの会社が販売する7つの商品カテゴリーと、販売個数と頻度に基づき、A、B、C、Dの4つのアイテムクラスに分類されている。サプライヤーとアイテムの行と列が交わるセル毎に、最適なサプライチェーン戦略が推奨されている。最適な戦略は、以下を含んでいる。

- 信頼性の高いサプライヤーから入荷する定番商品、売れ筋商品については、ベンダー・マネージド・インベントリー（VMI）
- 信頼性の高いベンダーから入荷する高回転商品は、クロスドッキング
- 検品が必要なサプライヤーから入荷する、低回転商品およびカテゴリーについては、伝統的なウェアハウスからの配送
- 生鮮アイテムについてはDSD（メーカーから店舗へ直送）
- 販促品については委託販売
- 全カテゴリーについて、最も回転の遅いアイテムに対しては卸売企業にアウトソーシング

　例えば、A、B、Cサプライヤーからの生鮮商品A、B、Cアイテムは、DSDで店舗に納入される。これらのアイテムは、賞味期限が非常に短いため、ウェアハウスに保管しておく時間がないのである。AおよびBサプライヤーから入ってくる、加工食品のAおよびBアイテムは、クロスドッキングされ、サプライヤーの管理下で商品の入荷が行われる。サプライヤーは、クロスドッキングを正当化できる十分な信頼性を持っている。A、B、Cサプライヤーから入ってくる加工食品のCアイテムは、DC内で保管、ピッキング、出荷される。図の一番右側は販促品だが、これらに関しては、サプライヤーと交渉して委託販売で扱うようにしている。

図表 5.7
RightBuys™
入荷サプライチェーン戦略の事例

販売品目		サプライヤー A	サプライヤー B	サプライヤー C	サプライヤー D
衣類	A	XD※	DC	DC	X
衣類	B	DC※	DC	DC	X
衣類	C	DC※	DC	DC	X
衣類	D	X	X	X	X
加工食品	A	XD※	XD※	DC	X
加工食品	B	XD※	XD※	DC	X
加工食品	C	DC	DC	DC	X
加工食品	D	X	X	X	X
雑貨	A	DC※	DC	DC	X
雑貨	B	DC	DC	DC	X
雑貨	C	DC	DC	DC	X
雑貨	D	X	X	X	X
HBC	A	DC※	DC	DC	X
HBC	B	DC※	DC	DC	X
HBC	C	DC※	DC	DC	X
HBC	D	X	X	X	X
家庭用品	A	XD※	DC	DC	X
家庭用品	B	DC※	DC	DC	X
家庭用品	C	DC※	DC	DC	X
家庭用品	D	X	X	X	X
生鮮食品	A	DSD※	DSD※	DSD※	X
生鮮食品	B	DSD※	DSD※	DSD※	X
生鮮食品	C	DSD※	DSD※	DSD※	X
生鮮食品	D	X	X	X	X
販促品	A	委託販売	委託販売	委託販売	委託販売

〈凡例〉
XD　クロスドック
DC　DCフロー
X　　排除
DSD　ダイレクト・ストア・デリバリー（店舗直納）
※　　VMI ベンダー・マネージド・インベントリー

5-6
サプライヤーとのリレーションシップ管理

　サプライヤーとは、現実的には企業組織の延長であると言える。その意味において、サプライヤーリレーションシップ（直接会う、電話で話す、インターネット）は、顧客との関係構築同様、積極的かつ戦略的に行うべきである。サプライヤーとのつながりにおける信頼性、予測可能性、付加価値は、顧客に対する高い信頼性、予測可能なそして大きな価値を提供するための基盤となる。ウォルマートのサプライヤーとの関係は、（高圧的との批判はあるが）彼らの成功の基盤をなすものである。また、デルコンピュータやハーレーダビッドソンにおいては、同じ敷地内にサプライヤーが立地することで、彼らのサプライチェーンの成功の基礎を築いている。

　こうした関係は、公式なサプライヤーリレーションシップ管理（SRM）プログラムを通して構築されてきた。SRMプログラムは、年次カンファレンスが開催され、そこでは参加する全企業のサプライチェーンのトレンドが共有され、全サプライヤーに影響を与え、今後導入が計画されているビジネス施策が提示され、さらに新しいサプライチェーン基準および能力についての合意がなされる。

　サプライヤー統合化およびSRMにおける優位性を定量的に測ることは難しいものの、次のような施策が導入されているか否かにより、定性的に判断することは可能である。

（1）ベンダー・マネージド・インベントリー（VMI）
（2）需要情報の共有化
（3）プレ・レシービング
（4）標準化された経済的ハンドリング単位
（5）ペーパレスでの情報交換
（6）継続的な発注ステータス可視化
（7）サプライヤー協働化（5-7で解説）

（1）ベンダー・マネージド・インベントリー（VMI）

　一部のサプライヤーリレーションシップは、サプライヤー（またはベンダー）に顧客の在庫を管理させるまで発展している。VMIプログラムにおいては、サプライヤーが在庫を可視化し、顧客に代わって再発注し、顧客のサービスレベル目標を達成する。結果として、VMIプログラムは、これに参加する企業間の高い信頼関係と、両社の優れたサプライチェーン能力が要求されるのである。

　以下に最も成功している3つのVMIプログラム事例を紹介しよう。最初が、ボーズのJIT Ⅱプログラムであり、ここではサプライヤーがボーズのスピーカー工場内にあるオフィスから、コンポーネントの在庫量をモニターしている。2つ目の事例は、ハーレーダビッドソンのサプライヤーシティである。第3の事例は、デルコンピュータのオンサイトサプライヤープログラムである。どの事例においても、プログラムの開始当初は、"鶏小屋の中のキツネ"症候群に陥ったという。ただし、それぞれの事例において、キツネ（サプライヤー）が学んだことは、鶏小屋（自社拠点）をうまく維持するためには、鶏を食べるのではなく、優れたサプライチェーン・サービスと適正な価格を提供することにより、鶏を育て、守らなければならないということであった。

（2）需要情報の共有化

　需要情報とは、販売時点データ、受注残、将来の需要期間の予測値、そして将来の成長計画である。これらの情報がないと、サプライヤーは将来の需要の量とタイミングを勘に頼って当て推量しなければならない。評価の高いサプライヤーの多くが、最悪の事態に対応するのに十分な在庫を蓄積するという間違いを犯しており、こうした当て推量が起こるサプライチェーン内の在庫拠点には過剰在庫が蓄積していく。需要情報の共有化は、こうした当て推量とそれに関連する在庫および過剰なサプライチェーン・コストを最小化するものである。

（3）プレ・レシービング

　サプライヤーリレーションシップが、より実用的な形で現れたものが、プレ・レシービングである。これは、入荷認証および多様な配送品質指標に対する過去のパフォーマンス履歴に基づいて、特定のサプライヤーからの入荷を、事前に許可するものである。入荷する全ユニットロード（パレット等）には、バー

コードラベルや RFID タグが貼付され、ASN（事前出荷通知）、ゼロまたは極めて低い移動中のダメージ率、そして発注量と入荷量の整合性の高さなどが、典型的なプレ・レシービングの要件となる。

（4）標準化された経済的ハンドリング単位

　もう1つサプライヤーリレーションシップが、より実用的な形で現れたものが、サプライヤーからの入荷に対し、標準化された経済的ハンドリング単位を適用することである。理想的には、製品は輸配送コストおよびウェアハウジングコストを最小化する標準的ケース、パレット、トラックロードの形状で、フルケース（顧客からはケース未満の需要）、レイヤー、フルパレット（顧客からはフルケースの需要）、そしてトラック満載になる量で流れるべきである。

（5）ペーパレスでの情報交換

　ペーパレスで電子的なリアルタイムの情報交換は、サプライヤーリレーションシップのための重要な基盤の1つである。PO（発注）、EFT（電子送金）、ASN の形で発注として送信される予測、自動補充、MRP（資材所要量計画）の要件は、サプライヤーと運送会社の間を電子的に流れなければならない。インターネット、イントラネット、EDI（電子データ交換）、そしてファックス（石器時代の EDI）でさえ、サプライヤーとの情報交換において起こり得る摩擦係数を減らすために利用することができ、そしてまた、利用されなければならないのである。

（6）継続的な発注ステータス可視化

　すべての発注ステータス（処理中、承認作業中、製造中、ピッキング中、梱包中、パーツ待ち、積込み中、移動中など）情報は、常にリアルタイムで更新され、モニタリングできるようにすべきである。この更新情報は、製造スケジューリング、輸配送計画、ウェアハウス管理、そして顧客によるオーダーステータスに関する問い合わせのために必要となる。

5-7 サプライヤーとの協働化

どんな工場にも、労働力と原材料の制約、生産と保管能力、需要要件を考慮し、トータル生産コストおよびトータル在庫維持コストを最小化する最適な生産スケジュールが存在する。同様に、あらゆるサプライチェーンにおいて、全てのノードにおける生産、輸配送、ウェアハウジング能力と在庫要件を考慮し、在庫維持コスト、輸配送コスト、ウェアハウジングコスト、機会損失コストを含むトータルサプライチェーン・コストを最小化する最適なサプライチェーン・スケジュールが存在する。一部のサプライチェーンでは、リード・ロジスティクス・プロバイダー（LLP）が、最適なスケジュールの作成のため活用されている（図表5.8）。そこでは、サプライチェーンの主要なプレーヤー（サプライヤー、顧客、3PLなど）が、需要およびキャパシティ情報をLLP企業と共有する。LLP企業は、小売の入荷時間帯、ウェアハウスの出荷および入荷スケジュール、輸配送スケジュール、そして製造スケジュールを含む、最適なサプライチェーン・スケジュールを計算するのである。

図表●5.8
サプライチェーン協働最適化

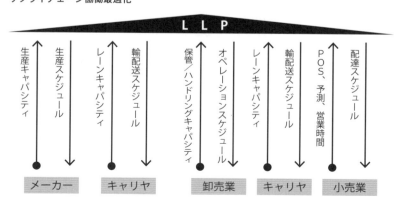

5-8
サプライチェーンの同期化

　1990年代以前の伝統的なサプライチェーンにおいて、メーカーは1個当たりの製造原価を下げるために、生産ラインを長時間にわたり稼働させようと努めていた。この戦術は、大きな在庫を生み出すことになった。四半期の売上予測を達成し、新たに生産した在庫のためのスペースを確保するために、メーカーは割引をして、在庫残を卸売業に押し付けたのである。卸売業のバイヤーは、割引価格で仕入れることができるため、メーカーのプッシュを喜んで受け入れた。ただし、それは彼らが大量に仕入れる場合だけである。多くの卸売業は、割引価格で大量に仕入れた商品を保管するために非常に大きなウェアハウスを持つことになった。もしこの在庫が売れず、そして四半期の終わりが近づき、売上および利益の心配がある場合、この過剰在庫を割り引いて販売し、小売に在庫を押し付けることになる。小売業のバイヤーは、いかに安く商品を仕入れたかという指標で評価を受けるため、喜んでこの在庫を受け入れた。ただし、安く買うためには、大量に仕入れなければならない。次の四半期の終わりが近づくと、小売業はこの大量の在庫を消費者に低価格で販売し、再度売上および利益予測を達成することで、このサイクルが繰り返された。アメリカ企業の一般的な在庫回転が年間4回転であることは、決して偶然ではない。

　1990年代以降、一部の企業の中にはサプライチェーンを同期化することで、この四半期のビジネスサイクルを打破しようとする企業が出てきている。例えば、アメリカ最大手の小売業／卸売業のためのRightChain®プロジェクトの中で、我々はサプライチェーン同期化の達成度合いにより、4つのフローに分類している（図表5.9）。

　Aサプライヤーからのフルトラックロード（トラック満載）のAアイテムは、生産ラインから直接出荷用トレーラーに積み込まれ、メーカーから小売店舗へ直送される。AおよびBサプライヤーからのAおよびBアイテムは、クロスドックセンターに入荷し、数時間のうちに出荷される。AおよびBサプ

ライヤーとの間で、入荷配送、入荷/出荷ドックの割り付け、そして出荷時間について、タイトなスケジュールを設定した同期化されたオーダーと配送は、小売店に対し安定的な翌日配送、毎日配送を提供することを可能にする。スケジュールは、前日の店舗からのオーダー、在庫および配送要件から、毎日計算して作成される。

図表●5.9
サプライヤー同期化デザイン

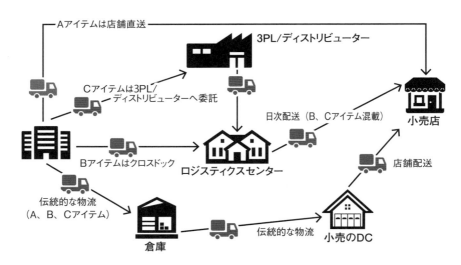

この施策を高度化するもう1つの手法として、多温度帯混載（コンビロード）がある。多温度帯混載は、冷凍、冷蔵、そして常温のスペースを同じトラックに設定するものである。これは、店舗向けの毎日配送プログラムを支援するものである。毎日配送により、店舗のバックルームのスペースを販売のために転用することが可能となり、さらにサプライチェーン全体の在庫削減にも貢献する。

Cアイテムは、他社と自社店舗を差異化する非常に重要なアイテムであり、無視できるものではない。Cアイテムの取り扱いにより、AおよびBアイテムの流れが妨げられることを防ぐため、我々は低回転商品のロジスティクスに特化した3PL企業を採用したのである。我々はこの3PL企業を、他のAお

よびBアイテムのサプライヤーと同等に扱い、クライアント企業のロジスティクスセンターへの毎日配送に関する出荷条件を提示した。Cアイテムのフローは、AおよびBアイテムのクロスドッキングと合流し、通常の店舗への毎日の定期的な配送の一部として扱われるのである。

第6章 輸配送戦略

RightTrips™

数年前、我々はある大手冷凍食品メーカーの仕事をした。役員室でCEOが来るのを待っていた私は、この会社のCFOの隣の席に座っていた。待っている間、彼はこの会社の財務諸表について説明してくれた。彼は特に、過去12か月間の経費の明細について自慢げに話をした。彼は、経費科目のうち1つを除き、他のすべてにおいて前年を下回ったことを強調した。彼は怒ったように、この唯一前年を上回った経費科目、輸配送を指し示した（彼の口調はまるで、この経費科目が前年を上回った責任を私に押し付けようとしているのかと思ったほどだった。なぜなら、私がこの会社のサプライチェーン・コンサルタントだったからだ）。

　彼はその後、私にこの輸配送経費についてどうすべきだと思うかと尋ねた。私はそれには即答せず、輸配送コストが上昇した期間に利益はどうなったか、逆に質問した。彼は利益は上がったと答えた。次に、私は同じ期間のマーケットシェアについても聞いてみた。すると彼は、マーケットシェアも拡大したと答えた。私はさらに、同じ期間の顧客満足度はどうだったか尋ねた。すると、これも改善したという答えだった。彼は憤慨して、もう我慢できないというように、「フレーゼル博士、輸配送経費について私たちはどうしたら良いのですか。この上がり続ける経費をなんとかしてください」と言った。「業績は良くなっているのだから、もっと輸配送に投資すべきではないですか」と私は答えた。

　これが彼と私の間の最後の会話となった。6か月後には、彼は会社の誰とも話をしなくなった。なぜなら彼はこの会社をクビになったからだ。その理由は、彼がただ1つの経費科目を削減することに、あまりにも執着し過ぎたためであった。たとえそれが会社の利益を低下させ、また売上を下げても、さらには資本効率を悪くしたとしても、彼はこの経費科目を下げることに全力を注いでいたことだろう。

　多くの理由から、輸配送はサプライチェーンおよびビジネス戦略において重要な戦略的構成要素であると見られている。そして、この領域にはリソースを追加投入し、真摯に向き合うことが求められている。

・輸配送は顧客とのつながりを形成する物理的な手段であり、同時に顧客体験に貢献する極めて重要なものである
・輸配送は通常、最も高コストなサプライチェーン活動である
・輸配送に対する戦略的投資は、在庫維持コストを下げ、顧客サービスを改

善する
- 多くの企業において、輸配送は科学的なアプローチが最も遅れている分野であり、運送会社もまた、しばしばサプライチェーンの全プレーヤーの中で、先進的、革新的な取り組みが最も遅れている
- 輸配送は、ますます競争的で複雑なロジスティクス市場において、企業がうまく航海していくための方法である。顧客に商品を配送するという基本的な能力は、かつては当たり前のこととして扱われてきた。だが、この考え方はもう通用しない。ますます大きくなる安全性への課題、不安定な輸配送キャパシティ、深刻なドライバー不足、難しい組合との交渉、交通渋滞、輸配送インフラの老朽化など、かつての「一度出荷してしまえば、後のことは忘れろ」的な発想はもう通用しない
- 輸配送を通して企業は、ますます多様化する輸配送モードを選択することが可能になる。そうした多様な輸配送モードには、ドローン／無人の自動車／船舶／鉄道／航空機／超大型船／超大型航空機、そして伝統的なトラック／船舶／鉄道／航空機がある。さらには燃料の選択肢にも、電気、水素、太陽エネルギー、化石燃料がある。この他にも、レスポンスタイム要件の幅が数時間から数週間に及び、最適な輸配送モードの選択は至難の業と言っても過言ではない

輸配送戦略とは次のような課題に対して答えることである。
- サプライチェーン**"ネットワーク"**はどうあるべきか、そしてそのフローはどう形成したらよいか
- どのような**"出荷計画"**（輸配送モードおよび出荷頻度の選択を含む）がサプライチェーン・パフォーマンスを最適化するのか
- どんな**"フリート"**規模、構成、運営モデルが、サプライチェーン・パフォーマンスを最適化するのか

6-1
RightMap™ ネットワーク戦略

　顧客およびサプライヤーは、継続的に移動している。製品およびパッケージサイズそして重量および形状は継続的に変更されている。企業の M&A は、絶えず変化する競争環境を作り出している。不動産、資本、そして労働力の可用性および賃金は、劇的に変化している。政府および政府の規制は、ペンを動かすだけで生まれては、消えていく。モード、運送会社、港の可用性は、予測不能である。ネットワークの渋滞は、かつてないほどの高まりを見せている。セキュリティリスクおよび要件は、多様化しつつある。自由貿易協定は、極めて流動的である。消費者の人口動態（デモグラフィック）およびその特性も流動的である。

　こうした状況の中で、サプライチェーン・ネットワークの最適化は、サプライチェーン階層の数、各階層における拠点数、そして拠点のロケーションを決定するものである。したがって、サプライチェーン・ネットワーク設計は、レスポンスタイム、在庫レベル、フィルレート（充足率）、そして輸配送コスト、ウェアハウジングコスト、在庫維持コスト、機会損失コストを含むサプライチェーン・コストに対し、大きな影響を及ぼす。

　最適なネットワーク設計は、制約条件である顧客レスポンスタイム要件などを満足しつつ、目的関数であるトータルサプライチェーン・コストを最小化するものである。

目的関数
トータルサプライチェーン・コストの最小化

制約条件
①全顧客レスポンスタイム要件を満足する
②全レーンフロー要件を満足する
③いかなるレーンスループット（生産性）能力にも違反しない
④いかなる施設保管能力にも違反しない

⑤いかなる施設生産性能力にも違反しない

6-1-1
ネットワークトレードオフ

　ネットワーク設計手法について掘り下げていく前に、代替ネットワークの評価および設計についての指針となる以下のような主要なトレードオフが存在する。

（1）ネットワーク構成と在庫維持コスト
　サプライチェーンの在庫レベルは、理論的にはネットワーク内の保管ロケーションの数が増えるにつれて高くなる（図表6.1）。この在庫の増加は、より多くの在庫配備決定や関連するエラーによって引き起こされる安全在庫の拡大の結果である。したがって、サプライチェーン・ネットワークはしばしば、顧客レスポンスタイム要件を満足する最小数のロジスティクス拠点を見つけることにより最適化される。

図表●6.1
サプライチェーン・ネットワーク内の拠点数と安全在庫量の関係を示す事例

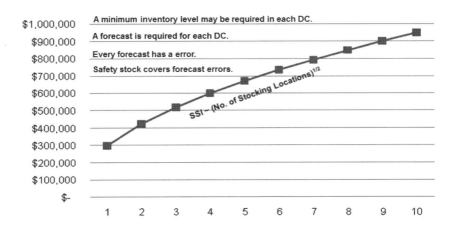

(2) ネットワーク構成と移動時間

どんなネットワーク最適化分析も、ネットワーク設計が顧客レスポンスタイムに与える影響を考慮しなければならない。今、拠点が合理的に配置されていると仮定すると、拠点数が増えるに従い、顧客への平均距離は短縮される。したがって、各顧客へのレスポンスタイムも減少する（図表6.2）。

図表●6.2
各顧客への距離および時間に対するネットワーク設計の影響を示す事例

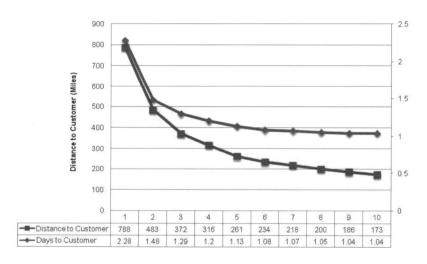

(3) ネットワーク設計と輸配送コスト

同じ輸配送モードが使われていると仮定すると、顧客への距離が短くなるほど、アウトバウンド輸配送コストは減少する。この関係は、最近ある大手小売業のために行ったネットワーク分析（図表6.3）に示されている。拠点数が増えるに従い在庫維持コストが拡大していることに注目してほしい。一方で、トータル輸配送コストは減少する。この２つの合計、つまりトータルサプライチェーン・コストは、この事例では３拠点の時に最小化される（図表6.3の➡）。

図表●6.3
大手小売業のための RightMap™ 最適化の事例

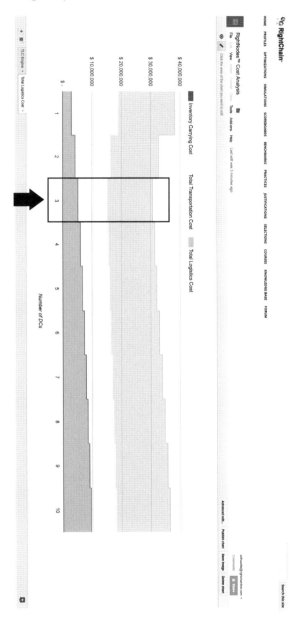

(4) ネットワークコストとサービス

　在庫維持コストと輸配送コストを合計し、さらに顧客レスポンスタイムを同時に考慮すると、図表6.4にあるような最適化が得られる。この事例の場合、サプライチェーン・サービスポリシーは、顧客に48時間以内に配送することを要求していた。このレスポンスタイム要件を満たす最小コストのネットワーク設計は、6拠点となる（図表6.4の⬇）。

図表●6.4
大手スペアパーツ会社のための RightMap™ 最適化の事例

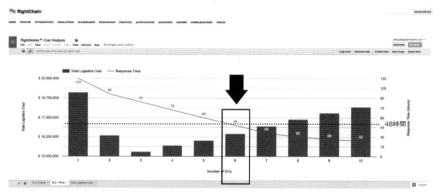

6-1-2
RightMap™ 手法

　各企業が取引するサプライヤーおよび顧客はそれぞれ異なるため、最適なサプライチェーン・ネットワークもそれぞれの企業固有のものとなる。我々が開発したRightMap™手法（図表6.5）は、各クライアント企業が固有の目的を達成するネットワークシナリオを開発し、評価することを支援し、さらに継続して変化するビジネスゴールや、制約条件の変化にしたがって、新しいシナリオの検討能力を獲得することを可能にするものである。

図表●6.5
RightMap™ ネットワーク最適化手法

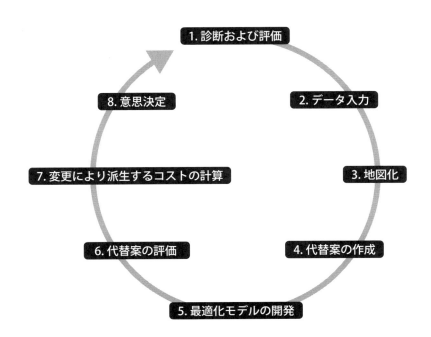

（1）現状のネットワークパフォーマンスを診断・評価せよ

　サプライチェーン・ネットワークの代替シナリオはそれぞれ、財務、サービス、リスクパフォーマンスについて、現状のネットワークと比較されなければならない。そのため、ネットワーク再構築の最初のステップは、現状のネットワークパフォーマンスを評価することである。我々は、第2章で解説したRightChain® サプライチェーン・スコアボード（図表2.1参照）を使って、基準となる現状のネットワークパフォーマンスを評価する。

（2）ネットワーク最適化データベースを設計し、データを入力せよ

　ネットワーク最適化において、最も手間と時間を要する手順の1つが、ネットワーク最適化データベースの主要項目である出発地、目的地、個数、重量、体積、施設、コストそして制約条件を収集し、データ洗浄し、合理化し、分析することである。最低限、データベースは次のような情報を特定しなければならない。

- 集荷地点、仕分け地点、配送先の緯度・経度情報と各地点間の輸配送モードの速度
- ウェアハウジング、在庫維持、輸配送に関する固定費および変動費
- 各配送先のレスポンスタイム要件（そして到着時間帯）
- 各調達先における製品の共有能力および配送先の製品／商品需要
- 動かせないロケーションがあるかどうか
- ロケーションの生産性および保管能力の制約
- 発地と着地間の重量、体積、頻度、金額、個数

　この手順は、集荷場所、配送先、商品カテゴリー、流通経路の数および多様性に応じて、完了まで数週間から数か月を要する場合がある。

（3）サプライチェーン・ネットワークを地図化せよ

　地図ソフトを使ってネットワークデータを視覚化することで、素早くネットワーク代替案を検討し、同時に素早く不採用案を排除することができる。我々は、世界最大の航空宇宙企業のため図表6.6のような地図を作成した。彼らは、世界中の様々なロケーションに、サプライチェーンのハブ拠点を検討していた。一度地図ができあがると、我々の設計チームはすぐに、新しい組立加工セ

図表 6.6
グローバル航空宇宙企業のサプライチェーンのための RightMap™ 地図化の事例

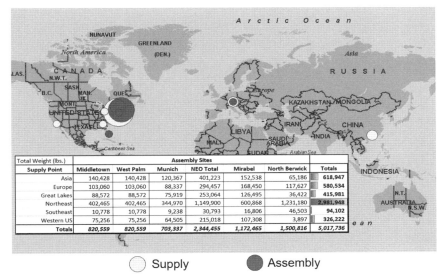

図表 6.7
グローバル組立加工センターのための RightMap™ 地図化の事例

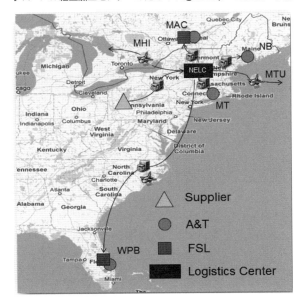

ンターとして、アメリカ北東部にあるハブ拠点を選択することになった（図表6.7）。

　我々が最近取り組んだヨーロッパのバイオテック企業のサプライチェーン・ネットワークの地図化は、ヨーロッパ市場における全顧客にトラックで24時間以内に配送できるという制約条件の下、合理的な拠点候補地を特定することを可能にした（図表6.8）。

　我々が最近実施したヨーロッパのグローバルヘルスケア企業のためのサプライチェーン・ネットワークの地図化においては、EU、南北のアメリカ大陸およびアジア太平洋地域において拠点が重複していることが分かり、EUのロジスティクスセンターをアムステルダム近郊へ、アメリカのセンターをマイアミへ、そしてアジア太平洋地域センターをシンガポールに集約化するという結論が迅速に導かれたのだ（図表6.9）。

図表●6.8
ヨーロッパのバイオテック企業のための RightMap™ 地図化の事例

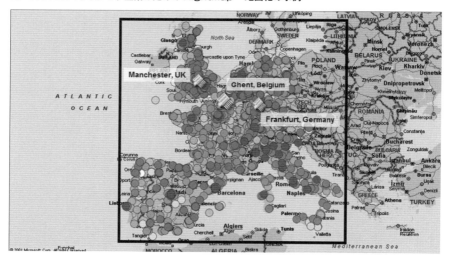

図表●6.9
グローバルヘルスケア企業のための RightMap™ 地図化の事例

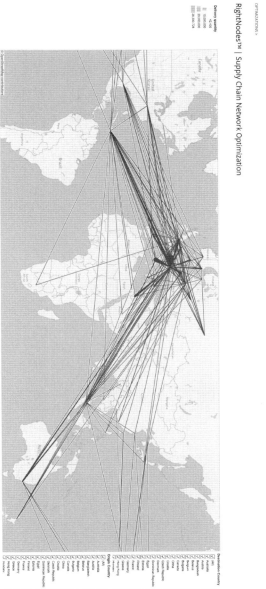

（4）複数のネットワークの代替案を作成せよ

　サプライチェーン・モデリングツールは、検討すべきシナリオが与えられた場合のみ、それらを評価することができる。したがって、検討すべき代替案の作成は、RightMap™ 手法の中の重要な手順の1つである。

　やるべきことは、現在のサプライチェーンに対する既成概念にとらわれることなく、この評価の中で可能な限り多くのシナリオを検討することである。そのためには、直送、クロスドッキング、委託在庫、入荷・出荷の集約化、マージイントランジット（輸送中の積み合わせ）など新しいサプライチェーン・フローパターンを商品カテゴリー毎に検討する必要がある。

　我々は、フローパス（流通経路）最適化モデルを使って、クライアント企業がこうした無限大に存在するフローを検討する支援をしている。この最適化は、対象とする企業のネットワーク内の可能性のある全フローパス（流通経路）を列挙するところから始まる。あるヘルスケア企業のために行ったRightFlows™ フローパスの事例を図表6.10に示す。

図表●6.10
あるヘルスケア企業の RightFlows™ フローパス（流通経路）の事例

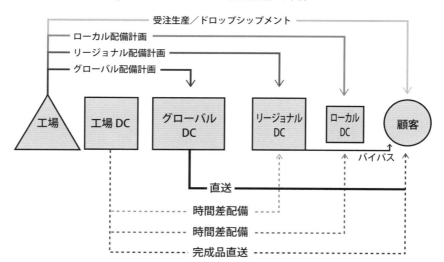

この手順はまた、フローパス財務分析を要求する。我々が最近クライアント企業の SKU 毎の最適なサプライチェーン・フローパスの決定を支援するために実施した RightFlows™ フローパス財務分析の事例を図表6.11に示す。

我々はまた、サプライチェーンに特化した不動産業界に対し、候補となるネットワーク内の拠点のロケーション評価のコンサルティングを行っている。我々は2つの重要な理由のため、この手順を取っている。第1に、不動産価値の低いロケーションの検討をしなくて済むことがある。次に、奇妙に聞こえるかもしれないが、大型のロジスティクス施設が立地できる工業団地の数は極めて限られたものだからである。したがって、こうしたロケーションを前もって知ることができれば、サプライチェーン・ネットワークプロジェクトの検討期間を何週間も短縮化することができるのである。

図表●6.11
ある食品メーカーのための RightFlows™ 最適化の事例

Flow Path	Supply Chain Nodes: Plant	DC	3PL	Distributor	Customer Warehouse	Depot	Store	Service: Touches	Pipeline Days	Freshness	Fill Rate	Financials: Inventory Carrying Cost per Unit	Transportation Cost per Unit	Warehousing Cost per Unit	Total Logistics Cost per Unit	Manufacturing Cost per Unit	Total Cost per Unit	Selling Price per Unit	Unit Margin	Applications
Non-Stop	→						→	2	3			$2.30	$4.10	$ -	$ 6.40	$11.50	$17.90	$31.00	$13.10	None at Present
One-Stop	→	→					→	4	5			$2.80	$4.50	$0.70	$ 8.00	$10.20	$18.20	$34.50	$16.30	A+ & Promo Items & Emergencies
DC Direct	→	→					→	4	6			$3.00	$4.70	$1.20	$ 8.90	$ 9.80	$18.70	$37.00	$18.30	A+ & Promo Items & Emergencies
DSD	→						→	6	10			$5.00	$6.10	$2.80	$13.90	$ 9.40	$23.30	$38.50	$15.20	High Margin & Care A&B Items
Surge	→	→			→		→	8	40			$7.00	$8.20	$4.10	$19.30	$ 7.10	$26.40	$31.00	$ 4.60	Seasonal
Distributor	→			→			→	6	30			$8.00	$7.50	$1.70	$17.20	$10.75	$27.95	$30.00	$ 2.05	C Items
Warehouse	→				→		→	6	15			$4.00	$7.10	$2.50	$13.60	$11.10	$24.70	$31.25	$ 6.55	Higher Volume, Low Margin Items
Customer Direct	→				→		→	4	16			$4.50	$6.90	$2.60	$14.00	$11.30	$25.30	$31.75	$ 6.45	Higher Volume, Low Margin Items

我々がしばしば検討する不動産に関する選択肢としては、アーバンストライクポイント(USP)と呼ばれるものがある。USP とは、以下のような基準で定義する。

・複数の大規模な需要・供給地の近くにある
・大規模な需要・供給地の渋滞からは隔絶されている
・複数の高速道路へアクセスしやすい
・高品質で適正な人件費で労働力を確保しやすい
・適正な賃料のスペースが確保しやすい
・サプライチェーン途絶のリスクが最小限に抑えられる

図表●6.12
大手小売業のための RightFlows™ 最適化の事例

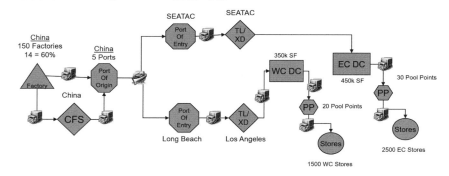

図表●6.13
大手小売業のための USP（Urban Strike Point）分析の事例

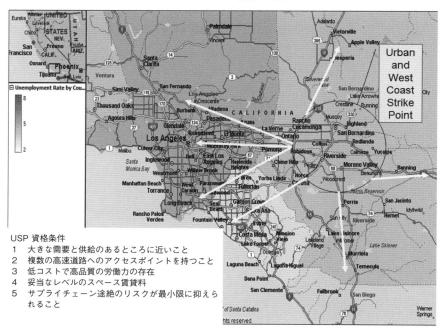

USP 資格条件
1　大きな需要と供給のあるところに近いこと
2　複数の高速道路へのアクセスポイントを持つこと
3　低コストで高品質の労働力の存在
4　妥当なレベルのスペース賃貸料
5　サプライチェーン途絶のリスクが最小限に抑えられること

このような基準が適用されるとき、主要なロジスティクス施設のためのロケーションは、迅速に絞り込むことができるのだ。ある大手小売業のために最近行ったフローパス（流通経路）の最適化プロジェクト（図表6.12、6.13）では、西海岸の入港口の近くに大規模なDCを、そしてもう1つの大規模なDCを東海岸に持つ必要があることが明らかになった。彼らの西海岸DCのUSP分析においては、以下のことが明らかになった。

・入港口であるロングビーチに近いモレノバレー地域に新しいDC建設の機会がある
・カリフォルニアおよびアメリカの西部地域の顧客へのアクセスがしやすい
・天候が安定しており、サプライチェーン途絶のリスクが小さい
・高速道路（I-5、I-10、I-15、I-405）へのアクセスが良い
・優れた労働力が存在する。

（5）ネットワーク最適化モデルを構築せよ

次のステップは、ネットワーク最適化モデルを定式化するもので、ネットワークシナリオを数学的なプログラムの形で表現するものである。この数学的プログラムは、目的関数（通常は、この設計に関連するトータルサプライチェーン・コストを最小化する）と、一組の制約条件（通常は、顧客ロケーションのレスポンスタイムと需要要件に焦点を当てる）を含んでいる。この時点で、我々のRightChain®モデリングツールは、可能なネットワークモデルおよびシナリオの全範囲が検討可能になるよう予めテンプレート化されている。

（6）代替ネットワーク設計を評価せよ

次のステップは、各シナリオをコスト、サービス、そしてリスクを基準に評価することである。この評価のサマリーには、コストとサービスのトレードオフが定量的に、そしてグラフィカルに表現されているため、経営者が代替ネットワーク設計案の中から素早く選択することができる。我々が最近行ったネットワーク評価の事例をいくつか紹介しよう。

大手バイオテック企業の事例

教育者としての喜びの1つは、生徒との間に友情を形成することができることだ。今までで私の一番好きな生徒（そう、先生にも好みはある）は、ある大

手バイオテック企業のロジスティクス担当役員のデーブである。彼は、私が一緒に仕事した最高のロジスティクス専門家の１人である。この会社の取引先の施設および社内施設間のロジスティクスは、信じられないほど高度なものだった。

　ある日、デーブはひどく取り乱して私に電話してきた。私は何があったのかと彼に尋ねた。彼は、「CEOが、東海岸にあったこの会社唯一のDCにやってきて、それを閉鎖してしまったのだ」と言った。彼は続けて、「従業員の１人が、このCEOに対して態度が悪く、その場ですぐにこの施設の閉鎖を決定したのだ。だから、いま、在庫をすべて新たに開設した西海岸のDCに移動している最中だ」と言った。私は、「だけど、あなたの会社の顧客の大半は東海岸にいるでしょう」と言った。彼は、「その通り。そんなことをすれば、我々のサプライチェーン・コストは、天井を突き抜けるほど急上昇し、逆にサービスレベルは床を突き抜けるほど急激に落ち込むだろう」と言い、同じことをCEOにも伝えたと言った。ただし、このCEOはデーブのアドバイスを聞き入れなかったのである。

　約18か月後、デーブがまた電話してきた。私は彼に、「今度はどうした」と聞いた。彼は、「予想通りサプライチェーン・コストが急上昇し、顧客サービスレベルが落ち込んだことに、CEOが激怒している。彼は、我々のサプライチェーンをすぐに最適化したいと言っており、私はあなたに手伝ってもらいたいと思って電話したのだ」と言った。

　初期段階のネットワーク地図化により、合計５つのネットワークシナリオが新しいサプライチェーン・ネットワークの候補となった（図表6.14）。この５つのシナリオのうちの２つは、１か所のみDCを持つシナリオであり、そのうちの１つのシナリオは、クーリエサービス企業（FedEXのような航空機で小口貨物を輸送する企業）の航空ハブを使い、もう１つのシナリオは、シカゴヘアキャンパスの3PL企業の施設を使うというものであった。他の３つのシナリオは、両海岸にDCを持つというものであった。

　この表には、コストとサービスのトレードオフが提示されている。この事例の場合、１つのシナリオが最低コスト、最高のサービス、そして最もサプライチェーン途絶リスクが小さいことを示している。そのシナリオは、両海岸にDCを持つシナリオであり、そのうちの１つは、彼らが以前閉鎖した東海岸の施設を再稼働するものであった。幸いなことに、この施設はまだ売却も賃貸も

図表●6.14
大手バイオテック企業のための RightMap™ 代替ネットワーク設計の評価事例

	1か所のセントラルDC			東海岸/西海岸にDC	
	エアボーン (AB)のハブ	ベストセントラル	現状	フレデリック	ベストイースト
	ウィルミントン	シカゴ／ノースダコタ	ジョージア／カリフォルニア	フレデリック／カリフォルニア	ベストイースト／カリフォルニア
トータル輸配送コスト	$10,468,913	$10,938,410	$10,632,484	$9,236,174	$9,208,574
トータルウェアハウジングコスト	$10,126,253	$9,451,169	$8,668,028	$8,848,997	$9,011,017
在庫維持コスト	$10,038,450	$10,038,450	$9,936,520	$10,038,450	$10,038,450
トータルサプライチェーン・コスト	$30,633,616	$30,428,029	$29,237,032	$28,167,191	$28,258,041
オーダーカットオフ時間	12:00AM	7:00PM	7:00PM	8:30PM	7:00PM
サプライチェーン途絶リスク	高-SPF	中間	低	最低	中間
ネットワーク空港数	1	2	2	6	4
シップメント集約	Yes	Yes	No	Yes	Yes
天候関連のサービス途絶リスク	中間	最悪	中間	最低	中間
市場への近接性	悪い	最悪	良い	ベスト	ベスト
同日配送能力	No	No	No	Yes	Yes
新しい施設の必要性	Yes	Yes	Yes	No	Yes
学習曲線	難しい	最悪	最も容易	容易	中間
備考	5%のAB料金割引	ノースダコタ	CSに近接	カナダへは割安	NYに近接

されていなかった。加えて、このシナリオに落ち着くと踏んでいたデーブは、前に働いていた従業員とも連絡を取り合っていたのだ。もう1つのDCは、カリフォルニアに開設したDCであり、規模を縮小して、そのまま利用することにした。このシナリオは、このバイオテック企業が東西2つのバイオテック市場の中心にDCを移動することで、低コスト、高レスポンス、低リスクのサプライチェーンを持つことを可能にしたのである。

大手ネット通販企業の事例

　ルーもまた、私のお気に入りの生徒の1人である。彼がCSCO（チーフサプライチェーン・オフィサー）に就任したとき、かつてないほど急成長していたE-コマース市場に対応して肥大化したネットワークを、前任者から引き継いだのである。需要の拡大が鈍化すると、彼らの売上に対するサプライチェーン・コスト比率は、爆発的に大きくなった。ルーは、ネットワークの最適化をするために我々に支援を求めてきた。

　この会社のネットワーク最適化を図表6.15-6.16に示す。検討したのは6つのシナリオであり、シナリオ毎に集約する拠点数に応じて効果額を試算した。この検討により、3つのDCのネットワーク（アトランタ、ハリスバーグ、リノ）対2つのDC（アトランタ、リノ）のシナリオに絞り込まれた。この2つのシナリオのトータルサプライチェーン・コストはほぼ同じであるが、3つのDCのシナリオのほうが、2日間以内に配送できる国内の人口が5％大きかった。このサービスは、1か所多いDCを管理するための複雑性の増加を上回る価値をもたらすという結論に至った。この東海岸の追加的DCはまた、燃料コストの上昇およびサプライチェーンの途絶のリスクを軽減させることにも寄与するものと考えられたのだ。

図表●6.15
大手ネット通販企業のためのネットワーク最適化マップの事例

この3つのDCシナリオは、トータルサプライチェーン・コストを6％削減し、最終利益を600万ドル改善し、さらに2日以内で配達できる範囲を全顧客の93％にまで拡大した。

図表●6.16
大手ネット通販企業のためのネットワーク最適化の事例

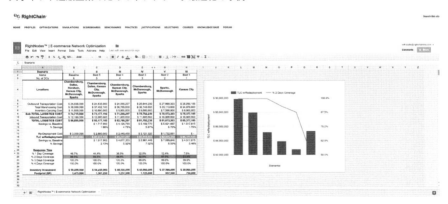

大手小売チェーンの事例

　サービステリトリーという名前でも知られる配送テリトリーは、主要な DC に対する顧客の割り付けを決定するものである。理想的には、各顧客は最も近く、最小の移動時間、または最小コストで配送できる DC に割り付けるべきである。ただし、DC 能力の制約により、これがいつでも可能という訳ではない。

　我々のクライアントの1つに、メキシコで最大の小売チェーンがある。この会社は、すでに1万店舗以上を展開しているが、毎年ほぼ1,000店舗ずつ拡大している。この急成長は、既存ネットワークのキャパシティ、キャパシティ計画、そして新しい建設を常に綱渡りの状態においている。このような背景から、我々は長期的な配送テリトリー最適化を依頼されたのである。この最適化の画面イメージを図表6.17に示す。配送テリトリーを継続的に最適化することにより、合計節約額は2,300万ドル以上になり、さらに配送頻度の向上とレスポンスタイムの短縮化を達成したのである。

図表●6.17
大手小売チェーンのための 配送テリトリー最適化の事例

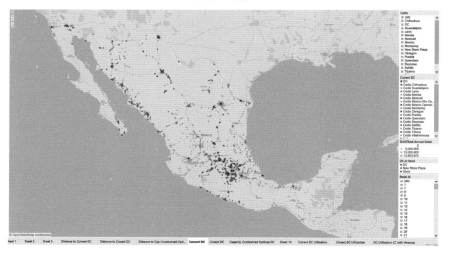

（7）ネットワーク再構築のコストメリットを計算せよ

　新しいネットワーク設計がどんなに大きなコスト削減効果があっても、既存ネットワークの再構築に要するコストを相殺するに十分ではない可能性がある。こうしたネットワークの再構築コストには、従業員の配置換え、従業員に対する補償金、在庫移動、施設の開設および閉鎖コスト、顧客サービスの中断の可能性などが含まれる。

（8）新しいネットワーク設計を実施するか否かを決定せよ

　これまでのところ、我々は経営陣に対し提供できる最高の分析結果を準備してきた。ここで我々は最適なネットワークシナリオを推奨することもできるが、最終的な意思決定は企業の最高レベルの経営者にゆだねるべきである。なぜなら、我々が提案した多くの最適なネットワークシナリオが、CEOやCOOといった企業の最高意思決定者によりくつがえされることを、これまで数多く経験してきたからだ。経営者は、自分たちの経験、直観、勘、そして企業内の政治的な影響により最終的に判断する。それは彼ら最高経営責任者の特権であり、やむを得ないことである。モデリング実施の目的は、経営者に対して、ネットワーク設計の意思決定に関連して派生する最良のサプライチェーン・コストとサービスのトレードオフの関係を提示することにある。

6-2
RightShip™ 出荷戦略

出荷（シップメント）とは、単純に一緒に移動する複数のオーダーの集まりと定義している。出荷戦略は、どれくらいの頻度で出荷するか、そしてどの輸配送モードを使って出荷するかを決定するものである。

6-2-1
RightStops™ 出荷頻度最適化

出荷頻度最適化は、輸配送・ウェアハウジング・在庫維持・機会損失を含むトータルサプライチェーン・コストを最小化する、配送間隔を決定することである。より高頻度の配送は、サプライチェーン在庫水準を低下させる。1回に移動する在庫量が減少し、需要変動に対応しやすくなるため、全体のイントランジット、ロットサイズ、安全在庫レベルおよびコストが低下するからだ。同時に、より高頻度で信頼性の高い入荷が期待でき、顧客フィルレートと顧客満足度は向上する。

ただし、より高頻度の配送は、在庫維持コストと輸配送コストの上昇につながる（図表6.18）。在庫維持コストの上昇は、ユニットロードが小さくなり、より大きなユニットロードでピッキングするよりコストが増加するためだ。輸配送コストの上昇は、配送回数の増加、総配送距離の増大、さらに輸配送における規模の経済性の消失が理由である。

図表●6.18
出荷頻度のサプライチェーン・トレードオフ分析

配送頻度	在庫維持コスト			輸配送コスト		顧客満足
	イントランジット在庫	ロットサイズ	安全在庫	運賃	間接経費	
高頻度	↓	↓	↓	↑	↑	↑
低頻度	↑	↑	↑	↓	↓	↓

小売業の出荷頻度最適化の事例

ある大手小売業における出荷頻度最適化の事例を図表6.19に示す。この図の横軸が配送間の日数であり、左から順に、毎日配送、2日に1度の配送、そして週に1度の配送に至るまで、それぞれの影響を検討している。

配送頻度が下がるにつれ、輸配送コストが急激に下がっていくことに注意してほしい。この事例の場合、輸配送コストは高いもので1,664ドルから、低いものは238ドルまでの幅がある。また、配送頻度が下がると、在庫維持コストが急激に増加することにも気付いてほしい。この事例の場合、在庫維持コストは低いもので960ドルから、高いもので6,720ドルまで幅がある。毎日配送の場合、フィルレートは99.9%から、週1回配送の90%まで下がっていく。

この小売店舗の場合、最適な配送頻度は、2日に1度ということになる。この配送頻度の時に、トータルサプライチェーン・コストが最小となり、フィルレートも許容可能な範囲に収まるからだ。ただし、その店の売上個数とDCからの距離に基づく、店舗毎に最適な配送頻度は異なることに注意しなければならない。

図表 6.19
ある大手小売業のための RightStops™ 配送頻度最適化の事例

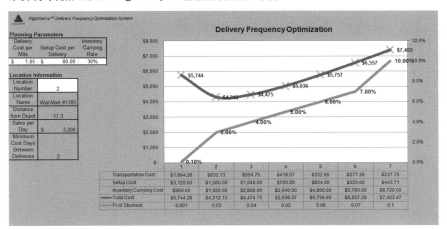

6-2-2
RightModes™　輸配送モード最適化

　輸配送モードの選択もまた、サービスのレスポンスタイムを決める上で極めて重要な役割を果たす。より速い輸配送モードほど、レスポンスタイムは短く、イントランジット在庫は少なく、輸配送コストは大きくなる。逆に、より遅い輸配送モードほど、レスポンスタイムは長く、イントランジット在庫および関連する安全在庫は多く、在庫維持コストも大きくなる。ただ、輸配送モードが遅いほど輸配送コストは小さくなる。RightModes™ 輸配送モード最適化は、レスポンスタイム要件を満たし、トータルサプライチェーン・コストを最小化する輸配送モードを特定する。

　輸配送モードの最適化は、見た目よりもはるかに難しい課題である。第1に、トラックにするのか、鉄道か、飛行機か、船か、違いはどこにあるのだろうか。実際のところ、かなり大きな差があるのだ（図表6.20）。

図表●6.20
RightModes™ トレードオフ

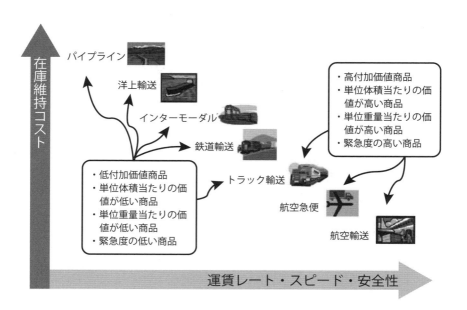

トラック、鉄道、飛行機、船は、異なる速度で移動し、異なるスケジュールで運行され、異なるタイプの貨物を取り扱い、異なるレベルとタイプのセキュリティを提供し、異なる頻度で稼働し、そして料金体系が大幅に異なる。つまり、輸配送モードの選択は、トータルサプライチェーン・コストと顧客サービスに大きな影響を与えることになるのだ。したがって、輸配送モードの選択は、GMROIや在庫付加価値といった、サプライチェーン全体にまたがる財務指標の一部に対しても、大きな影響を及ぼす。

グローバルヘルス&ビューティケア企業の輸配送モード最適化

我々のクライアント企業の1つにグローバルヘルス&ビューティケアのメーカーがあり、アメリカ西海岸に本部を置いている。彼らは、航空および海上輸送を使って、ロサンゼルス港からアジア諸国に向けて出荷しているが、2つの輸送モードの間にあるコストとサービスのトレードオフに常に悩まされていた。我々は、この会社の輸配送モードの最適化の支援を依頼されたのである。

図表6.21は、彼らの扱うあるSKUについての、輸配送モード最適化の結果である。ここにある2つの航空輸送のシナリオが、非常に低い在庫ポリシーコスト（在庫維持コストと機会損失コストの合計）を提供するが、逆に輸配送コスト（トータル運賃コストと輸配送セットアップコストの合計）が非常に高くなっている。これらのコストの合計が最も小さいのが、海上輸送会社を使った場合であるが、GMROIにおける競争では、航空会社#2が他社を圧倒している（輸出のため陸上輸送モードは含まないことに注意）。

それでは、答えはどうなるだろうか。答えは、その企業の財務目標によるのである。もし、コストに重点を置くのであれば、海上輸送会社が正解ということになる。もしも、GMROIがその会社の最重要指標であるなら、航空輸送会社#2が正解となる。このように、サプライチェーン戦略の意思決定においては、非常に多くの答えが存在するのである。そして、答えは、"ケースバイケース"なのである。

図表●6.21
ヘルス & ビューティケア会社のための RightShip™ 最適化の事例

Product Parameters	Truck 1	Truck 2	Truck 3	Air 1	Air 2	Rail	Ocean
Unit Inventory Value	$ 4,000.00	$ 7,000.00					
Unit Selling Price							
Inventory Carrying Rate			35%				
Forecast Annual Demand				2,400			
Fill Rate				95.00%			
Leadtime Forecast Error				45.00%			
Weight (pounds)							12

Model/Carrier Parameters	Truck 1	Truck 2	Truck 3	Air 1	Air 2	Rail	Ocean
Transit Times Door-To-Door	2	2.5	3	1.5	1	4	7
Frequency of Shipment Arrival	7	5	7	28	14	21	21
Freight Cost Door-to-Door ($/pound)	$12.00	$10.00	$8.00	$17.00	$20.00	$7.00	$3.00
Transportation Setup Cost ($/shipment)	$ 1,200.00	$ 1,500.00	$ 3,000.00	$ 3,600.00	$ 2,400.00	$ 3,800.00	$ 1,900.00
On-Time Arrival Percentage	95.00%	93.00%	94.00%	90.00%	92.00%	94.50%	87.50%
Tardiness (days)	0.50	0.30	4.00	6.30	7.30	8.30	9.30

	Truck 1	Truck 2	Truck 3	Air 1	Air 2	Rail	Ocean
Inventory Carrying Cost	$67,395	$67,514	$87,596	$161,260	$87,537	$171,751	$231,418
Lost Sales Cost	$360,000	$360,000	$360,000	$360,000	$360,000	$360,000	$360,000
Total Freight Cost	$345,600	$288,000	$230,400	$489,600	$576,000	$201,600	$86,400
Transportation Setup Cost	$62,571	$109,500	$156,429	$46,929	$62,571	$66,048	$33,024
Total Logistics Cost	$836,066	$825,014	$834,425	$1,057,789	$1,086,108	$799,398	$710,841
TLC per Unit	$ 348.36	$ 343.76	$ 347.68	$ 440.75	$ 452.55	$ 333.08	$ 296.18
GMROI	3712%	3733%	2877%	1563%	2879%	1467%	1089%
LGMROI™	3281%	3305%	2543%	1333%	2445%	1304%	981%
Supply Chain Value Added™	$ 7,132,105	$ 7,132,486	$ 7,112,404	$ 7,038,740	$ 7,112,463	$ 7,028,249	$ 6,968,582
	$ 6,003,934	$ 6,014,986	$ 6,005,575	$ 5,782,211	$ 5,753,992	$ 6,040,602	$ 6,129,159

	Truck 1	Truck 2	Truck 3	Air 1	Air 2	Rail	Ocean
In-Transit Inventory	13.15	16.44	19.73	9.86	6.58	26.30	46.03
Safety Stock Inventory	12.33	15.35	19.83	13.27	9.92	27.34	50.23
Lot Size Inventory	23.01	16.44	23.01	92.05	46.03	69.04	69.04

6-2-3
RightShip™ 出荷計画最適化

　出荷計画は、輸配送モードと出荷頻度を同時に最適化するものである（図表6.22）。出荷頻度が高い場合は、安全在庫をはじめ全体の在庫レベルを低くし、そして一般的に高いフィルレートが実現できる。反対に出荷頻度が低い場合は、一般的に在庫レベルが高くなるが、フィルレートは低くなる。速い輸配送モード（航空 vs 海上またはトラック vs. 鉄道）を使った場合は、レスポンスタイムが短く、イントランジット在庫が小さくなるが、運賃は高くなる。逆に、遅い輸配送モードを使った場合は、レスポンスタイムが長く、イントランジット在庫が大きくなるが、逆に運賃は抑えられる。

図表●6.22
出荷計画最適化におけるトレードオフ

モード	頻度	時間	イントランジット在庫	ロットサイズ在庫	トータル在庫	運賃
高速	高頻度	短い	少ない	少ない	少ない	高い
高速	低頻度	短い	少ない	多い	中間	中間
低速	高頻度	長い	多い	少ない	中間	中間
低速	低頻度	長い	多い	多い	多い	安い

RightShip™　ヘルス＆ビューティケア企業の事例

　図表6.23にRightShip™最適化の事例を示す。これは、我々のクライアントであるグローバルヘルス＆ビューティケア企業のための分析であり、出荷頻度および航空輸送割合の組み合わせを16通りのシナリオで比較したものである。横軸（x,yの組み合わせ）がシナリオを表しており、xは航空輸送割合（1％、3％、5％、10％)、yは毎月の出荷回数（9回、4回、2回、1回）を表している。この分析では、各シナリオについてトータルサプライチェーン・コストと、アジア太平洋諸国のドアツードアのリードタイムを比較している。これらの国の顧客は、リードタイム24日以内を望むため、我々はリードタイムが24日未満で、かつトータルサプライチェーン・コストが最小となるシナリオを推奨

した。この事例の場合、1％を航空輸送し、月に4回の頻度で出荷するシナリオが最適と考えられた（図表6.23の⬇）。

近年、航空輸送割合が10％近くになり、毎月の出荷頻度も8回から9回に増加している。この航空輸送割合および出荷頻度が高くなっている理由として、事前の計画能力の不足と、アメリカとアジア太平洋諸国間のコミュニケーション不足が指摘されていた。これらの問題を解消し、シナリオ通り（1％、4回）の出荷計画を導入することで、この会社は120万ドル以上の利益改善が達成されたのである。

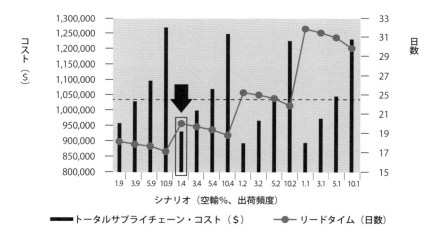

図表●6.23
大手ヘルス＆ビューティケア企業のための RightShip™ 最適化の事例

RightShip™　通信会社の事例

　数年前、ある大手グローバル通信会社が、我々にサプライチェーン戦略構築の支援を依頼してきた。この戦略の一部は、彼らのグローバルサプライチェーン・フローおよび輸配送モードの全面的な見直しであった。

　彼らの3つの主要な課題は集荷拠点、出荷頻度、そして輸配送モードに関するものである。これらの決定は個別に取り組んだとしても非常に複雑であるため、これらを同時に検討して意思決定をすることは、ほとんど不可能に近い。我々の RightShip™ アルゴリズムは、これら3つの課題について反復計算し、最適解に近づけるものである。この通信会社のために作成した RightShip™ デ

シジョンツリーを図表6.24に示す。

　最終的に最適化された出荷計画を図表6.25に示す。結果として、トータルサプライチェーン・コストの36％以上の削減が見込まれることになった。

図表●6.24
グローバル通信会社のための RightShip™ デシジョンツリーの事例

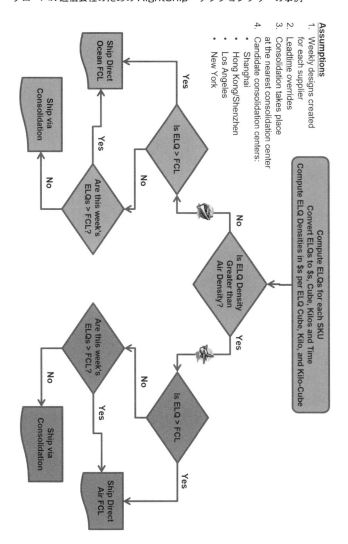

図表●6.25 グローバル通信会社のための RightShip™ 最適化の事例

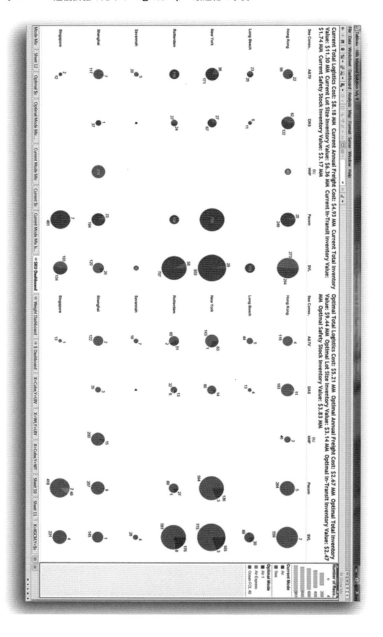

6-3
RightFleet™ フリート最適化

　フリート（車両／コンテナ編成および数量）最適化の目的は、車両およびコンテナの所有、リース、またはレンタルを通して、毎時／日次／週次／月次／年次の出荷要件を満足し、車両およびコンテナ数を最小化することである。この意思決定は、在庫戦略におけるフィルレートの意思決定に似ている。フィルレートが高くなるほど、販売機会の損失は少なくなり、顧客サービスは改善するが、同時に在庫維持コストは大きくなる。フリート最適化においては、フリート規模が大きくなると、販売機会損失は減少し、顧客レスポンスタイムは短くなり、顧客サービスは改善するが、フリート維持コストは大きくなるのである。図表6.26は、このトレードオフの関係を示している。最適なシナリオは、前もって設定されたピーク時および平均的な時期の顧客サービスレベルを満足する最小のフリート規模を選択することである。

図表●6.26
フリート規模のトレードオフの事例

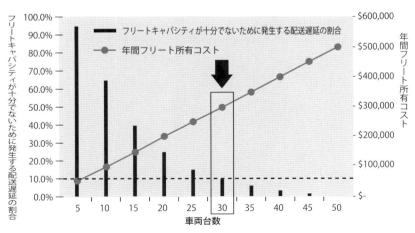

この図の分析は、我々のクライアント企業のフリートサイズ最適化の事例である。我々は、適正な車両の数を割り出そうとしていた。見ての通り、車両の数が増えると、年間フリート所有コストも比例して大きくなっていく。ただし、車両を増加させると、台数の不足による配達の遅れの発生割合も比例して下がっていく。
　この事例の場合、最小コストのシナリオは、車両の台数を最小にしたときとなる。つまり、5台のシナリオのときである。これは年間約8万ドルのコストとなる。検討対象となっている中で最大の車両台数は、50台であり、それは年間50万ドル以上のコスト負担を強いることになり、バランスポイントはサプライチェーン・サービスポリシーによらなければならない。この事例の場合、サプライチェーン・サービスポリシーは、いつでも遅配の発生を10%未満に留めなければならないと明記している。したがって、10%未満の遅れを満足する車両台数は30台となる（図表6.26の⬇）。

RightFleet™　寝具メーカーの事例
　我々は最近ある寝具メーカーのため、フリート最適化プロジェクトを実施した。このプロジェクトは、彼らの全米に広がる自社の工場から顧客である家具の小売店舗へ配送するための最適なフリート規模を決定し、さらに自社トラックを使うか専属契約をした運送会社を使うかを決定することだった（図表6.27）。
　まず、1年間の曜日変動を分析して、すべてのサービス要件を満足し、フリートコストを最小化するためのトラクターヘッド台数要件を決定した。中西部地域のためのトラクターヘッド台数要件分析の事例を図表6.28に示す。
　この分析の次のステップは、各工場のトラクター台数に対する自社配送、専属契約運送会社それぞれの最適な組み合わせの割合を決定することであった。3社の大手専属契約運送会社の入札価格により、この組み合わせを最適化できた。RightFleet™最適化はこの企業に年間3200万ドル以上の節約をもたらした。それは、トータルサプライチェーン・コストの34％にも達するものであった（図表6.29）。

図表 6.27
大手寝具メーカーのためのサプライチェーン・マップの事例

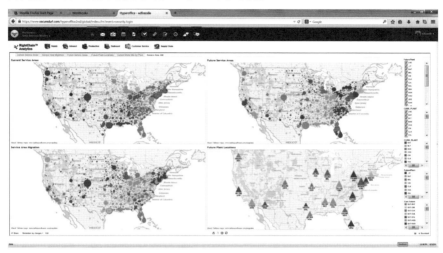

図表 6.28
RightFleet™ 曜日別トラクターヘッド台数の分析事例

図表●6.29
RightFleet™ 最適化によるトータルサプライチェーン・コスト削減の事例

SCENARIO		SERTA Current	SIMMONS Current	SSB	Total Logistics Cost - Current	Total Logistics Cost - Model	LCPP Current	LCPP Future	Tractors Current	Tractor Reqt - Model	Delta	%	Pieces Current	Pieces Future	% Carrier Current	% Carrier Future
USA																
Southeast	New York	Jamestown		New York	$ 3,090,486	$ 1,960,896		$ 5.31	13	13			339,715	369,425	20.5%	2.6%
	New England	Greene, Middleboro	Springfield	Jamestown	$ 9,494,890	$ 4,987,548	$ 9.10	6.96	31	35			1,130,512	716,685	31.3%	1.7%
	Pennsylvania	Fredericksburg Hazleton		Springfield	$ 9,099,560	$ 2,203,848	8.40	3.88	25	17			1,131,738	568,423	40.1%	0.0%
	Carolinas	Lancaster	Charlotte	Lancaster	$ 5,595,325	$ 4,210,090	8.04	4.24	25	34			626,320	993,652	16.7%	0.0%
	Georgia	Whitsett	Waycross	Whitsett	$ 9,129,656	$ 4,020,079	8.93	5.96	30	26			936,684	674,226	33.2%	0.5%
	West Palm	Grovetown	West Palm	Waycross	$ 6,191,639	$ 3,679,559	9.75	7.12	35	22			562,285	516,967	46.0%	0.0%
Midwest	Deep South	Cullman	Batesville	West Palm	$ 2,876,710	$ 2,876,710	11.01	4.99	16	20			387,848	576,645	24.6%	0.0%
	Heartlands	Clearlake		Batesville	$ 3,717,554	$ 4,342,245	8.59	8.00	15	35			332,596	542,584	24.6%	10.3%
		Cincinnati		Cullman	$ 2,909,756	$ 4,953,521	8.75	6.90	11	21			419,182	718,279	18.6%	5.9%
	Illinois, Wisconsin	Beloit	Shawnee	Clearlake	$ 4,372,952	$ 3,330,594	10.43	7.71	17	28			501,175	431,763	43.1%	10.3%
				Cincinnati	$ 3,656,450	$ 3,790,529	7.30	5.40	16	35			187,344	701,413	29.7%	0.6%
Southwest	Texas		Dallas	Shawnee	$ 1,854,926	$ 1,365,556	9.90	5.55	9	10			1,165,175	246,053	16.3%	3.0%
				Beloit	$ 9,452,030	$ 3,463,896	8.11	4.79	42	28			515,657	723,862	24.1%	0.8%
				Dallas	$ 5,777,212	$ 1,345,172	11.20	5.06	24	8			271,908	265,979	16.9%	6.8%
		Houston		Houston	$ 1,517,823	$ 2,308,414	5.58	4.70	7	16				491,649	13.4%	4.0%
West	Mountain	Denver	Denver, Salt Lake City	Denver	$ 3,385,965	$ 3,700,376	7.25	8.34	18	17			466,858	454,286	12.9%	7.0%
	Arizona	Glendale	Tolleson	Tolleson	$ 3,978,662	$ 967,331	7.92	3.65	11	8			502,144	265,150	37.7%	0.0%
	California	Moreno Valley	Los Angeles, San Leandro	Moreno Valley, San Leandro	$ 7,106,282	$ 6,123,304	6.68	4.75	25	40			1,064,603	1,290,181	7.8%	2.2%
	Hawaii			Honolulu	$ 534,513	$ 554,047	14.55	12.29	4	5			36,747	45,069	40.4%	18.5%
	Pacific Northwest	Puyallup	Sumner	Sumner	$ 4,118,636	$ 2,722,393	12.50	7.00	14	15			402,713	388,913	23.4%	7.2%
				TOTALS	$ 94,984,318	$ 62,906,107	8.65	5.73	358	428	70	19.6%	10,981,204	10,981,204	26.5%	2.4%
				Savings	$ 32,078,211		Savings	2.92		Delta						
				%	33.8%		%	33.8%								

228

第7章 ウェアハウジング戦略

RightHouse™

私は1995年に、『ワールドクラス・ウェアハウジング』の初版を執筆した。ビジネスからウェアハウジングを排除することを目的としたJIT（Just In Time）の考え方が広がりを見せている時代に、なぜウェアハウジングの本を書くのかと、多くの人が私に質問した。JIT は今日、"リーン"と呼ばれるようになっている。

　その疑問は当然で、私はウェアハウジングについてセミナーを行う時には、参加者に同じ質問をするくらいである。「なぜ私たちは、自分の時間とエネルギーを使って、サプライチェーンの専門家や"リーン"に関する書籍が排除することを勧めているものについて学ばなければならないのか？」

　この質問をより良く表現するとしたら、「どのような方法で、ウェアハウジングはビジネスおよびサプライチェーンにおいて付加価値を生み出すことができるか？」と言い換えることができる。もし私たちが、この質問に対して適切な答えを出すことができないのであれば、本書を書き、読むことは時間の浪費である。

　すでにお気付きのように、ウェアハウジングは今日のビジネスとサプライチェーン戦略の中で重要な役割を担い、大きな付加価値を生み出しているのである。

7-1
サプライチェーンにおけるウェアハウジングの役割

　私は1990年代半ばに、サプライチェーン・ロジスティクスの星形モデル（図表7.1）を開発した。このモデルは、サプライチェーン戦略を構成する5つの要素について次に示す順序で定義するものである。すなわち、顧客サービス、在庫管理、サプライ（調達）、輸配送、ウェアハウジングの5つである。これに目を通して見ると、ウェアハウジングが提供する付加価値が明確に見えてくるはずである。

図表●7.1
サプライチェーン・ロジスティクスの星形モデル

7-1-1

ウェアハウジングと顧客サービス

　ウェアハウジングがビジネスおよびサプライチェーンの中で付加価値を生む非常に重要な領域の1つは顧客サービスである。そして、その主要な要素は高レベルのフィルレート（充足率）の維持、レスポンスタイムの短縮化、付加価値サービスの提供、返品対応、カスタマイゼーション（個別対応）、コンソリデーション（集約化）などである。

　フィルレートとは、顧客の需要をオンハンド（手持ち）在庫で充足できる割合のことである。多くの場合、"顧客への高いフィルレート"を提供するためには安全在庫に対する大きな投資が要求される。そうした安全在庫はどこかに保管する必要があり、一般的にはそれはウェアハウスということになる。

　顧客に近接し、かつ庫内サイクルタイムが短いウェアハウスは、顧客に対する"レスポンスタイムの短縮"に貢献する。我々のクライアントの1つに、サービスパーツを当日配送する企業がある。同社は小規模でオーダーサイクルタイムの短いウェアハウスの全国ネットワークを構築することで、これを達成している。またコンビニエンスストア・チェーンのクライアントは、ウェアハウス／DCの数および規模を拡大し、1万4,000店舗への配送頻度を増やすことにより、商品の鮮度を上げることに努めている。

　マスカスタマイゼーションという動きに続き、1つひとつのオーダーが何らかの形で"カスタマイゼーション"を要求するというトレンドが、急拡大している。カスタムラベル、特殊包装、モノグラム、キッティング、色づけ、値付けなどの付加価値サービス要件に適正に対応する能力は、現在も、そして将来も継続してサプライチェーン競争力の差異化要因となるはずである。ウェアハウスとは、こうした付加価値サービスを実行するための労働力および設備を備えた場である。さらに、あえてカスタマイズされていない在庫を持ち、カスタマイゼーションを"延期"することにより、サプライチェーン全体の在庫レベルを引き下げることも可能になる。つまり、"延期"の原則に従うと、ウェアハウスとは顧客に最も近い物理的な施設として、製品のカスタマイズ、キッティング、組み立て、カントリファイ（その国固有にニーズに沿ってカスタマイズする）するための、合理的な場所であるということができる。"延期"の原則とは、サプライチェーン・ネットワークを通して、製品のカスタマイゼー

ションを限りなく遅らせることにより、全体の在庫投資を最小化することである。例えば、ヘルス＆ビューティケアのあるクライアントは、生産したシャンプーをラベルの付いていないボトルに詰めたまま保管している。特定の国からのオーダーが確定すると、その国が要求するラベルが、ピッキングおよび出荷ラインを通して貼付される。消費財のクライアントの1つは、大量の完成品を保管しているが、顧客の要求に応じて個別のキッティングやディスプレイ（大量陳列）の形で梱包、出荷する。

ロジスティクスへの期待として、最も基本的な顧客サービスの1つ、そしてしばしば当たり前のこととして認識されているのが"コンソリデーション（集約化）"である。例えば、通販企業にシャツとパンツを注文した場合、シャツが届いてから、別の日にパンツが届くことは望まないだろう。これらのアイテムは通常、同じ時間に同じパッケージで届くことが期待されており、従ってこれらの商品は同じウェアハウスの屋根の下に保管しておく必要があるのだ。

"返品対応"は、適切なウェアハウス作業を通して達成されるもう1つの顧客サービスである。返品対応が顧客にとって、より利便性が高く、そして安価であるほど、売上および顧客満足度も高くなると言える。ウェアハウスおよびDCは、通常顧客に近く、労働力が確保できるところに立地し、さらに返品処理に適したマテハン設備を備えていることが多い。

世界の多くの地域において、ウェアハウスという"市場における物理的存在"が、直接的な顧客サービスとは見なされないものの、企業の社会的信用の向上につながっているのだ。

7・1・2

ウェアハウジングと在庫管理

ウェアハウスで在庫を保管することにより、生産における規模の経済性が達成され、季節性の高い品目を在庫として蓄積することにより、工場稼働率が最適化され、緊急または災害用在庫を保管することでサプライチェーンやビジネスのリスクが分散される。ウェアハウジングは、そのような役割を通してビジネスおよびサプライチェーンに対する価値を創造している。

生産ラインのセットアップや段取り替え（ライン変更）のためのコストと時間を短縮するために、様々な努力がされているにもかかわらず、高コストで時

間のかかるセットアップは常に存在する。こうした状況で、生産ラインの稼働時間を短くし、セットアップ回数を増やすことは経済的にばかげているかもしれない。しかし、生産ラインを長時間稼働することが経済的かというと、結果的に過剰なロットサイズ在庫（サイクル在庫）を保管しなければならなくなるかもしれない。それを保管するのに、最も効果的なのはウェアハウスである。例えば、ある大手食品／飲料メーカーは、最適なロットサイズの50％以下で生産していたが、結果として過剰な段取り替えと生産コストが発生した。この問題を修正し、ウェアハウジングにおける ROI を改善するためには、さらに15万平方フィートの在庫スペースが必要となったのである（図表7.2）。

図表●7.2
ノースカロライナ州ローリー近くの大手食品／飲料メーカーの DC（大きなロットサイズで生産するためにウェアハウジングスペースを拡大している）

　多くの企業が、需要のピークと谷間を持っている。カード会社のホールマークは、その極端な事例である。グリーティングカードの需要の大部分は、クリスマスおよびバレンタインデーの時期に発生する。もし生産能力をピーク時期に合わせて設定したとしたら、1年のうち75％は、その生産能力を大きく下回ってしまい、非常に大きなコスト増となる。生産の平準化を図り、サプライチェーン・コストを最適化するために、ホールマークは1年間を通じて平準化された生産レベルを維持し、ピーク時期に備えて在庫を蓄積していった。結果として1年の大半を通じて、大きな保管スペースの確保が必要となった。この"季節性の高い在庫"は、大型季節商品ウェアハウスに保管されている。

食品メーカーのシュワンズを代表する製品の1つが、冷凍パイである。この企業は世界最大の冷凍パイのメーカーであり、製品はほとんどが、感謝祭からクリスマスにかけて消費される。ホールマークと同様、サプライチェーン・コストを最適化するため、同社は年間を通して生産を平準化し、1月から9月まで、季節性の高い製品在庫を蓄積するために3PLの冷凍倉庫を活用した。

　緊急および災害用の在庫は、伝統的な安全在庫によってはまかなうことのできない、不測の事態への対応を保証するためのものであり、通常ウェアハウスに保管される。そうした状況としては、自然災害、労働者のストライキ、その他通常とは異なるサプライチェーンの混乱といったものが挙げられる。例えば、通信および電気、ガス、水道などのユーティリティ分野のクライアント企業に対しては常に、緊急および災害用在庫を計画し、ハリケーン、洪水、吹雪などにおいても公共サービスの維持に努めるよう指導している。

7-1-3
ウェアハウジングとサプライ（調達）

　我々のクライアントの1つに、世界最大のチョコレートキャンディーのメーカーがある。もちろん、主要な原材料はカカオと砂糖である。これらの原材料コストに加えて、生産コストもまた製品のランデッドコスト（第5章5.2参照）の構成要素として認識しておく必要がある。砂糖とカカオを調達する最適な時期を決定するために、この企業は世界でも最先端の気象予報システムと、砂糖およびカカオの先物価格予測システムを導入し、同社が判断する最適な価格になった時点で、船満載分の砂糖とカカオを仕入れる。このようにして調達した砂糖とカカオは、どこかに保管しなければならず、その"どこか"というのはウェアハウスである。

　ランデッドコストを構成する要素で、原材料の次に大きいのは、生産コストである。このコストを抑えるためには、生産ラインを長時間稼働させる必要がある。利益率が高く、在庫維持レートが低く、陳腐化リスクが小さく、賞味期限が長い場合には、生産ラインを長時間稼働させることにより最適化を達成することができる。こうした生産ラインの長時間稼働は、大きな在庫バッチを創り出し、それらはどこかに保管されなければならない。その"どこか"とは、ウェアハウスである。

ウェアハウジングが付加価値を創造する方法が2つある。それは、売り手企業のディスカウント時、そして主要な原材料や部品のライフサイクルの終了時期という特別な調達機会である。

企業が原材料コストを削減するためのもう1つの方法は、海外から原価の安いものを調達することである。その場合、ウェアハウスの入出荷量は、それまで以上に大きなものとなるだろう。ウェアハウスは、こうした海外からの入荷から出荷までのプロセスを効率的に行うことで、サプライチェーンにおいて極めて大きな価値を生み出す。その1つの事例が、世界最大の靴の小売業であり、グローバル輸入業者でもあるペイレス シューズである。この企業は、扱う靴の大部分を中国から調達し、ロングビーチ港に荷揚げし、アメリカへ輸入する。到着した商品は、53フィートのコンテナに積み替えて、トラックでカリフォルニア州レッドランドにある西海岸のDCに運ぶか、オハイオ州シンシナチの近くにあるDCに送り、東海岸のロジスティクスネットワークに投入する。

所有権の移転を延期する施設内のベンダー・マネージド・インベントリー（VMI；第5章5.6参照）も、ウェアハウジングがビジネスおよびサプライチェーンの中で付加価値を生み出すための、もう1つの方法である。図表7.3は、鉱山事業を展開するクライアント企業での、メンテナンスパーツのVMIウェアハウスの様子である。このウェアハウスは、世界最大の銅鉱山の1つの大規模なメンテナンス拠点の近くに立地している。

図表●7.3
リオ・ティント社のVMIウェアハウスは、ソルトレイクシティの郊外にあるケネコット銅鉱山のメンテナンスオペレーションを支援している（ソルトレイクシティ、ユタ州、アメリカ）

7-1-4
ウェアハウジングと輸配送

　少量、多頻度で出荷することにより、サプライチェーン内の在庫を減らすことができるが、小さな出荷貨物を大きな出荷貨物に集約するコンソリデーションポイントとしてウェアハウスを機能させることにより、輸配送における規模の経済性を提供することができる。異なる種類の貨物を組み合わせて、トラックロード未満からフルトラック、コンテナ未満からフルコンテナ、また40フィートコンテナから53フィートコンテナへと変換することなどが挙げられる

　しばしば見落としがちな輸配送経費が、関税である。保税倉庫においては、製品が保税倉庫から引き渡されるまで、貨物受取人は関税の支払いを遅らせることができる。自由貿易地域に立地している保税倉庫では、関税を支払うこと無しにこの地域内で輸送途中の製品を移動することができる。

7-1-5
ウェアハウジングとウェアハウジング

　5つ目の、そして最後のサプライチェーン戦略の構成要素は、ウェアハウジングに関連する戦略的決定である。これは、私の好きなテーマであるが、サプライチェーン戦略構築においては、最後に決定すべきロジスティクス活動となる。その第1の理由は、RightChain® 星形モデルにおける最初の4つの要素が、ウェアハウジングの必要性を排除、最小化し、または適正なニーズを決定することを可能にするからである。これに反して、サプライチェーンの調整、統合、計画の欠如は、ウェアハウジングをして伝統的な役割以上の付加価値を生み出すことを困難にする。第2の理由として、ウェアハウスはサッカーで例えるとゴールキーパーのようなものである。好むと好まざるにかかわらず、それは最後の防波堤であり、またそのように計画されなければならない。第3に、ウェアハウスを適正に計画・運営するためには、サプライチェーン戦略における顧客サービス、在庫管理、サプライ、輸配送を定義することが必要条件となるためである。最後の理由は、3PL企業がウェアハウスを運営することも考慮しなければならないからである。

　以上、解説してきたように、E－コマース、SCM、ECR、クイックレスポンス、

リーン、シックスシグマ、ジャストインタイム配送などの施策が次々に登場しているにもかかわらず、ウェアハウジングを完全に排除してしまうと、生産と最終消費者を結びつけるサプライチェーンは、うまく調整できないのだ。実際、グローバルソーシングによってサプライチェーン自体が長く延びていること、気候変動、セキュリティ事故の発生件数およびその規模が拡大していることによるサプライチェーン途絶の可能性が、ウェアハウジングのニーズを拡大し、ビジネスおよびサプライチェーンにおけるウェアハウジングの付加価値を増大させている。上記のようなサプライチェーン施策が定着するにつれ、ウェアハウスオペレーションの役割とミッションも変化し、また継続して変化し続けるのである。

7-1-6
ウェアハウジングの歴史

　ウェアハウジングは、1950年代から60年代にかけての単に物を保管することを主な機能とする単純な活動から、それ以降大きな進化を遂げている。1970年代から80年代にかけてのJITの導入に呼応して、オーダーサイズが縮小し、在庫量が減少した。その一方でより高頻度な発注と、オーダーピッキングに対するニーズ拡大による活動が、在庫圧縮により空いたウェアハウスのスペースの大部分を占めるようになった。ウェアハウスはディストリビューションセンター（DC）に生まれ変わり、そこで働く人たちにとって日本でいう3K的な仕事から、よりキャリア形成が可能な仕事に変化していった。1990年代の顧客起点による設計、3PL、延期、マスカスタマイゼーション、SCM、グローバルロジスティクスの導入は、ウェアハウスに様々なクロスドッキング機能と付加価値サービス活動をもたらした。結果としてDCからロジスティクスセンター（LC）が生まれ、カスタマイズされたラベルと梱包、キッティング、海外向け出荷準備、特定顧客に特化したプロセス、クロスドッキングと伝統的な保管およびオーダーピッキングを併せ持つ施設が生まれている。その結果、LCにおける生産、輸配送、ウェアハウジング活動の区別が曖昧になり、かつエラーの許容範囲は、限りなくゼロに近付いている（図表7.4）。

　こうした変化はすべて、ウェアハウスマネージャーに大きなプレッシャーを与えることとなる。E－コマース、SCM、グローバリゼーション、クイック

図表 7.4
ウェアハウジングの変遷の歴史

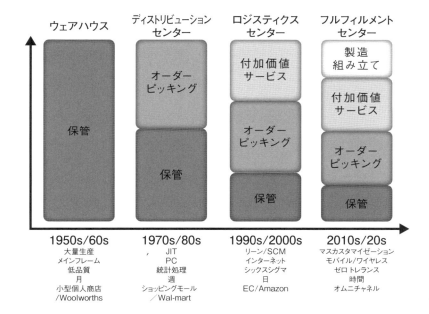

レスポンス、JIT の影響により、今日のウェアハウスにおいては、以下のようなことを達成することが求められている。

- "より多く"の小さいオーダーを処理し
- "より多く"のアイテムをハンドリングし、保管し
- "より多く"の製品およびサービスの個別対応を提供し
- "より多く"の付加価値サービスを提供し
- "より多く"の返品を処理し
- 海外からのオーダーを受注し、出荷している

ところが、今日のウェアハウスにおける現実の状況は、次のようなものだ。

- 各オーダーを処理する時間は"より短く"
- エラーの許容範囲は"より小さく"
- 若く、スキルを持ち、英語を話し、識字能力のある人は"より少なく"

・WMS が ERP に組み込まれることでその能力が"より限定的に"

　私はこの雁字搦めの状況を、「ウェアハウスマネージャーの苦悩」と呼んでいる。ウェアハウスは、かつてなかったほど多くのことを実行するよう要求され、同時にそれを実行するためのリソースを剥ぎ取られているのである。そしてそれは、ウェアハウジングの基礎およびベストプラクティスを理解することの重要性を一層際立たせている。ここから、サプライチェーン・ネットワークにおけるウェアハウジングの役割についての基本的な定義・分類が始まるのである。

7-1-7
ウェアハウジングの役割

　ここまで説明してきたように、ウェアハウスは今後もなくならないばかりか、さらに一層重要な役割を担っていくはずである。そして、そうした特定の役割を持つウェアハウスは、以下のような名前で呼ばれている（図表7.5）。

　「**原材料倉庫**」は、生産および組み立て加工のスケジュールに対するタイムリーな支援が必要な環境において、工場の近くまたは工場内に在庫を保管する機能を持つ。
　「**半完成品倉庫**」は、工場の近くまたは工場内に半完成品在庫を保管し、生産スケジュールと需要の間の多様なバッファーの役割を果たす。
　「**完成品倉庫（または工場倉庫）**」は、通常大量の完成品を保管し、下流のDC への配備のために待機する場である。
　「**オーバーフロー倉庫**」は、一般的に工場倉庫の近くに立地し、しばしば季節性の高い在庫を保管し、3PL により運営されることが多い。工場倉庫のほぼ3 分の2 は、このオーバーフロー倉庫である。
　「**ディストリビューションセンター（DC）**」は、工場倉庫に比べて、はるかに顧客に近い場所に立地している。DC は通常、多くの工場倉庫から製品を受け取り、それらを当日または翌日に顧客に配送する。以下のように DC の配送先が、その名前を決定する。フルフィルメントセンターは、顧客の自宅に配送する。小売 DC は、小売店舗に配送する。オムニチャネル DC は、自宅と小売店

舗の両方に配送する。

「**クロスドックDC**」は、在庫を保管せず、単に入荷した製品を仕分けし、オーダー毎に集約する。

「**保税倉庫**」は、通常自由貿易地域内に立地し、関税の支払いを遅らせる役割を持つ。

「**営業倉庫（短期契約）**」は、3PLにより運営され、通常は誰とでも短い期間の保管契約を結ぶ。

「**営業倉庫（長期契約）**」は、3PLにより運営され、通常は長期間にわたり、1ユーザーのために独占的に運営される。

「倉庫」という名称は冠していないが、小売店舗のバックルーム、ツール置き場、貯蔵室、パーツのロッカーもまた、ウェアハウスの一形態である。

図表●7.5
サプライチェーン内でのウェアハウスの役割

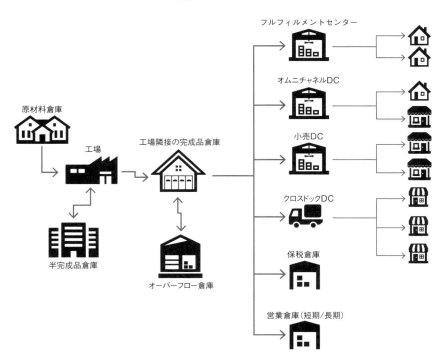

7-2
インバウンド戦略

7-2-1
入荷フロー最適化

　伝統的なウェアハウスの入荷プロセスでは、補充等の作業が要求される。しかし、いかなるシステムも、複雑性が増すほどパフォーマンスは低下する。サプライチェーン・ロジスティクスも例外ではなく、タッチ数がシステムの複雑性に最大の影響を及ぼす。したがって、タッチ数を減らせば、サプライチェーン内の作業内容、ミス、時間、事故件数を最小化できる。図表7.6は、先進的な入荷および格納プラクティスを採用すれば、タッチ数を減らせることを示している。

　以下は、図表7.6に示した入出荷プロセスを最も少ないタッチ数から多い順に、解説したものである。

（1）「**直送**」では、ウェアハウスを完全にバイパスし、ベンダーでの出荷トラックへの積み込みと納品先での入荷トラックから荷降ろしの2回しかタッチしない

（2）「**クロスドッキング**」では、ベンダーから納品先までの間に4回タッチする

（3）「**ピッキングロケーションへの直接格納**」では8回タッチする。空いているピッキングロケーションをチェックし、そこへ直接格納することで、入荷検品、格納、保管、補充作業をバイパスすることができる

（4）「**保管ロケーションへの直接格納**」では、製品をトラックから荷降ろしして直接保管ロケーションに格納し、入荷仮置きと検品をバイパスする

（5）「**伝統的入荷**」は、入荷仮置き、入荷検品、保管ロケーションへの格納、ピッキングロケーションへの補充が必要である

2回、6回、8回、または10回タッチするより12回タッチする方が、ハンドリングミス、置き間違え、加工ミス、コミュニケーションミスを起こす機会が多くなる。

図表 7.6
大手半導体企業における RightFlows™ 入荷フロー最適化の事例

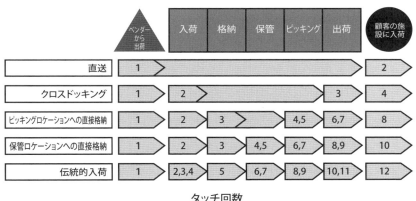

タッチ回数

こうしたミスに対応するための余計な作業にかかるコストが、最近、大手食品メーカーのために行った入荷フロー最適化に反映されている（図表7.7）。これには、タッチ数、オンハンド在庫日数、ダメージ率、フィルレート（充足率）、そしてケース当たりのコストが、直送の場合、クロスドッキングの場合、ピッキングロケーションへの直接格納、保管ロケーションへの直接格納、そして伝統的な入荷それぞれについて明示されている。ケース当たりのコストは、直送の場合の0.83ドルから、伝統的な入荷プロセスの5.72ドルまで幅があることが分かる。

（1）直送

一部のものについて、最良の入荷プラクティスは、まったく入荷しないことだ。直送（またはドロップシッピング）において、ベンダーはウェアハウスを完全にバイパスし、直接顧客に向けて出荷する。アイテムはDCを通過しないため、荷降ろしする必要もなく、仮置き、格納、ピッキングロケーションへの補充、ピッキング、梱包、検品、トラックへの積み込みの必要もなくなる。し

たがって、それらの作業で消費される労働力、時間、設備、さらにウェアハウス内で発生するミスや事故も排除されることになる。

図表● 7.7
大手食品メーカーにおける RightFlows™ 入荷フロー最適化の事例

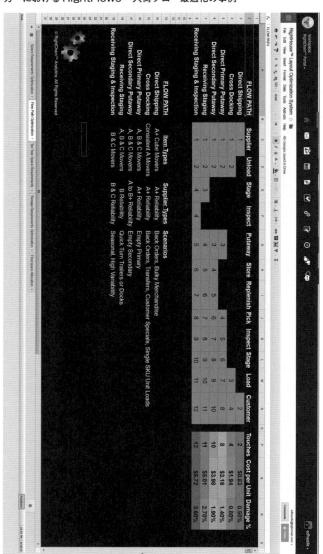

直送に向いているのは、大きくてかさばるアイテム、MTO（受注生産）アイテム、通常の出荷量がトラック満載に達するアイテムの組み合わせである。例えば、ある大手通販会社は、カヌー、大きなテント、家具等を、この会社のセントラルDCからではなく、ベンダーから直接顧客に出荷している。食品、飲料、消費財メーカーのクライアント企業の多くが、店舗からのオーダーを工場で生産およびアセンブルし、直接小売業の店舗へ出荷するようになってきている。

 ミシガン州グランドラピッズにある年商20億ドル規模のスーパーマーケットチェーンにおける、典型的な直送とクロスドッキングの事例を図表7.8に示す。

 Aアイテム（出荷容積に基づく高回転商品）は、メーカーからトラック満載で直接店舗に向け出荷される。Bアイテムは、日々正確にスケジュール化され、ロジスティクスセンターに向け発送、クロスドッキングされ、他のカテゴリーの商品（冷凍品、冷蔵品、常温品）と統合して店舗に向け出荷される。Cアイテムは、低回転商品をバッチピックするために、ロジスティクスセンターに隣接する、特別に設計された高保管密度のDCに保管される。Cアイテムは毎日バッチピッキングされ、クロスドッキングされる。

 もちろん、このオペレーションを活用しようとするなら、データ分析が不可欠であり、同時に継続的に実施しなければならない。

図表 7.8
食品業界におけるサプライチェーン・フロー

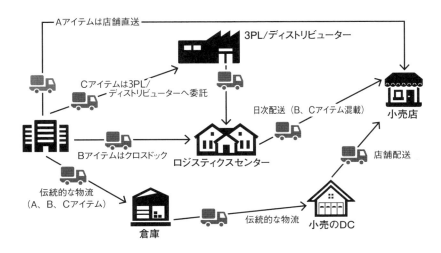

（2）クロスドッキング

直送できない場合、次に良い選択肢はクロスドッキングである。クロスドッキングとは、次のように定義される。

- ・入荷品はスケジュール化され、ベンダーからウェアハウスに入荷される
- ・入荷品は、すぐに出荷オーダー毎に仕分けされる
- ・出荷オーダーは、すぐに出荷ドックに搬送される
- ・入荷または検品作業を排除する
- ・商品を在庫として保管しない

クロスドッキングにおいては、入荷検品、入荷仮置き、格納、保管、ピックロケーションへの補充、オーダーピッキング、オーダー集約など伝統的なウェアハウジング活動は排除される。

一般的なオーダーのフローに加えて、バックオーダー、特注、転送オーダーが、クロスドッキングに適している。なぜなら、こうしたオーダー処理は緊急性が高く、入荷商品は最終顧客への配送のためにプレパッケージされラベルが貼付されており、さらにこれらの緊急性の高い特別なオーダーに含まれる商品は、他の商品と統合化される必要がないからである。

（3）ピッキングロケーションへの直接格納

入荷品がクロスドックできない場合、入荷検品、入荷仮置き、格納、保管、ピッキングロケーションへの補充をバイパスし、直接ピックロケーションに格納することでタッチ数を減らすことができる。製品の先入れ先出しが厳しく制限されていない場合、この方法を取ることができる。この格納方法は、ピックロケーションの中に、入荷パレットまたはケースのための空きがある場合、そして賞味期限の要件に違反しない場合に推奨される。この格納方法においては、入荷仮置きおよび検品を排除することができる。したがって、これらの活動に関連する時間、スペース、労働力を削減することができる。

そのために、ある大手ヘルスケア企業は、彼らのウェアハウス内に入荷仮置きのスペースを設けることを許さなかった。彼らは、作業員に対し商品を入荷と同時に格納するよう指示を出し、伝統的な入荷と格納においてしばしば起きる遅延や複数のハンドリングを排除したのだ。

トラックからの荷降ろしと商品の格納という2つの目的を遂行するフォーク

リフトは、この直接格納を容易にする。例えば、カウンターバランスフォークリフトは、秤、容積測定器、オンラインRF端末を搭載することができるため、荷降ろしおよび格納機能を効率化できる。

(4) 保管ロケーションへの直接格納

ピックロケーションへの格納ができない場合、次に良い方法は入荷品をすぐに保管ロケーションへ移動することである。この場合、ロケーションが予め割り付けされているか、またはリアルタイムで割り付けられるため、製品の入荷仮置きは不要となる。世界で最も進んだ入荷オペレーションでは、保管ロケーションへの直接格納を自動化している。直接格納を可能にするマテハン技術には、トレーラーの床に埋め込まれたローラーと、拡張式コンベヤが含まれる（図表7.9）。

図表●7.9
日本のトイレタリーメーカーのDCにおける自動荷降ろしシステムの事例

アムウェイは、石鹸、清掃用品、化粧品など、消費財およびヘルス＆ビューティケア用品の大手メーカーであり消費者へのダイレクト販売企業である。ミシガン州エイダにある同社のセントラルDCでは、ベンダーからの入荷はスケジュール化され、入荷するすべてのパレットにはバーコードラベルが貼付され

ている。フォークリフトの運転手がトレーラーから荷降ろしする際、パレットのバーコードがスキャンされ、WMS（倉庫管理システム）にこのパレットの着荷情報が伝えられる。その後、WMS は作業員に入荷したパレットを指定されたロケーションに動かすよう指示を出す（図表7.10）。

　第1優先は、クロスドッキングするパレットである（図表7.10❶）。同じアイテムが入荷時点で出荷オーダーとして出荷トラックへの積み込みがされるのであれば（このアイテムに賞味期限があり、先入れ先出しが要求される場合はこの限りではない）、作業員はこのパレットをクロスドックするために出荷ドックに動かすよう指示される。次に優先されるのは、ピックロケーションへ直接格納することである（図表7.10❷）。これは、ピックロケーションの在庫が減り、パレットスペースがある場合に推奨される。最も優先順位が低いのは、パレットを保管用ロケーションに移動することである（図表7.10❸）。この場合でも、ロケーションは前もって割り付けされるか、リアルタイムで割り付けられるため、入荷した商品を仮置きすることはない。

図表●7.10
アムウェイの入荷フローの考え方

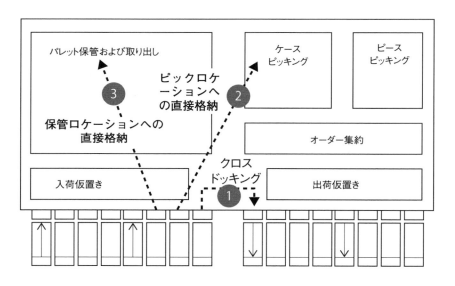

7-3
保管戦略

　保管戦略は、スロッティング戦略とも言い、各アイテムに対し、最適保管モード、最適なスペース割り付け、適正な保管モードにおける最適保管ロケーションを決定するものである。結果として、スロッティングは、ウェアハウスのKPIに極めて大きな影響を及ぼすことになる。KPIには、生産性、出荷精度、在庫精度、ドックツーストックタイム、ウェアハウスオーダーサイクルタイム、保管密度、自動化レベルが含まれる。スロッティングよりもウェアハウス・パフォーマンスに大きな影響を与える意思決定はないと言っても過言ではない。それにもかかわらず、多くのウェアハウスにおいては15%未満のアイテムしか正しくスロッティングされていないのが現状である。このように多くのウェアハウスにおいて間違ったスロッティングがされているために、結果として、本来支払うべきウェアハウジングコストよりも年間10%から30%も余計なコストがかかっているのだ。

　我々のRightSlot™手法は、20年以上にわたるスロッティングにおける調査・研究の成果に基づいている。これまで取り組んだすべてのプロジェクトと、その中で扱われたあらゆる異なるタイプのアイテム（缶、瓶、カーペット裏地のロール、ブレーキパーツ、セーター、毛糸玉、コンピュータ、医薬品、自動車サービスパーツ、紙製品、冷凍食品、チェーンソーなど）について再検証した結果、各プロジェクトに共通する特徴を見つけることに成功した。それに基づき以下のスロッティング体系・手法（図表7.11）および意思決定支援ツールを開発して、スロッティングプロジェクトの支援を行ってきたのである。

図表●7.11
RightSlot™ スロッティング体系

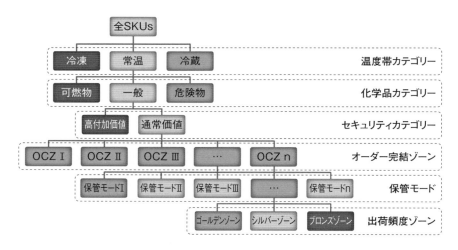

（1）スロッティングデータベースにデータを入力する

　幸いなことに、スロッティングに必要なデータ項目は、それほど多くはない。各アイテムについて、以下のデータが必要となる。

　・商品 ID
　・商品名
　・商品カテゴリー
　・出荷頻度（オーダーされる件数）
　・出荷数量
　・保管環境（冷凍、冷蔵、可燃物、危険物など）
　・賞味期限
　・ディメンション（縦、横、高さ）
　・容積
　・重量
　・ケース入数
　・パレット当たりケース数
　・基準となる単位（個、トンなど）

これらの情報は、製品または商品マスターファイルから容易に引きだすことができるはずである。このデータの精度および有用性を維持するためには、継続的にデータをメンテナンスすることが重要である。

各顧客オーダーについては、顧客ID、オーダーに紐付いた各アイテムとその量、オーダーの日付と時間が必要となる。この情報は、販売またはオーダー履歴ファイルから取れるはずである。スロッティングに必要なサンプルのサイズは、業界毎の季節性により大きく異なる。もし通販や小売業界のように、1年の需要に大きな波がある場合、12か月のサンプルが必要となる。自動車サービスパーツ業界のように、需要が年間を通してかなり安定している場合、3か月から6か月のサンプルで十分であろう。

(2) スロッティング指標を計算する

生データが揃ったら、スロッティング指標の計算はかなり単純な作業である。ただし、計算結果をどう理解し、活用するかはそれほど簡単なことではない（図表7.12）。

これらの指標は、表面上は単純に見えるが、その指標の数値1つひとつの解釈には、微妙なそして重要な問題が含まれている。例えば、出荷頻度のことを、しばしば売上額または売上個数という間違った理解をしている場合がある。あるアイテムの出荷頻度（P）は、ジュークボックスでかかる楽曲の人気のようなもので、何回リクエストされたかにより測定されなければならないのである。この指標が重要である理由は、ピッカーが特定のアイテムをピッキングするために、それが置いてあるロケーションに訪問する潜在的な回数を示しているからだ。庫内作業の多くは、ロケーション間の歩行に費やされるため、各アイテムまたはカテゴリーのあるロケーションへの潜在的な訪問回数を知ることは、庫内作業全体の管理を成功させるために、極めて重要なことである。

残念ながら、多くのウェアハウスマネージャーやアナリストは、スロッティング基準を探す時に、この出荷頻度のところで止まってしまう。つまり、出荷頻度が、アイテムを保管モードに割り付ける時、保管モード内でスペースを割り付ける時、保管モード内でアイテムのロケーションを決定する時に単独で使用されている場合が多いのである。今、固定棚にゴールデンゾーニングを導入する事例を考えてみよう。その目的は、ピッキング活動が作業員の腰の高さ（作業しやすく効率がよい）で行われる頻度を最大化することにある。

図表●7.12
RightSlot™ 指標および計算式

スロッティング指標	記号	単位	備考
スロッティング期間	R	時間（年、四半期、月、週、日）	スロッティング計算のための期間（時間）
出荷頻度	P	期間内の出荷頻度	アイテムの"ヒット数"と呼ばれることもある。出荷容積と共に使われ、保管モードおよび保管モード内のロケーションの決定に活用される
出荷個数	T	期間内の出荷個数	アイテムの需要と呼ばれることもある。1個当たりの容積と共に使われ、保管モードおよびスペース割り付けのための出荷容積の計算に活用される
1個当たりの容積	C	立方フィート／1個	アイテム毎の物理的なサイズのことを言う。この情報は、すでにデータベースの中に格納されているはずである。もし無い場合、アイテムの外部コンテナ（パレット、ケース、トート、ボールなど）のサイズを測定し、コンテナ内の個数で割ることにより求められる
出荷容積	$V = T \times C$	立方フィート／期間	適正な保管モードおよび保管モード内のスペース割り付けの決定に使われる
ピッキング密度	$D = P / V$	出荷頻度／立方フィート	ゴールデンゾーニングの決定に使われる。最も高いピッキング密度を持つアイテムは、最もアクセスしやすいピッキングロケーションに割り付けられるべきである
1オーダー当たりの個数	$I = T / P$	オーダー当たりの個数	
需要相関	DC_{ij}		アイテムiとアイテムjが一緒にオーダーされる確率
需要の標準偏差	S		日々の需要の標準偏差

それではここで、簡単なスロッティング問題に取り組んでもらおう。今、ゴールデンゾーンには7立方フィートの保管スペースが使えると仮定し、次の3つのアイテムを棚のどこに置いたら最適化できるか検討するとしよう。この3つのアイテムのスロッティング指標の数値は図表7.13のようになっている。

この数値から、ある1か月分の製品を固定棚に保管する方法を考えてみよう。アイテムAは7立方フィート、アイテムBは4立方フィート、そしてアイテムCは3立方フィートのスペースが必要だとする。今ゴールデンゾーンにどのアイテムを割り付けるかを決定するために、出荷頻度だけでこれらアイテムをランキングすると、アイテムAがゴールデンゾーンに割り付けられ、ゴールデンゾーンのスペースを使い切ってしまうことになる(ゴールデンゾーンは7立方フィートのスペースしかないことに注意)。この場合、ゴールデンゾーンにアクセスする回数(つまりアイテムAをピッキングする回数)は、月に140回となる。果たして、これが最良の回答だろうか。もちろん違う(目的は、ゴールデンゾーンへのアクセス回数を最大化することであることを思い出してほしい)。それでは次に、アイテムBとアイテムCをゴールデンゾーンに割り付けたらどうだろうか。この場合、ゴールデンゾーンへのアクセス回数は、月に183回となる。ピッキング密度という指標を基準にランキングすることで、ゴールデンゾーンにおけるピッキング活動を最大化することができる。それこそがピッキング活動を測定する理由であり、スロッティングを成功させるために不可欠なことなのである。なぜすべてのスロッティング指標の数値が揃っていることが重要なのか、お分かりいただけたことだろう。

図表●7.13
固定棚のスロッティングについての例題

アイテムID	出荷頻度	出荷容積	ピッキング密度
A	140件／月	7立方フィート／月	20件／立方フィート
B	108件／月	4立方フィート／月	27件／立方フィート
C	75件／月	3立方フィート／月	25件／立方フィート

（3）アイテムを環境カテゴリーに割り付ける

　保管温度（冷凍、冷蔵、常温）、燃焼性、毒性、セキュリティを基準として、保管環境カテゴリーに各アイテムを割り付けなければならない。これら保管環境カテゴリーはそれぞれ、特別な建物要件、特別なラック要件、特別な保管エリア要件を満足する必要がある（図表7.11）。

（4）アイテムをオーダー完結ゾーンに割り付ける

　各保管環境カテゴリー内においては、ウェアハウス内のプロファイリング（図表9.10参照）におけるオーダー完結プロファイルおよび需要相関分析に基づいて、"オーダー完結ゾーン"にアイテムを割り付けなければならない（図表7.11）。これらオーダー完結ゾーンは、非常に高効率なオーダーピッキングを可能にする倉庫内倉庫を創り出すからである。

（5）アイテムを保管モードに割り付ける

　生産性、保管密度、ピッキングエラー率、システム投資要件に基づいて、各アイテムを最も低コストの保管モードに割り付けるための保管モード経済性分析を実施しなければならない。特定の保管モードに割り付けられたアイテムは、その保管モードに格納されるアイテムの1つとなる。RightStore™ 最適化システムは、各アイテムを各保管モードに割り付けた場合の年間コストを計算し、各アイテムに対し最小コストの保管モードおよび最適なスペース割り付けを推奨する。各アイテムカテゴリーを各保管モードに割り付けた事例を図表7.14に示す。

（6）各保管モード内のロケーションをピッキングゾーンにマッピングする

　マッピングのための最初のステップは、各保管モードを通過するピックパス（ルート）をプロットすることだ。ピックパスが決まれば、ピッキングゾーンの定義はかなり簡単である。最も人気のあるピックパスとしては、一筆書き型と、サイドトリップを伴う主通路型の2タイプがある（図表7.15）。

　一筆書きパターンにおいては、ピッカーはピッキングツアーにおいて各通路の全ロケーションを訪問する。よって、Aピッキングゾーンをピッキングエリアの端部に割り付けても、ピッカーの歩行距離を短縮することはできない。実際、そうすることで渋滞を引き起こす可能性が高まるため、ピースピッキン

図表 7.14
RightStore™ スロッティングツールの事例

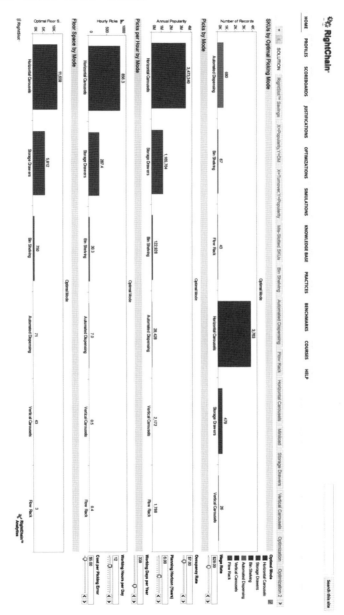

グについては、Ａピッキングゾーンはピッカーの腰の高さと定義し、パレットラックからのケースピッキングの場合には床面付近と定義すべきである。

　サイドトリップを伴う主通路型のピックパスを使う場合、その目的はサイドトリップの回数と距離を最小化することにある。よって、Ａピッキングゾーンは、主通路沿いのフローラックのロケーションと定義すべきである。

図表●7.15
一筆書き型とサイドトリップを伴う主通路型のピックパス（ルート）

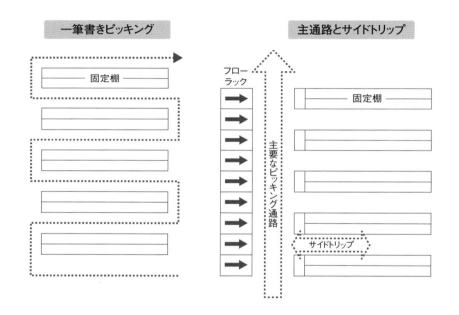

　２台または３台のカルーセルを一組とするゾーンからピッキングする場合、交互に異なるカルーセルからピッキングすることで、ピッカーの待ち時間を排除することができる。またこの場合、Ａピッキングゾーンはピッカーの腰の高さにあるロケーションと定義すべきである。

（7）マッピング結果に従ってスロッティングする

　ゴールデンゾーニングの原理は単純に、最も出荷頻度の高いアイテムを、最もアクセスしやすいロケーションに割り付けることである。RightSlot™ にお

いては、各ロケーションをアクセスのしやすさによりランキングし、各アイテムをピッキング密度によりランキングする。最初に、最もピッキング密度の高いアイテムを最もアクセスしやすいロケーションに割り付け、次にピッキング密度の高いアイテムを、2番目にアクセスしやすいロケーションに割り付ける。そして全アイテムのスロッティングが完了するまで、この作業を繰り返すのである。

図表7.16のベルテルスマンの書籍用DCにおいては、カーペット敷きのピッキングフロアの擦り切れている場所が、ピッカーがピッキングゾーンの中央付近で最も頻繁に作業していることを示す良い指標となっている。

図表●7.16
ベルテルスマンの書籍用DCにおけるゴールデンゾーニングの事例

（8）再スロッティング指標の数値を構築する

残念ながら、アイテムが適正にスロッティングされたとしても、すぐにそれらアイテムの数値は変化する。例えば、通販業界では、カタログの変更は、スロッティング指標の数値を大幅に変化させ、よってスロッティング要件にも大きな影響を及ぼす。したがって、現在のスロッティングをメンテナンスすることは、最初のスロッティングプログラムで達成した生産性および保管密度の改

善を維持するために極めて重要である。

（9）再スロッティングプログラムの構築および導入

　おそらく、より難しい問題は、ウェアハウス全体の再スロッティングを実行するタイミングであろう。残念ながら、これに関しては一般的なルールは存在しない。多くのウェアハウスには、固有の需要変動サイクルが存在する。例えば、大手通販会社であるL.L.ビーンは、春、夏、秋、冬の年4回メインカタログを発行する。この場合、シーズン毎に、再スロッティングすることが妥当である。化粧品の製造およびネットワークビジネスを行っているエイボンは、年間26回のプロモーションキャンペーン（2週間サイクルで販売商品を入れ替える）を実施する。よって、彼らのウェアハウスでは年間26回再スロッティングを実施している。一部の企業においては、年度初めの閑散期がウェアハウス全体の再スロッティングを実施するための最良のタイミングとなっている。

7-4 アウトバウンド戦略

　RightPick™ ピッキング手法の体系を用いて、我々はクライアント企業がアウトバウンド戦略を構築する支援をしている。この体系は、アウトバウンド戦略において、同時に以下の3つの最も重要な質問に答えるものである。

①ピッキングおよび出荷のために、オーダーはバッチ化すべきか、そしてもしバッチ化すべきならどのようにするか？

②ピッキングエリアには、ゾーンを作るべきか？

③ピッキングトランザクションは、どの順番で処理すべきか？

　RightPick™ ピッキング手法の体系（図表7.17）で最初にすべきは、ピッキングをピックロケーションからするか、保管ロケーションからするかの決定だ。

図表● 7.17
RightPick™ ピッキング手法の体系

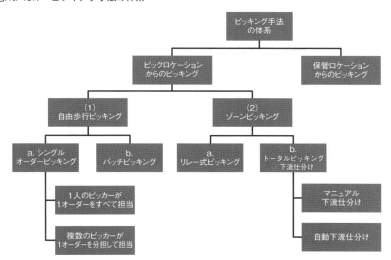

7・4・1

ピックロケーションからのピッキング

　ピックロケーションからピッキングする場合、次にやるべきことは、ピッカーを特定のゾーンに割り付けるかどうかという決定である。ピッカーに割り付けられた1つの"ピッキングゾーン"は、通路の一部、複数の通路の一部、またはマテハン設備（カルーセル、自動倉庫）の一部として定義される。ここで重要なことは、1人の作業員が専用のゾーンに割り付けられると、他の作業員はこのゾーンでは作業をしないということだ。これはまた、ゾーンピッキングにおいては、どの作業員もオーダー完結の責任を負っていないことを意味する。なぜなら、1つのオーダーに含まれる複数のアイテムは異なるゾーンにいるピッカーにより、ピッキングされるためである。保管ゾーンは、ピッキングゾーンとは区別され、効率的で安全な保管をするために構築されている。例えば、バルクアイテム、平置きアイテム、小さいアイテム、長尺アイテム、冷蔵アイテム、冷凍アイテム、可燃性アイテム、爆発性アイテムなどの保管ゾーンが構築される。これらの保管ゾーンは、スロッティング戦略により決定されるものである。

　ピッキングにおけるゾーニングの反対が、"自由歩行ピッキング"である。自由歩行ピッキングにおいてピッカーは、ウェアハウス内のどの通路も自由に動き回ることができる。また、自由歩行ピッキングの中のシングルオーダー／バッチピッキングにおいては、ピッカーは割り付けられた各オーダーのすべてのアイテムに対してピッキングする責任を負う。ピッキングのためのゾーニングにおける長所を次ページの図表7.18に示す。

（1）ゾーンピッキングの長所と短所

　私は最近、シカゴ郊外にあるゼロックスのサービスパーツDCを見学した。見学の途中、私は約1時間にわたり、ピッキング作業を観察することができた。このDCでは、長い固定棚に挟まれた通路2本を1ゾーンと定義していた。各ゾーンには1人のピッカーが割り付けられていた。ピッカーは、カートを使って自分のゾーンをピッキングし、完了したトートをコンベヤに置き、次のゾーンへとリレー式に渡していくことで、オーダーが蓄積されていく。

　私は、このDCで最も高いパフォーマンスを達成しているピッカーとの会話

図表●7.18
ゾーニングにおける長所

ゾーニングの長所	著者コメント
小さな、専用の作業エリアに割り付けられるため、ピッカーの歩行時間が短縮される	私はバスケットボールにおいては常にゾーンディフェンスを好む。それはコートいっぱいに誰かを追い回す必要がなく、相手選手の得点に対して責任を持たなくても良いからだ
ピッカーは、自分のゾーン内の製品やロケーションに精通するようになる	製品について良く知ることは、ピッキングの生産性とピッキング精度を改善することにつながる
通路に1人以上のピッカーがいないために、混雑が最小化される	混雑の最小化はゾーンピッキングの正当化に最も重要である。一部の運用ではボリュームが非常に大きく、ボトルネックを生み出すことがある
ピッカーのゾーンに対するアカウンタビリティが存在する	ピッキングのパフォーマンス（生産性、精度、整理整頓）はゾーン毎に記録・掲示される。その一方、各オーダーに対するアカウンタビリティが無い
ピッカー間の過剰な会話を最小化する	ピッカーは専用の作業ゾーンに単独で割り付けられ、ピッキング中の無駄話の機会が無くなる。ある程度の会話は必要だが、ゾーンピッキングは、それをコントロールしモニターすることができる

を楽しんだ。彼女は、ゼロックスに20年以上も働いており、同じウェアハウスの同じゾーン（2本の通路）で5年以上も働いていたのだ。彼女のゾーンの整理整頓、生産性、精度はどれを取っても、このウェアハウスの中で最も優れていた。仕事に対する彼女のプライドはまた、そのゾーン内の部品のほぼ完璧な配置替え（ピッキングしやすく置き直す）に現れていた。私は彼女に対して、そのゾーン内の高いパフォーマンスと整理整頓の素晴らしさを伝えた。この会話の途中、私は彼女のゾーンの出荷コンベヤに最も近い棚の部品だけが雑然と置かれていることに気が付いた。ゾーン内の他の棚が整然と置かれていたので、不思議に思い、その棚の部品配置について尋ねた。彼女は私に、この棚に置いてある部品は、その日に顧客がオーダーする部品だと答えた。なぜ彼女にそんなことが分かるのだろうか。彼女は、ESP（超能力）を持っている訳でもなく、世界最高の予測システムとして機能している訳でもなかった。この棚にはAアイテムが置いてあり、つまりそれはウェアハウス全体の適切な再スロッティングがなされていないことを示していた。このピッカーは、ピッキングのたびにゾーンの一番奥のロケーションまで、これらの高回転アイテムを取りに行くことに疲れていたのだ。そこで彼女は単純に、在庫の一部をコンベヤの近くに

移動していたのである。この単純なプロセス改善は、ゾーンピッキングにおける部品およびロケーションに関する知識なしには不可能なことである。

　このゼロックスの事例にみられるゾーンを設けることの利点に加えて、ゾーンピッキングの利点は、ピッカーの歩行時間の短縮、渋滞の最小化、部品ロケーションへの精通、作業員のゾーンに対するアカウンタビリティなどが挙げられる。これらの利点により得られるコスト削減が、ゾーンピッキングによって生じるコントロールの複雑性や関連するコストの上昇を上回るかどうかがゾーンピッキングを採用するかどうかの判断基準となる。図表7.19は、そうしたコストとコントロールの複雑性についてその代表的なものを紹介している。

図表●7.19
ゾーンピッキングにおける課題

ゾーンピッキングのコストおよびコントロールの複雑性	著者コメント
オーダーの集約化	ゾーンピッキングにおける最大の難しさとコスト要因は、ピッキングゾーンの全体にわたりオーダーを集約する必要があることである。オーダーの集約には2つの方法がある。①ピッキングしたアイテムを入れたコンテナをゾーンからゾーンへリレー式に渡していく、リレー式ピッキングと、②下流仕分けを伴うウェーブピッキング（複数のオーダーを1つのグループにまとめ、それらをピッキングするための短い時間帯…日本のトータルピッキングに近い）であるが、これは非常に高コストになる可能性がある。これらの方法はまた、非常に高度なWMSが必要となるため、庫内作業の柔軟性を減じる可能性がある
作業量のバラつきが、ボトルネック、渋滞、作業員のモラルの低下を引き起こす	1日毎に、ゾーン間の作業量のバランスを取ることはほとんど不可能に近い。そうするためには、前もって高度なスロッティング手法の導入、または高度なゾーンピッキング手法、フレキシブルなゾーン設定の活用が必要となる。こうした運用においては、作業量によりゾーンサイズが異なる。いずれの場合でも、そのコントロールは、自由歩行ピッキングに比べはるかに複雑なものになる

（2）自由歩行ピッキング

　前述の通り、自由歩行ピッキングにおいては、ピッカーは庫内のどの通路でも自由に動くことができる。自由歩行ピッキングにおける最も重要な決定は、ピッカーが1回のピッキングツアー中に、1つのオーダーをピッキングする（シングルオーダーピッキング）のか、それとも複数のオーダーをピッキングする（バッチピッキング）のかということである。

a. シングルオーダーピッキング

　シングルオーダーピッキングにおいては、各ピッカーは1度に1オーダーのピッキングを完了する。ピッカーツーストック（作業員またはロボットピッカーが、電動ローリフト、パレットけん引車またはフォークリフトを使って商品の保管ロケーションに移動する）システムの場合、シングルオーダーピッキングはちょうどスーパーマーケットに買い物に行って、買い物リストに載っているアイテムをカートの中に蓄積していくようなものである。各買い物客は、自分の買い物リストのみに集中すれば良いのである。

　シングルオーダーピッキングの最大の利点は、オーダーが分割してピッキングされず、オーダーの完全性が保たれることにある。最大の欠点は、ピッカーが1つのオーダーをピッキングするために、ウェアハウスの中でかなり長い距離を移動する可能性があることだ。行数が少ないオーダーの場合、1行当たりの歩行時間は長くなる可能性があるのだ（アイテム数の多いオーダーの場合、シングルオーダーピッキングは効率的なピッキングツアーを形成するかもしれない）。ただし、ピッキングを効率化するためオーダーを蓄積するバッチピッキングを採用すると、レスポンスタイム要件を満足できない場合がある。例えば、緊急オーダーの場合、顧客サービス要件が効率要件に優先され、シングルオーダーピッキングすべきである。

b. バッチピッキング

　バッチピッキングは、自分の買い物リストの他に、何軒かの隣人の買い物リストを一緒に持って、スーパーマーケットに買い物に行くようなものである。つまり、1回の買い物で、複数のオーダーを完了することができるのだ。結果として、あるアイテムをピッキングするための歩行時間は、1バッチに含まれるオーダー件数分の1程度に短縮することができる。例えば、もし1人のピッカーが2アイテム／オーダーのピッキングに100フィート移動する場合、1アイテム当たりの歩行距離は平均50フィートとなる。もしピッカーが、4アイテム／2オーダーをピッキングするとしたら、1アイテム当たりの歩行距離は平均25フィートに短縮される。

　バッチピッキングの最大の欠点は、ピッキングしたアイテムを顧客オーダー毎に仕分ける時間と、その際にエラーが発生する可能性が高まることにある。

(3) ゾーンピッキング

ゾーンピッキングにおける主要な留意点は、1つのオーダーを複数のゾーンに分割してピッキングするため、どのようにして本来のオーダーの整合性を確立するかということにある。ゾーンピッキングには、リレー式ピッキングと、下流仕分けを伴うトータルピッキングの2つの方法がある。

a. リレー式ピッキング

リレー式ピッキングにおいては、ピッキングされたアイテムが入ったコンテナが、ゾーンから次のゾーンへと、同じ1つのオーダーが完了するまでリレー式に引き渡される（図表7.20）。リレー式ピッキングの1つの方法として、ピッキングしたアイテムが、トートまたは出荷用ケースに入れられてコンベヤ上をゾーンからゾーンへ移動するものがある。または手動でピッキングカートをゾーンからゾーンへ移動、またはけん引式コンベヤ上のパレットに載せられて移動するという方法もある。さらには、AGV、フォークリフトまたはローリフトを使ってゾーンからゾーンへ移動する場合もある。より高度なリレー式ピッキングの方法として、バイパスピッキングがあり、ピッキングするアイテムのあるゾーンだけに、コンテナを引き込む。この方法はまた、ゾーンスキッピングとも呼ばれる。

図表●7.20
リレー式ピッキングの事例

b. 下流仕分けを伴うトータルピッキング

　下流仕分けを伴うトータルピッキングにおいて、ピッカーはピッキング作業中、どのオーダーをピッキングしているかという認識はない。ピッカーたちは１ウェーブ（複数のオーダーを１つのグループにまとめ、それらをピッキングするための短い時間帯、日本ではバッチとも呼ばれる）の間、同時並行で自分の担当するピックゾーンの作業を進めれば良い。商品は通常、ピッキングするたびにバーコードラベルを貼付し、大きなカートまたはピックラインに沿って設置されたベルトコンベヤ上に置く。カート内のアイテムや出荷コンベヤ上のアイテムはシステムの下流において、商品を顧客オーダー毎に仕分けるためのソーターに投入される。下流仕分けシステムのコストは、数百万ドルに上る場合がある。そのため、リレー式ピッキングと比較して、下流仕分けを伴うトータルピッキングにより削減されるコストは、追加投資を正当化するに十分なものでなければならない。削減されるコストとは、主にピッキング生産性の改善から派生するものだ。追加投資は、下流仕分けに必要なマテハン設備および情報システムに対するコストである。

マニュアル下流仕分け（統合）：レニエワールドワイド（現リコー）の事例

　レニエワールドワイドは、売上数十億ドル規模のコピー機、ファックス、ボイスレコーダーの卸売企業である。売上の大半は、機器を設置した顧客をサポートするサービスパーツおよび消耗品の販売から生まれる。パーツと消耗品のピッキングにおいて、レニエではマニュアル下流仕分けを伴うトータルピッキングを採用している。パーツおよび消耗品は伝統的な固定棚に保管されている。各ピッカーは、固定棚の２本の通路から構成されるゾーンに割り付けられる（図表7.21）。

　ピッキングは、20分のウェーブとして複数のオーダーをグループ化し、出荷指示を出して行われる。その理由は、効率的なピッキングツアーが構築でき、またピッカーの注意力と切迫感を維持するために20分が適切な長さだからだ。各ピッカーは、特注のカートを使って自身のゾーンをピッキングしていく。各ピッキングカートは、８つのコンパートメントに分割されている。ピッキングツアーが開始される前に、ゾーンとピッカーIDの付いたラベルが貼られた空のトートをこの８つのコンパートメントに挿入する。各ウェーブの開始時に、ピッカーは自身のゾーンをロケーション順に歩くためのピッキングリストを渡

図表●7.21
レニエのマニュアル下流仕分けを伴うトータルピッキング

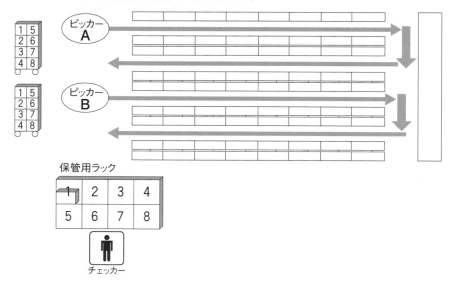

される。ピッキングリスト上の各行には、ロケーション、アイテムID、ピッキングする個数、ピッキングしたアイテムを入れるカート上のコンパートメント番号（例1－8）が記載されている。ピッキングツアーの終わりに、各ピッカーは自分たちのカートを、同じく8つのコンパートメントを持つ大きな保管用ラックのところに持っていく。各ピッカーは、自分のカート上のトートNo1を保管用ラックのコンパートメントNo1に、トートNo2をコンパートメントNo2に、というように置いていく。保管用ラックの反対側には作業員が立っており、各コンパートメント内のトートを顧客オーダー毎に統合し、ピッキングの精度をチェックした後、出荷梱包する。この運用は、マニュアルピッキングとしては、1人時当たり120行以上の高い生産性と極めて高い精度を達成している。

自動下流仕分け

　自動下流仕分けを伴うトータルピッキングの典型的なものとして、ここではピックツーコンベヤシステムを説明しよう。ゾーンピックツーコンベヤシステム（図表7.22）では、ベルトまたはローラーコンベヤがケースピッキングライ

ンの長さに合わせて設置されており、作業員またはロボットピッカーがピックラインに沿って移動しながら、保管パレットロケーションからケースをピッキングし、出荷用ベルトまたはローラーコンベヤに置いていく。通常、作業員は保管ロケーションからケースを取り出す際、バーコードラベルを各ケースに貼付していく。バーコードラベルは、下流で各ケースを顧客オーダー毎に仕分ける自動仕分けシステムを通過する際、ケースを識別するために利用される。自動仕分けシステムは、複数のピッキングゾーンから流れてくるケースを統合する合流コンベヤ、適切な間隔にするインダクションコンベヤ、そして指定されたシュートに仕分けをするソーターの3つから構成される。

図表●7.22
ゾーンピックツーコンベヤシステムの事例

7・4・2
保管ロケーションからのピッキング

　伝統的なU字型のウェアハウスレイアウト（図表7.23）は、入荷ドック、入荷仮置き、入荷検品、保管ロケーションへの格納、パレット保管およびパレットピッキング、パレット保管からケースピックラインへの補充、ケースピッキング、ケース保管からピースピッキングラインへの補充、ピースピッキング、オーダー集約、出荷仮置き、出荷ドックから構成される。

図表●7.23
伝統的なU字型ウェアハウスレイアウト

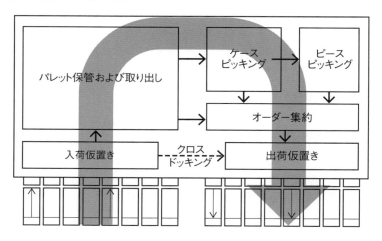

　なぜこれほど多くの異なる保管およびピッキングエリアを持つ必要があるのだろうか。なぜ、ケースピッキングとピースピッキングのために、別々のピッキングエリアを持つ必要があるのか。その理由は、広いパレット保管エリアから、ピースおよびケースピッキングをするときの生産性は、いかなる環境においても許容できないほど低いからである。専用のピッキングエリアは小さくコンパクトであり、ピッキング作業のために特別に設計され、さらには特殊な設備が設置される必要がある。結果として、これらのエリアにおけるピッキング生産性は、1アイテムの全在庫が保管されている広い保管エリアから直接ピッキングするよりも、10倍から20倍も高まるのだ。ピッキングエリアへの補充コ

ストやこの独立したスペースを設けるためのコストを考慮しても、ほとんど常に、保管ロケーションからピッキングするよりも、ピッキング生産性の向上によるメリットの方が大きくなるのである。

　今、保管エリアから直接ピッキングをしてもなお、ピッキングエリアからピッキングしたときの生産性を達成できると仮定してみよう。つまり、ピッキングエリアへの補充なしでかつ、独立したピッキングエリアのスペースも設けずに、非常に高いピッキング生産性を達成することができるのである。

大手化粧品メーカーの事例

　ピッカーの作業時間の大半は、歩行とピックロケーションの探索に使われている。ピッキングの生産性と精度を改善する最も効果的な方法の1つは、保管ロケーションをピッカーのいる場所に持ってくることである。日本のある大手化粧品メーカーは、保管ロケーションを固定されたピッキングステーションに持ってきて、トータルピッキングし、クロスベルトソーターに直接投入するシステムを導入している（図表7.24）。

図表●7.24
日本の大手化粧品メーカーにおける保管ロケーションからのピッキング

これにより、ピッカーの歩行時間はほぼ完璧に排除された。加えて、保管ロケーションにおける入荷、事前梱包、検品に伴うウェアハウス内の歩行をほぼなくすことにも成功した。高コストではあるが、このシステムは生産性と精度の向上をもたらすことにより正当化できる場合がある。

　これらのピッキング方法を選択するための意思決定にあたっては、我々は各ピッキング方法について、運用を設計し、評価し、時にはシミュレーションすることを推奨している。シングルオーダーピッキングから始まり、より高度な方法へと段階的に投資の正当性を検討すべきである。この正当化プロセスを通して、1つのピッキング戦略を選定し、導入することが重要である。

7-4-3
ピックシークエンシング

　ピッキング戦略において、ピックロケーションへのアクセス順の決定（シークエンシング）は、歩行時間を劇的に短縮し、同時にピッキング生産性を大きく改善することに貢献する。例えば、作業員搭乗型自動倉庫の移動時間は、ラックの上方と下方の2つに分割して、ロケーションにアクセスするだけで、シークエンシング導入前（図表7.25）よりも50%短縮することができる。ステーションから出ていく時に下方ラックのロケーションにアクセスし、ステーションに戻ってくる時に上方ラックのロケーションにアクセスするのだ（図表7.26）。

　ロケーションへのアクセスは、歩きながらピッキングする方法においてもシークエンス化すべきである。ケースピッキングの運用において1枚以上のパレットが必要な場合、ピッカーは安定したパレットロードを構築し、同時に歩行距離を短縮するために、ピッキングツアーをシークエンス化する必要があるのだ。

図表●7.25
ピックシークエンシング導入前のピッキングツアー

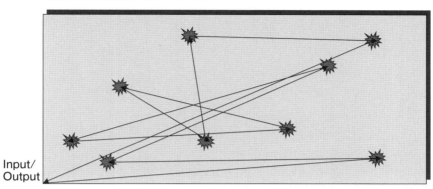

図表●7.26
ピックシークエンシング導入後のピッキングツアー

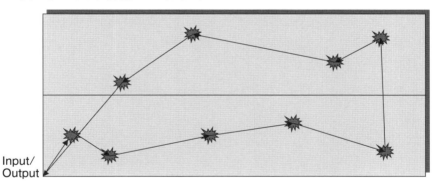

第8章
サプライチェーン・アウトソーシング戦略

RightSource™

数年前、我々は世界最大の小売業の1つから、彼らの3PL契約の見直しを依頼された。この契約は、米国内のDCネットワーク全体を、完全にアウトソーシングすることに向けたものだった。その当時、それは小売サプライチェーンにおける最大規模のアウトソーシング施策の1つであった。契約書は、私が今までこの業界で25年以上仕事をしてきた中で、最も複雑で難解なものであった。私は、ほとんどすべての文章に対し、赤字で訂正を入れたと言っても良いほどだった。

この会社のサプライチェーン・チームと契約書の見直しをする日がやってきた。CSCO（最高サプライチェーン責任者）が、この会議用の長いテーブルの端に座っていた。私は、その同じテーブルの反対側の端に座っていた。チームメンバーは、テーブルの両端の私とCSCOの間に座った。ミーティングが始まると、すぐに、私が目の前に置いた契約書に関心が向けられた。私は、45ページにわたりチェックしたドキュメントを素早くめくることから始めた。私はチームに対して、今読者に言ったことを伝えたのである。それは、この契約書は私が今まで出合った文書の中で、最も複雑で難解なものであったということである。会議室には、長い重苦しい沈黙が支配した。私はそれから、「契約書を見直す前に、"アウトソーシングへのモチベーションは何だと思いますか?"」と質問した。続けて、「この契約書の中には、モチベーションを見つけることができず、それが契約書に使われている言葉を非常に難しくしているのではないかと考えている」と言った。会議室の中に、さらに重い沈黙と気まずい雰囲気が広がった。すると突然、CSCOが笑いだした。その後、私を除く全員が堰を切ったように吹き出したのである。私は彼らに、何がそんなにおかしいのかと尋ねた。CSCOが、ついに白状した。彼は、「実は、我々にもなぜロジスティクスをアウトソーシングするのか、よく分からないのです。CEOが、"ロジスティクスは自分たちの苦手とする領域だ。私たちよりも良い仕事をする3PL企業を探すように"と命じたからです」と説明した。

それでも私はまだ納得できなかった。我々は何年にもわたり、ベンチマーキング調査を実施しており、私はこの会社が小売業界の中でも、ロジスティクスパフォーマンスおよび革新性においてトップクラスの企業であることを知っていたからだ。私は、チームメンバーに対し、彼らがロジスティクスにおいて、業界でもトップクラスであり、さらに、もしロジスティクスをアウトソーシングしたら、それは彼らのコアコンピタンスを外部に流出させることになると伝

えた。なぜなら、彼らのロジスティクスのパフォーマンスおよび革新性は、この会社の財務パフォーマンスおよび競争力にとって不可欠なものだったからだ。彼らは、もしそれが本当なら、彼らのロジスティクスについて何をすべきか知りたいと言った。私は、彼らの持つ競争優位性を活用し、それに投資すべきであると推奨した。この私のアドバイスは、彼らをアウトソーシングの呪縛から解放し、勇気付けることになった。CFO（最高財務責任者）も、この会議に参加しており、さらに彼がその日の午後招集する役員会において、契約書に関する私の所見と推奨事項を共有するように依頼してきたのだ。その役員会においても、参加者は皆救われた感を示した。後日、ロジスティクスのアウトソーシングを強要したCEOがその職を解かれたことが明らかになった。後任のCEOは第三者による契約書の見直しを指示したのである。

　プロジェクトチームの大きな心配事の1つは、締結直前の段階にあった契約書をどうしたら良いかということであった。私は、3PL企業に対し率直に状況を説明することを勧め、3PL企業が提案書を作成するためにすでにかかったコストについては負担すればよいと提案した。幸いなことに、この3PL企業は、我々の提案を素直に受け入れ、友好的な和解が成立したのである。

　このクライアント企業は、この後、我々にロジスティクスパフォーマンスにおける彼らの競争優位性を活用し、さらにそれを拡大するためのサプライチェーン戦略および投資提案を依頼してきた。これが、グローバルネットワーク最適化、革新的なDCオペレーションコンセプト、そして小売業界をリードするサプライチェーン情報システムの開発につながっていくのである。

　以上のことから、アウトソーシングへのモチベーションは、もし、いつ、そしてどのようにロジスティクスをアウトソースするかという質問に答えるためのカギとなるものだと言える。

　本章では、アウトソーシングに対する健全なモチベーションに関する内容から始め、その後、関連する正当化および3PL企業選定について解説していく。

8-1
アウトソーシングへのモチベーション

　私はいつも、サプライチェーン・アウトソーシングのセミナーを始めるとき、参加者に対しアウトソーシングへのモチベーションについて質問することにしている。その経験によると、最も一般的で健全なモチベーションは、以下の通りである。
（1）コアコンピタンスに注力するため
（2）新しい市場を開拓するため
（3）短期的なサプライチェーン・リソースの活用のため
（4）競争力を改善するため
（5）新しいテクノロジーを活用するため
（6）ロジスティクスマネジメント能力を獲得するため
（7）より適正な料金の設定を可能にするため
（8）戦略的投資を見直すため
（9）サプライチェーンの複雑性の拡大を管理するため

（1）コアコンピタンスへの注力
　コアコンピタンスに注力することは、サプライチェーン活動だけでなく、他のいかなる活動をアウトソーシングするときにも、最も一般的に見られる理由である。これは、企業が自分たちのコアコンピタンスが何かを理解し、それが何であるべきかを認識している限りは、健全なモチベーションである。
　ウェブスター辞典によれば、「コア」とは「何かの基本、なくてはならないもの、永続的なもの、核となるもの」である。「コンピタンス」とは、「必要もしくは十分な能力または品質を持っていること」である。2つの言葉を繋ぎ合わせると、「コアコンピタンス」とは、「なくてはならない能力または素養」という意味になる。

大手バイオテクノロジー会社の事例

　世界で最も進んだバイオテクノロジー会社の1つが、我々に広範囲にわたるサプライチェーン活動におけるアウトソーシングの妥当性を評価するための支援を依頼してきた。なぜなら、彼らは自らの投資および人材を、より自分たちのビジネスのコアコンピタンスである、ヒトゲノムに関する画期的な研究に集中することができると考えたからである。この会社に対するRightSource™診断結果を図表8.1に示す。我々の診断ツールは、各サプライチェーン活動のアウトソーシングに関する妥当性を評価するものである。この事例の場合、診断ツールは、ロジスティクスのマテハンに関わる多くの活動について、アウトソーシングすることの妥当性を示していた。これらの活動は、3PL企業に対する、公式のそして効果的なRFP（提案依頼書）の提案依頼事項となったのである。

図表●8.1
大手バイオテクノロジー会社の RightSource™ 診断結果の事例

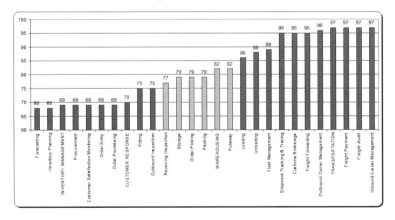

大手半導体製造装置メーカーの事例

　数年前、半導体製造装置の設計、製造、マーケティング、サービスを提供する企業が、庫内作業をアウトソーシングする妥当性および実行可能性を評価するため、我々に支援を依頼してきた。先ほどの事例と同様に、彼らのコアコンピタンスは、サプライチェーン・ロジスティクスではなく、またそうであるべきでもなく、それは、半導体製造機器のエンジニアリングにあると我々は確信

していた。

この企業のための、RigthSource™ 診断の結果を図表8.2に示す。入荷、荷降ろし、格納、ピッキング、梱包については、アウトソーシングが妥当である。反対に、入荷検品、出荷監査、出荷検品、返品処理の作業は、詳細な製品知識が求められるため、アウトソーシングすることは妥当ではないという評価だった。庫内作業には、アウトソーシング向きのものとそうでないものが存在するのである。

図表8.2の診断結果に基づき、3PL企業の従業員とこの会社の従業員が並行して作業をする共同運用モデルを開発した（図表8.3）。結果として、3PL企業とこの会社の企業文化が一致していたために、継続的に低コストかつ高品質な運用が可能になったのである。

図表●8.2
大手半導体製造装置メーカーのための RightSource™ 診断の事例

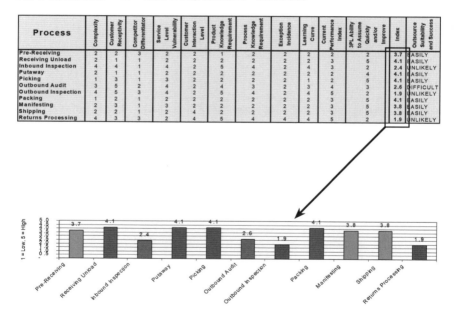

図表●8.3
大手半導体製造装置メーカー DC の共同運用モデルの事例

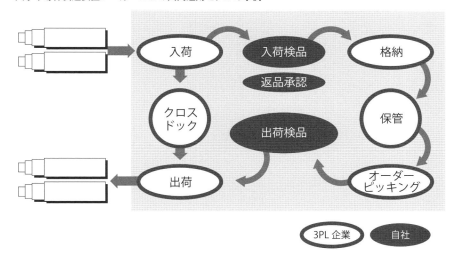

(2) 新しい市場の開拓

　あるサプライチェーン・シナリオにおいては、企業は自分たちがまだサプライチェーンの専門知識やインフラをもっていない新しい地域で、顧客開拓しなければならないことがある。その地域での営業を開始するために、この会社が自社インフラの正当化に十分な売上規模に達するまで、またはその地域に関する十分なサプライチェーンの専門知識を獲得するまでの間、3PL企業にアウトソースする場合が考えられる。

　数年前、ある工業用サプライを扱うクライアントが、我々にグローバルネットワーク戦略の構築支援を依頼してきた。同社はクリーブランドに本社を置き、そこから全ヨーロッパおよびアジア市場へ製品の供給を行っていた。彼らのアジア市場におけるビジネスは、かなり急激な成長を遂げており、アジアにおけるロジスティクスハブの必要性を感じ始めていた。そうすることで、顧客サービスの改善と、サプライチェーン・コストの削減が可能になると直感していたからだ。こうした彼らの直感は、論理的なものだった。確かに、それはより速く、低コストでアジアのハブからアジアの顧客にサービスを提供するものに見えた。だが、現実にはそうはならなかった！

我々は、このプロジェクトにおいても、いつもするようにいくつか候補となるシナリオを定義した（図表8.4）。

　彼らのアジアでの売上の半分以上は日本において発生していたため、候補のシナリオの1つは日本にハブを置くものだった。ところが、日米の出荷スケジュールの組み立ての違いによって、日本から他のアジアの顧客にサービスするよりも、クリーブランドから直接出荷した方が、短いリードタイムを達成できたのだ。加えて、日本のスペースコストおよび人件費の高さ、さらにはハブを加えることでハンドリングも増えたため、サプライチェーン・コストはかえって高くつくことが明らかになった。

　シンガポールは、彼らにとってアジアで2番目に大きな市場であり、同地は優れたロジスティクスハブでもあったため、シンガポールにハブを置くというシナリオも検討されることになった。シンガポールハブのシナリオは、若干顧客サービス面での優位性を提供（最悪のシナリオよりも、リードタイムは半日短くなった）したが、それでもコスト的に高くつくものだった。このシナリオの場合、年間50万ドル余計にコストがかかることが分かったのだ。最悪のシナリオよりも、半日速いサービスを提供できることは、はたして50万ドルを投資する価値があるだろうか。それこそが経営陣の答えるべきことだった。この事例の場合、小さな配送センターにおいて3PL企業を使ったパイロットプログラムを実施し、結果をモニターするよう提案した。今のところ、クリーブランドから出荷するというシナリオがますます魅力的になってきている。

　サプライチェーン・ロジスティクスは、非線形なものであり、しばしば、直感に反する結論が正しい場合がある。相互に依存する関係が多く含まれるほど、非線形で非直感的な結論になることが多いのだ。したがって、企業それぞれのサプライチェーンの状況を考慮する、広範で包括的な分析モデルを使って検討することが重要なのだ。

図表●8.4
アジア - 太平洋ネットワーク最適化の事例

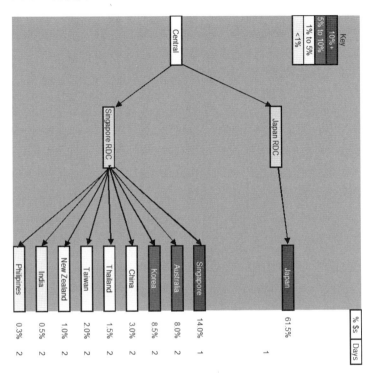

(3) 短期的なサプライチェーン・リソースの活用

すべてではないにしろ多くの企業が、オペレーションの劇的なピークと谷を経験している。ピーク要件の期間と大きさにより、それを補うために一時的にリソース（スペース、労働力、設備）のアウトソーシングを活用することは、理にかなっている。

我々のクライアントの中に、大手冷凍食品メーカーで世界最大の冷凍パイメーカーがある。同社のパイの大半は、感謝祭からクリスマスまでの期間に、消費者により購入され、これは販売期間が、わずか30日程しかないことを意味する。この期間の需要は、残りの335日間の需要と比べて非常に大きくなる。通常、メーカーの生産能力はこのピーク時期の需要に合わせてあり、残りの11か月間生産機械はほとんど動いていない状態になる。ところがこの会社は、1年を通してかなり平準化された量のパイを作り、シーズンのピークに向けて蓄積在庫を3PL企業の倉庫に保管していった。この蓄積在庫の事例を図表8.5に示す。

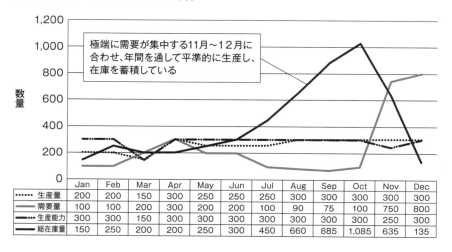

図表●8.5
大手冷凍食品メーカーの在庫ピークの事例

極端に需要が集中する11月〜12月に合わせ、年間を通して平準的に生産し、在庫を蓄積している

	Jan	Feb	Mar	Apr	May	Jun	Jul	Aug	Sep	Oct	Nov	Dec
......生産量	200	200	150	300	250	250	250	300	300	300	300	300
——需要量	100	100	200	300	200	200	100	90	75	100	750	800
-・-・生産能力	300	300	150	300	300	300	300	300	300	300	250	300
——総在庫量	150	250	200	200	250	300	450	660	885	1,085	635	135

(4) 競争力の改善

新しい競合の台頭により、アウトソーシングを通してしか得ることができな

い能力を迅速に獲得することを求められることがある。数年前、世界最大の通信会社の1つが、彼らの展開しているある地域の規制緩和により、新たに参入した競合に対し、重大な弱点をさらけ出したために、我々に支援を求めてきた。この会社のサプライチェーン・プラクティスギャップ分析の結果を図表8.6に示す。長年にわたり規制に守られ、競争を経験してこなかったこの会社は、サプライチェーンのすべての側面において、独善的になっていた。我々は、彼らのサプライチェーン・プラクティスとテクノロジーを、競争力のある水準まで引き上げるのに、2年間で約2400万ドルの投資が必要になると試算した。ただし、彼らには2400万ドルも、2年間の時間的猶予も許されていなかった。さらなる新しい競合が、この12か月間に生まれていたからである。彼らにとって、唯一の合理的な決断は、必要とされる能力を持つ3PL企業に、彼らのサプライチェーンをアウトソースすることであった。その後のサプライチェーンの再構築およびアウトソーシングの結果は、今日に至るまで、通信業界における最大規模のサプライチェーンの変更であり、それは今でも順調に機能している。

図表●8.6
大手通信会社のための RightChain® プラクティスギャップ分析

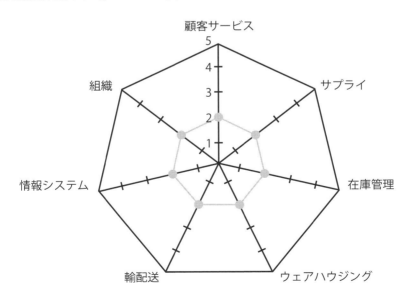

(5) 新しいテクノロジーの活用

アウトソーシングの最も一般的なモチベーションの1つは、通常初期投資が負担できないほど大きくなる場合や、1回限りの初期投資では正当化できないような高度なテクノロジーを獲得することである。ここでは、2つの事例を紹介しよう。

最初の事例は、BPの事業部の1つが、運賃の監査と支払を自動化するためのシステムを検討したときのものである。私はコンサルタントとして、新しいシステムに投資する代わりに、すでに同様なテクノロジーに多大な投資をしてきている運賃監査・支払会社へのアウトソーシングを提案した。このアウトソーシング決定により、大きなシステム投資や導入にかかるコストと時間の排除に成功し、かつ運賃請求書の処理コストも、1件当たり1.14ドルから0.76ドルへ低下したのである。

もう1つは、ある大手サービスパーツ企業が、彼らのERPの一機能としてWMSに投資するか、または独立したWMSに投資するか、3PL企業へ委託するかの検討をしていた時の事例である（図表8.7）。この事例の場合、新しいWMSの機能を獲得するために要する導入コストおよび時間を削減することが最優先事項となっていることが分かる。コスト的には独立したWMS②が最も節約額が大きかったが、導入期間も考慮した総合的な判断で、3PL企業②にアウトソーシングすることを勧めたのである。

(6) ロジスティクスマネジメント能力の獲得

数年前、ある大手小売業が、ロジスティクスマネジメント能力に関するアドバイスを受けるために我々にアプローチしてきた。彼ら自身は、ドライバーや庫内作業員といった大きなロジスティクス労働力、彼らを監督するためのシステム、彼らの仕事を支援するための設備や施設、車輌を管理する能力を持ち合わせていないという結論に達していた。彼らは我々に、必要なマネジメント能力を獲得するために何が必要かアドバイスしてくれるよう依頼してきた。それに対し、私は、すべての活動をアウトソーシングすることを検討し、大手3PL企業からマネジメント能力を獲得することを提案した。

最終的には、我々はこの会社のトータルサプライチェーン・コストを15％削減し、新しいロジスティクステクノロジーへのシームレスな移行を可能にし、さらにこの会社のロジスティクス資産を引き受けることになる3PL企業を見

図表●8.7
大手サービスパーツ企業のためのRightSource™診断の事例

	現状	ERPのWMS	独立したWMS①	独立したWMS②	3PL企業①	3PL企業②
ⓐ年間トータルサプライチェーン・コスト	$43,200,000	$40,000,000	$34,800,000	$33,299,999	$36,100,000	$35,600,000
ⓑ年間トータルITコスト	$3,900,000	$2,400,000	$2,900,000	$3,300,000	$1,700,000	$1,500,000
ⓐ+ⓑ	$47,100,000	$42,400,000	$37,700,000	$36,599,999	$37,800,000	$37,100,000
現状に対する年間節約額		$4,700,000.00	$4,700,000	$5,800,001	$4,600,000	$5,300,000
節約率		9.98%	11.08%	13.68%	10.85%	12.50%
システム導入費		$17,300,000.00	$8,300,000	$7,200,000	$5,100,000	$4,800,000
投資回収期間[年]		3.68	1.77	1.24	1.11	0.91
		19.96%				
		0.88				
ソリューションリスク	4.5	0.69	3.0	3.0	3.5	2.5
顧客サービスへの影響	2.5	0.55	4.0	4.5	3.5	3.5
POPへの影響	2.0	0.48	4.0	4.0	3.5	3.0
サプライチェーン可視化への影響	1.5	3.0	4.5	4.5	4.0	3.5
生産性への影響	1.0	2.5	4.0	5.0	3.5	3.0
システム導入に要する期間		中	最長	長	短	最短

つけることにも成功した。このクライアント企業の文化は、従業員や資産よりも、サプライヤー管理を重視していたため、この3PL企業との契約は両者に大きな利益をもたらすこととなった。それはまた、アウトソーシングすることによってこの小売業の歴史の中で初めて、ロジスティクスにどれほどのコストがかかっているかを認識することを可能にしたのであった。

(7) より適正な料金の設定

もう1つのアウトソーシングの最も一般的なモチベーションは、3PL企業が持つ規模の経済性に基づき、料率（運賃、賃金、賃料、仕入れ原価など）を交渉することでコスト削減を目指すものである。

米国のホンダサービスパーツにおいて、最も大きなサプライチェーン・コストの1つは、ディーラーへの、そしてディーラーからの輸配送コストである。ほとんどのディーラーはお互いが非常に隣接して立地している。仮に多くのディーラーへのパーツの配送をまとめれば、輸配送コストを劇的に削減することができる。

ホンダに対するRightSource™診断（図表8.8）は、インバウンド輸配送がアウトソーシングに適した活動であることを示唆していた。そこで、この活動について入札を行い、その結果、輸配送コストは8％削減され、同時にサービスレベルも改善することができたのである。これらが達成できた理由は、すでに配送網と定期便が確立されている3PL企業にアウトソーシングすることで、低い運賃で配送することができたためである。

輸配送をアウトソーシングしてから約2年後、ある業界カンファレンスにおいてホンダのCSCOに出会った。私は、その後、あのアウトソーシングがうまく行っているか尋ねた。彼は、「あの3PL企業は切って、他の3PL企業を使っている」と答えた。私は、最初の3PL企業が開始当初から1年あまりは、良い仕事をしていたことを知っていたので、なぜ彼がこの会社を切ったのか尋ねた。すると彼は、「彼らは、我々に対し大きすぎる節約をもたらしたからだ」と答えた。私は、もっと詳しく説明するよう言った。最初の契約書は、節約することが重要であると謳っていたが、サプライチェーン・スケジュールの中で集荷と配送については、コスト削減よりもサービスを重視するよう明記していた。ところが、この3PL企業は、集荷と配送についてもコスト削減のみに目を向けたため、サプライチェーン全体に混乱を引き起こしたのだ。開始当初は、

図表●8.8
ホンダサービスパーツのための RightSource™ 診断の事例

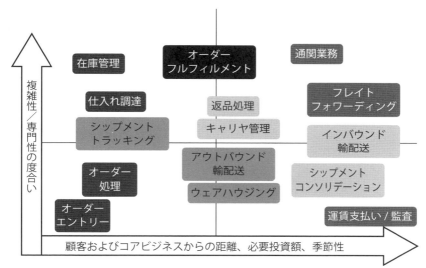

契約交渉で大きな役割を果たし、さらに自動車業界に精通していた最初の担当責任者の指揮の下、すべてが順調に稼働し、ホンダは大きな節約を達成することができたのだ。ところが、契約開始から約18か月が経った頃、この3PL企業は担当責任者を、配送スケジュールの信頼性よりも、利益確保を最優先する人間に代えたのだという。そしてこの新しい担当責任者になって数か月間に、集荷と配送ミスが頻発したのである。CSCOがこの担当責任者にこれらのミスについて問いただしたところ、彼はホンダがさらに大きな節約を達成したと自慢げに報告したのだった。彼らの会話は長くは続かなかった。そして、この3PL企業との関係も同様であった。契約書で合意された条件とホンダのサプライチェーン・スケジュールの重要性を尊重する新しい3PL企業が見つかり、今日に至っている。

(8) 戦略的投資の見直し

　もう1つ多くの企業に共通して見られるアウトソーシングへのモチベーションは、より戦略的またはより良いパフォーマンスを発揮する資産へ資本を再配分することである。

BP ファブリクス & ファイバーの事例

　BP ファブリクス & ファイバーは、BP の関連会社の 1 つである。彼らは、カーペットの裏地に使われる、ポリプロピレンをベースにした繊維および織物を製造している。この会社では新社長が就任すると必ず、「なぜ輸配送フリート（トラック、船舶、航空機など）とドライバーをアウトソーシングしないのか」と質問した。この事例の場合、この会社のフリートは非常にうまく管理され、高い安全性、高効率、顧客志向だったために、フリートのアウトソーシングが正当化できなかったのである。事実、彼らは自社フリートが、最も利益性の高い資産であり、新たな追加投資の対象の 1 つにさえなることを認識したのだ（図表8.9）。

図表●8.9
BP ファブリクス & ファイバーのための RightSource™ 診断の事例

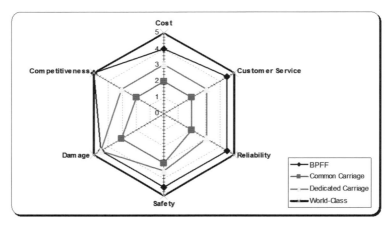

サータ シモンズ ベディングの事例

　M&A はしばしば、アウトソーシングのきっかけとなる。サータとシモンズが合併したことで、2 つの全く異なる輸配送部門を 1 つの会社に取り込むことになった。サータは、米国内の工場と家具店舗を自社フリートで結ぶことで成功してきた歴史を持つ。一方、シモンズは、米国内の工場と小売店舗をつなぐために 3 PL 企業と専属契約を結ぶことで成功してきた歴史を持っていた。合併後の組織はまた、大型工場のベッドの組み立て自動化への多額な投資の最中

であり、できるだけ多くの資金をそれに回したいと考えていた。

　我々は、2つの輸配送モデルのどちらを採用するか、意思決定の支援を依頼された。そこで我々は、フルインソーシング（すべて自社で実施）から、フルアウトソーシングまでの5つの輸配送シナリオで評価するよう推奨した（図表8.10）。最終的に、工場毎にインソース／アウトソースの混在するシナリオを選定し、2社のロジスティクス部門の得意分野を生かすことによりうまく稼働している。

図表●8.10
サータ シモンズ ベディングのための RightSource™ 最適化の事例

	機能	シナリオ1（フルアウトソーシング）	シナリオ2	シナリオ3	シナリオ4	シナリオ5（フルインソーシング）
フリート管理	フリートの買い替え	アウトソース	アウトソース	アウトソース	アウトソース	インソース
	フリート売却と購入					
	修理および保全					
	フリートの追跡と可視化					
	フリート配備					
	資金調達計画					
	経年劣化の管理					
ドライバー管理	雇用管理				インソース	
	賃金および福利厚生					
	人員募集					
フリート事務処理と管理	ライセンス管理					
	保険					
	税金					
キャリヤ管理	キャリヤ選定			インソース		
	入札					
	年間計画					
	契約管理					
	リレーションシップ管理					
	文書管理					
	パフォーマンス管理					
	クレーム管理					
運賃管理	運賃支払い					
	運賃監査					
	超過保管料と返却延滞料					
	運賃レート管理					
アナリティクス	フリート・コンテナサイズ分析		インソース			
	ネットワーク最適化					
	KPI					
	輸配送ルートとロード計画					
	データメンテナンス					

(9) 多様化するサプライチェーン複雑性の拡大を管理する

　サプライチェーン活動をアウトソーシングするモチベーションとして一般的になりつつあるものが、多様化したサプライチェーンの複雑性の回避である（図表8.11）。

　最近我々が取り組んだ、航空宇宙産業のクライアントは、国内調達および国内販売から、グローバル調達およびグローバル販売へ飛躍的に市場を拡大している。アジア、中南米、東ヨーロッパの低賃金の労働力の活用により想定していた原価低減額を、トータルサプライチェーン・コストの拡大が上回ったために、彼らは我々に支援を求めてきた。サプライチェーン複雑性とコストに与える地理的な影響は、あまりにも過小評価されている。そしてサプライチェーン戦略に未熟な企業にとっては、その影響は破壊的なものになるだろう。

　この事例において、我々は2つの緊急措置の導入を推奨した。1つは、サプライチェーン・マネジャーに対する集中的な教育プログラムの導入であり、もう1つはすぐにグローバル3PL企業を探し、彼らにアウトソーシングすることだった。幸いなことに、この2つの措置は計画通りに進み、現在も継続中である。

図表●8.11
サプライチェーン複雑性曲線

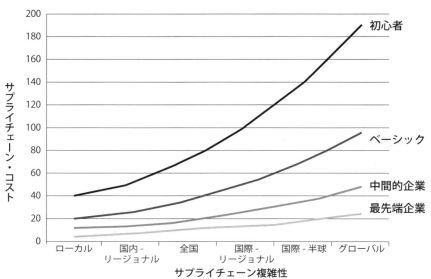

8-2
正当化および選定

　アウトソーシングに関する意思決定は、サプライチェーン戦略構築において、最も複雑で、従業員の不安をあおり、さらには企業経営そのものを左右するほど重大な決定の１つである。なぜなら、アウトソーシングは、サービス途絶リスクを非常に高める決定だからである。デルがその苦い経験から導きだしたように、一度アウトソースしてから再びインソースするよりも、全くアウトソーシングしない方がはるかに賢明である。その方向に沿って、我々は多様な分析および教育用ツールを開発し、クライアント企業をアウトソーシング決定の重圧から解放することを支援している。我々のRightSource™プログラムは、世界中のほぼすべての業界で活用されており、AT&T、ホンダ、レイセオン、リオティント、フォルクスワーゲン、ユナイテッドテクノロジー等で実施された、大規模なサプライチェーン・アウトソーシングプロジェクトの舞台裏を支えてきたのである。

（１）RightSource™ 診断

　RightSource™ 診断は、各サプライチェーン活動について、アウトソーシングの適合性に関連する30の質問により構成される。これらの質問は、多くの企業にとって困難だったアウトソーシングの意思決定に指針を与えてきた、我々の20年以上にわたる経験に基づいて構築されたものである。図表8.12にこの診断のテンプレートを示す。図表8.13は、大手食品メーカーに対するRightSource™ 診断の事例である。この事例の場合、アウトソーシングに適した活動候補は、キャリヤ管理、保管および出荷であった。これらの活動は、入札され、現在２つの異なる３PL企業により運営されている。

　RightSource™ 診断は通常、各活動を次の３つに分類する。それらは、絶対にアウトソースすべき、絶対にインソースすべき、そしてそのどちらとも言えるの３つである。最初の２つは、明白である。最後の３つ目の選択肢が、我々

図表●8.12
RightSource™ 診断のためのテンプレートの事例

図表●8.13
大手食品メーカーのための RightSource™ 診断の事例

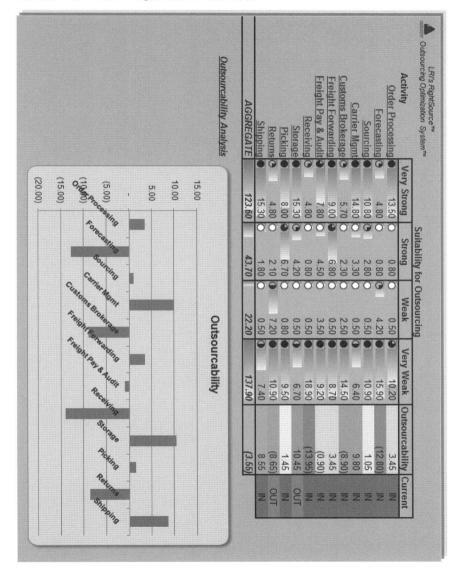

を悩ませるものである。これらについては、コストと戦略的優位性の２つの要素に基づいて、二次的な診断を実施すべきである。もしある活動が、外部委託するよりも低コストで実施され、さらに戦略的優位性を確立するものでないならば、我々はその活動については現状維持を推奨する。もし活動が、外部委託よりも低コストで実施され、戦略的優位性を確立するものであるなら、我々はその活動にさらなる投資をするよう推奨する。もし活動が、外部委託するよりも（自社で実施する方が）高コストで、戦略的優位性を確立しないのであれば、その活動をアウトソーシングするよう推奨する。もし活動が、外部委託するよりも高コストで、戦略的優位性を確立するものであれば、リード・ロジスティクス・プロバイダー（LLP）との協働を模索するよう推奨する。

（２）３PL企業の選定における落とし穴

　新しいプロセスまたはサービスを外部委託すると決定した場合、適正なベンダー（３PL企業）を選定する必要がある。残念ながら、３PL企業の選定については、一般化できる公式は存在しない。モチベーションおよび財務的なメリットは、霧に包まれている。そして荷主と３PL企業の関係の多くは、先行き不透明である。したがって、サプライチェーン戦略におけるこのフェーズは、腑に落ちないかもしれない。

　アウトソースすることで従業員の多くの仕事が失われる可能性があり、彼らの不安をあおり、反対する声が大きくなる状況の中、アウトソーシングは極めて難しい決断を要するものである。そのため、残念ながら、多くの企業は間違った意思決定を行ってしまう。事実、アウトソーシング施策の失敗率を考えると、今日の企業が間違った判断をしていると思わざるを得ない。それには、様々な理由が存在する。

　第１に、ほとんどの企業において、社名に"ロジスティクス"という言葉が含まれている３PL企業は、社内のロジスティクス部門よりも優れているという既成概念が存在する。第２に、"世界一のワンストップサービスを提供する"といった、３PL企業の誇大広告によって、アウトソーシングを後押しするような風潮が生まれてきたことが挙げられる。３番目の理由は、荷主の間で誰もアウトソーシングが失敗したことについて語りたがらないことがある。第４に、もしあなたが社内ロジスティクス部門に属しているとしたら、自分の仕事を奪おうとしている３PL企業を、本当に支援したいと思うだろうか。最後に、私

が最も重要だと考えていることは、3PL企業もしくはコンサルタント以外は誰も、アウトソーシングの意思決定に携わった経験が無いということである。これらの人々を支援することが、我々の仕事なのである。

(3) 3PL企業選定のポイント

　我々は、コンピュータハードウェア、ソフトウェア、そして3PLサービスにおいて、世界最大規模のサプライチェーン・ベンダーを選定する多くのプロジェクトに関わってきた。これらのベンダー選定プロジェクトを振り返ると最終的に何らかの、恣意的な操作が行われていたように思える。ベンダー選定においてよく見られるアプローチは、ハードウェア／ソフトウェア／3PL企業に、どのベンダーを活用するかの選択を任せることである。その結果、彼ら自身のソリューションを導入するはめになったとき、ようやくユーザー企業は、この選定における客観性の欠如に驚くのである。

　我々がかつて一緒に仕事をした、あるベンダーのマーケティング戦略は、彼らのシステムを活用するクライアントにはキックバックを支払い、さらに他社ユーザーを紹介し、システムが導入された場合にもキックバックを支払うというものであった。私はこのベンダーに対し、もしこうした取引条件を私のクライアント企業に持ち込もうとするなら、すぐに袂を分かつことを伝えた。幸いなことに、このベンダーは、こうしたやり方をしていたことを反省し、その後市場において最も成功したサプライチェーン・ベンダーの1つとなっている。

　あるクライアント企業におけるマテハンベンダーの選定の最中に、CSCOの変更があった。新しいCSCOは、ベンダー選定プロジェクトチームが排除することを決定したベンダーから、キックバックを受け取っていた疑いがある人物であった。彼は、そのベンダーの再考を強く主張した。言うまでもなく、私も、この人物と彼が再考を要求したベンダーに対しては強い疑念を抱いていた。我々は、彼らの選定プロセスをしっかりと監視しておく必要があった。幸い、我々はこの会社のCOO、CEOそしてプロジェクトチームと信頼関係の構築ができており、この新しいCSCOは、ベンダー選定プロセスにおいていかなる操作もすることができなかったのである。

　もう1つのベンダー選定における注意すべき事例を紹介しよう。その事例は、ある大手小売業の物流担当役員が、DCを完全に自動化することにより、自分の野心を満足するためにベンダー選定プロセスを操作したものである。十分な

検証もされておらず、我々の検討したあらゆる財務予測が失敗を示していたにもかかわらず、この役員は、自分の息のかかったベンダーが進める、新しいタイプの自動化システムのモルモットになることを選択したのである。このプロジェクトは完全な失敗に終わり、会社自体も倒産の危機に瀕することになった。しかし、このプロジェクトの途中で、ベンダー、役員そして業界メディアにより、このプロジェクトが成功しているという発表がなされたのである。役員は、権威あるサプライチェーン業界誌の表紙に掲載され、より高い給与を約束した他社へ移っていった。後日、私は偶然この人物に会うことがあり、あのとき彼が何を達成しようとしていたのか尋ねてみた。彼は、悪びれる様子もなく、「私は権威ある業界誌の表紙に自分の写真が掲載され、より高い給与を約束する企業に移りたかったのだ」と答えたのだ。

　こうしたペテン師に騙されないために、我々はベンダー選定において、次の２つの大きなポリシーを持つように促している。
　①選定における客観性の確保
　②関係する企業間の長期的な成功

　私が到達した、これら２つのポリシーを維持するための唯一の道は、候補となるすべてのベンダーについての綿密な調査を実施し、意思決定の各段階でそれぞれのベンダーを公正に評価することである。２つの大規模なアウトソーシングプロジェクトについて、完了したRightSource™選定マトリクスの事例を図表8.14と図表8.15に示す。

図表 8.14
RightSource™ ベンダー選定ツールの事例

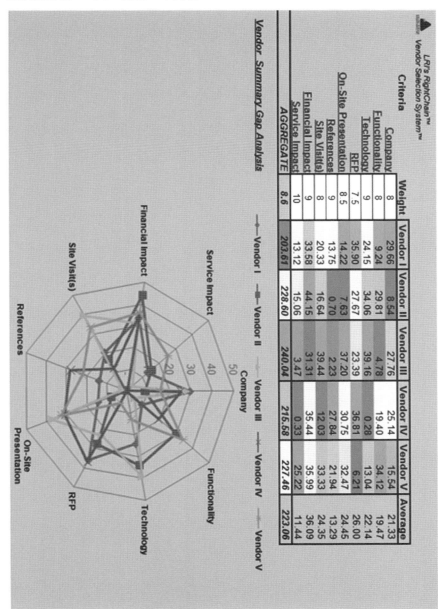

図表●8.15　RightSource™ ベンダー選定マトリクスの事例

カテゴリ	評価要素	重みづけされてない評価				重み	重みづけ評価			
		A	B	C	D		A	B	C	D
価格	価格	2.5	3	4.5	4	5	12.5	15	22.5	20
品質/継続的改善	品質/継続的改善	3	3	4	4	5	15	15	20	20
文化	文化	2	2	5	4	5	10	10	25	20
RFP	RFPドキュメント	3	4	4	3	3.5	10.5	14	14	10.5
RFP	RFPコンプライアンス	3.5	3.5	4.5	4	4	14	14	18	16
RFP	入札者カンファレンス	3	3.5	4	4	2.5	7.5	8.75	10	10
RFP	RFPプレゼンテーション	1	4	4	4	3.5	3.5	14	14	14
リスク	労働組合リスク	4	4	3	4	5	20	20	15	20
リスク	米国コンプライアンス	4	3	4	3	3	12	9	12	9
リスク	ボーイング/エアバス	4	4	4	4	4	16	16	16	16
リスク	グローバル対応力	4	3.5	3.5	4	4	16	14	14	16
戦略	スペアパーツ	4	3.5	3.5	4	5	20	17.5	17.5	20
情報システム	情報システム	3.5	3.5	3.5	3.5	4	14	14	14	14
参照	参照	2	3	4	4	5	10	15	20	20
参照	現地視察	3	4	5	5	5	15	20	25	25
実績	航空宇宙産業の実績	2.5	4.5	4.5	4.5	4	10	18	18	18
実績	製造支援の実績	4	4	5	4	4	16	16	20	16
実績	航空宇宙産業の製造支援の実績	1.5	5	5	5	4	6	20	20	20
産業ランキング	ガートナー	3	3	4	4	3	9	9	12	12
産業ランキング	施設	3	3	4	3	4	12	12	16	12
産業ランキング	テクノロジー	3	3.5	4	4	4	12	14	16	16
産業ランキング	データウェアハウス	3	3	4	3	3	9	9	12	9
スコア	平均値	2.89	3.5	4.16	4.07		11.86	14.78	17.7	17.18
スコア	中央値	3	3.5	4	4		12	14	17	16
スコア	最大値	4	5	5	5		20	25	25	25
スコア	最小値	1	2	3	3		5	8.75	10	10

第 9 章

サプライチェーン情報システム戦略

RightTech™

情報技術の高度化と、サプライチェーンの発展には、強い相関がある。CPUの処理速度と通信速度の劇的な向上、情報技術の低コスト化により、サプライチェーンの範囲、規模、そして統合化も急速に拡大した（図表9.1）。サプライチェーン・ロジスティクスの範囲、規模は、職場から、施設内、企業内、サプライチェーン、そしてグローバルへと広がりを見せている。サプライチェーンの統合化を支える情報技術は、工場内から企業内のサプライチェーンへ、さらには企業間の協業的サプライチェーン・マネジメントへと発展している（図表9.2）。サプライチェーンと情報技術の発展には、密接なつながりがあるのだ。

図表●9.1
サプライチェーンおよび情報技術の進化・発展

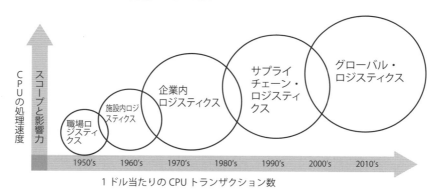

図表●9.2
情報技術と企業間サプライチェーン・システムの進化とスコープの拡大

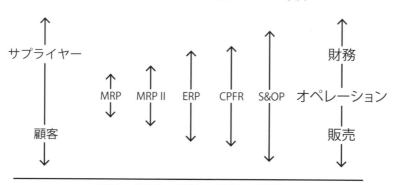

9-1
サプライチェーン情報システムの構造

　サプライチェーン情報システムには、データ、実行機能、計画機能、コミュニケーション機能、そして顧客サービス／在庫管理／サプライ／輸配送／ウェアハウジングの計画、実行、管理のためのインターフェースが含まれている（図表9.3）。

　パッケージであろうとクラウドであろうと、ERPの一部であろうと独立したシステムであろうと、サプライチェーン情報システムのソフトウェア側は、データと機能から構成される。データには、トランザクションデータ、マスターデータなどが含まれる。機能には、実行機能、計画／最適化機能、そして測定機能が含まれる。顧客サービス、在庫管理、サプライ、輸配送、ウェアハウジングの各領域に必要な機能要件一覧を図表9.4に示す。

図表●9.3
サプライチェーン情報システムの構造

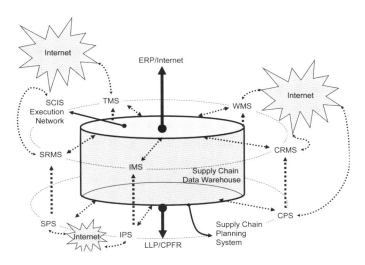

図表●9.4
サプライチェーン情報システム要件

		顧客視点のシステム	在庫視点のシステム	サプライ視点のシステム	輸配送視点のシステム	ウェアハウス視点のシステム
データ	トランザクション	売上オーダー履歴	在庫配備オーダー履歴	発注履歴、生産オーダー履歴	輸配送オーダー履歴	入荷履歴、ピッキング履歴、出荷履歴
データ	マスターファイル	顧客マスターファイル	SKUマスターファイル	サプライヤーマスターファイル	キャリヤマスターファイル	施設マスターファイル
データ	パターン	顧客プロファイル、売上オーダープロファイル	在庫プロファイル	サプライプロファイル、発注プロファイル、生産オーダープロファイル	キャリヤプロファイル、輸配送オーダープロファイル、レーンプロファイル	ウェアハウスプロファイル
機能	実行	売上オーダー管理、顧客トランザクション管理、返品承認	生産スケジュール、在庫配備、サプライチェーン可視化、MRP、DRP	E調達、発注管理、通関コンプライアンス、契約条件管理、支払、L/C、サプライヤー管理	運賃支払と監査、出荷トラッキング、運通関コンプライアンス、賃レート交渉、ルート計画、ヤード管理、フリート管理、キャリヤ管理	入荷、格納、在庫コントロール、保管、ピッキング、梱包、出荷、ドック管理、返品処理
機能	計画＆最適化	サプライチェーン・サービスポリシー、サービス最適化計画、プライシング最適化、売上管理	需要計画、S&OP、サプライチェーンプランニング、協働プランニング	サプライ計画、ソーシング最適化、リードタイム最適化、契約条件最適化	ネットワーク最適化、積載計画、入札最適化、オーダービッジング、フリートサイジング、モード最適化	スロッティング最適化、労働力最適化、レイアウト最適化
機能	指標管理	コストツーサーブ指標	在庫パフォーマンス指標	サプライヤーパフォーマンス指標	輸配送パフォーマンス指標、キャリヤパフォーマンス指標	ウェアハウスパフォーマンス指標

以下に、サプライチェーン情報システムの範囲と機能について2つの事例を紹介する。

(1) サプライチェーン情報システムの設計
我々が大手飲料メーカーのために導入した、サプライチェーン情報システム設計を図表9.5に示す。情報の流れは、次のようになる。

- ①**オーダー処理**……ルートドライバーが、タブレット端末を使ってオンハンド在庫量、予測需要、工場スケジュールを考慮しながら補充オーダーを計算し、それを小売の本部および店長と共有する。小売がオーダーに合意したら、そのオーダーは承認され、配送ルート計算のために蓄積される。
- ②**配送ルート計算**……オンデマンドの配送ルート最適化ツールが、継続的に蓄積されたオーダーのルート計算を行う。
- ③**ピッキング計画**……ルートが決定したらすぐに、処理中のピッキング計画が確定し、要員計画、補充およびピッキングツアー構築のために、WMSに送信される。
- ④**在庫**……ピッキング数量が確定したらすぐに、予測される庫内の在庫レベルおよび補充要件が更新される。
- ⑤**生産スケジューリング**……在庫および補充要件が更新され確定されたらすぐに、生産スケジュールが新しい要件に沿って更新される。
- ⑥**MRP(資材所要量計画)**……不足または過剰を認識し、それに応じて計画および調達要件を更新する。
- ⑦**発注**……調達要件および発注書が、電子的に更新される。
- ⑧**データ**……関連するすべてのトランザクションは、サプライチェーン・データウェアハウスに格納される。
- ⑨**意思決定支援**……RightChain® アナリティクスは、入力した全データに対して継続的に実行され、次に行われる意思決定会議のためにスコアボードの作成および最適化を行う。

図表●9.5
大手飲料メーカーのためのサプライチェーン情報システム設計の事例

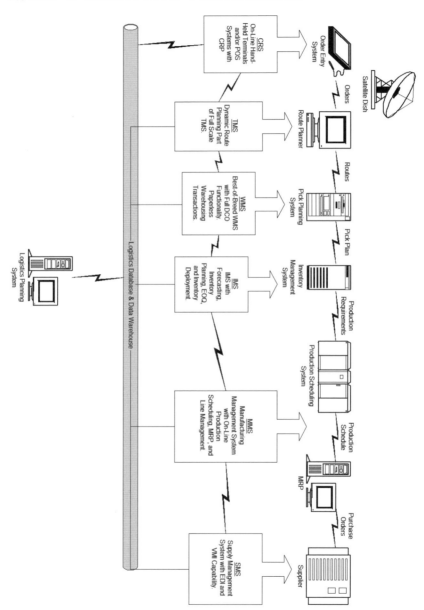

テキスタイル会社のサプライチェーン情報システムの事例

最近行った、世界最大のテキスタイル企業の1つにおけるERP導入では、複数のシステムの統合化をわずかに前進させるために、機能面で大きく後退してしまった。この大きな後退は、ほとんど彼らを倒産の淵に追い込むほどのものだった。ERPの導入により発生した機能性ギャップ分析結果を図表9.6に示す。各機能の能力のバラつきは、この会社に年間7,000万ドル近いコスト負担を強いたのである。我々は、そのERPを補助するための独立したシステムのビジネスシナリオ（図表9.7）を構築するための支援を要請されたのである。このプロジェクトの投資回収期間は、2.7年であり、そのシステム設計を図表9.8に示す。

図表●9.6
大手テキスタイル企業のための機能性ギャップ分析の事例

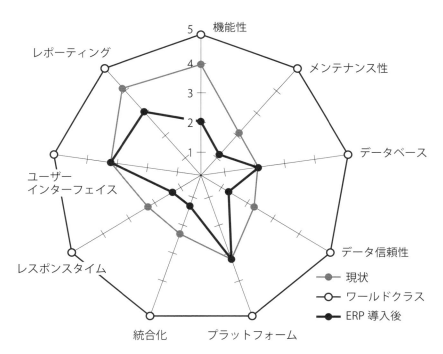

図表●9.7
大手テキスタイル企業のための独立したシステム導入のシナリオの事例

Benefit Type	Metric	Cost-Benefit Scenario			
		a Best Case	b Most Likely Case	c Worst Case	d Expected Case
	Probability	10%	60%	30%	
Business Process Improvements	PV10	$6,902,449	$2,963,712	($908,416)	$ 2,195,948
	PV13	$8,093,909	$2,246,626	($1,297,137)	$ 1,768,225
	Exposure	($2,965,000)	($4,475,000)	($5,985,000)	$ (4,777,000)
	IRR	65%	28%	5%	25%
	ROI	570%	246%	119%	240%
	DROI	387%	167%	81%	163%
	Payback(yrs)	1.3	2.5	4.3	2.9
Business Process and IT Improvements	PV10	$9,040,914	$3,673,966	($434,913)	$ 2,977,997
	PV13	$7,739,547	$2,874,449	($878,588)	$ 2,235,048
	Exposure	($2,965,000)	($4,475,000)	($5,985,000)	$ (4,777,000)
	IRR	69%	32%	8%	28%
	ROI	620%	271%	131%	264%
	DROI	421%	184%	89%	179%
	Payback(yrs)	1.3	2.3	4	2.7
Business Process & IT Improvements and Millenium Cost Avoidance	PV10	$9,661,304	$4,707,949	$1,012,663	$ 4,094,698
	PV13	$8,339,755	$3,874,797	$521,898	$ 3,315,423
	Exposure	($2,266,720)	($3,311,200)	($4,355,680)	$ (3,520,096)
	IRR	81%	43%	17%	39%
	ROI	812%	367%	180%	355%
	DROI	551%	249%	123%	241%
	Payback(yrs)	1.1	1.8	3.1	2.1
Business Process, IT and Productivity Improvements and Millenium Cost Avoidance	PV10	$10,839,129	$5,476,814	$1,427,503	$ 4,798,252
	PV13	$9,380,884	$4,554,428	$888,593	$ 3,937,323
	Exposure	($2,266,720)	($3,311,200)	($4,355,680)	$ (3,520,096)
	IRR	87%	47%	19%	43%
	ROI	893%	403%	195%	389%
	DROI	606%	274%	133%	265%
	Payback(yrs)	1	1.7	2.9	2.0

図表 9.8
大手テキスタイル企業のためのサプライチェーン情報システム設計の事例

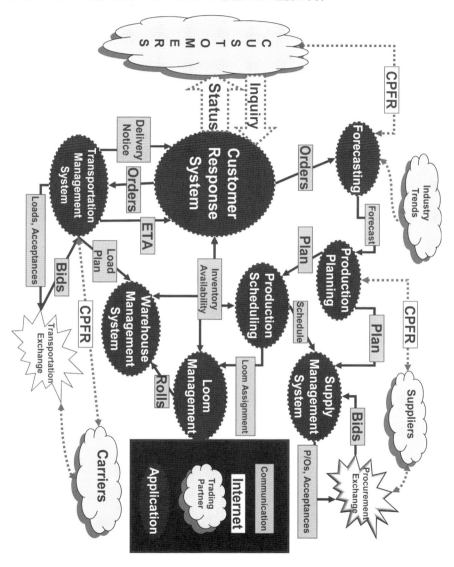

9-2

データ戦略 サプライチェーン・プロファイリング

　我々は通常、サプライチェーン情報システムの全体像を決める際、クラウドであれ自社運用であれ、サプライチェーン・データウェアハウスを基盤とするように推奨している。もし基礎となるデータ構造が、他の実行系および計画系のシステム要件に先行して認識され開発されれば、これらのシステムの設計、選定、導入は、はるかに容易にかつ短時間に実現でき、失敗する可能性も減らすことができるからだ。通常、ボトルネック、システムダウン、ほとんどのシステム遅延、レスポンスタイム問題の根本原因は、データへのアクセスにある。したがって、実行系および計画系システムは、選択したベンダーのデータベースと互換性が保たれなければならない。これらの理由から、我々はサプライチェーン情報システムを構築する際、サプライチェーン・データ構造の設計から始めている。

　我々が、サプライチェーン情報システムを構築する際、基礎になるデータ構造の設計から始めるもう１つの理由は、サプライチェーン・データウェアハウスが設計され、データが入力されるまで、サプライチェーン・プロファイリングおよびデータマイニングを行うことができないからだ。最大のサプライチェーン・パフォーマンスの改善機会を認識できるのは、通常データマイニングプロセスである。

(1) サプライチェーン・データマイニング

　例えば、あなたが病気になり、病院へ行き、診断してもらい、処方箋を書いてもらうとしよう。ところが、医者はあなたと話もせず、診察や血液検査をする前に、すでに処方箋を書き終えていたとしたら、どう感じるだろう。言うまでもなく、あなたは二度とこの医者の世話にはなりたくないと思うだろう。

　残念ながら、病気にかかったサプライチェーン・オペレーションの多くは、検査もテストもないまま処方箋が書かれ、その計画が実施されている。知識、

ツール、時間の欠如によって、多くのサプライチェーン改善プロジェクトは、問題の根本原因を理解せず、また真の改善機会も模索しないまま、開始されているのだ。

サプライチェーン・プロファイリングは、需要と供給の活動におけるアイテムおよびオーダーについての体系的な分析である。プロファイリングプロセスは、"もの"と"情報"の流れにおける問題の根本原因を素早く認識し、ピンポイントでプロセス改善の機会を指摘し、プロジェクトチームの判断に客観性を与える。

正しく実行すればプロファイリングは、普段は思いつかない設計や計画を素早く導き出すことだろう。プロファイリングはまた、検討する価値のないシナリオをすぐに排除してくれる。多くのサプライチェーン改善プロジェクトが失敗する理由は、最初から機能するはずがないコンセプトをベースに進めようとするからである。プロファイリングは、新しい投資を正当化する根拠を提供する。また、プロファイリングは、社内の多くの人たちを巻き込んで進められる。なぜならプロファイリングを実施している間、プロジェクトの影響を受ける部署にいる人々に、データの提供を求め、検証し、解釈し、結果の意味を理解することを求めるのは、ごく自然なことだからである。私は常々、「**人は自分でデザインしたもののみ、うまく導入・実行できる**」と主張している。その意味で、参加している人々は、設計プロセスを支援していると言っても過言ではない。

最後にプロファイリングは、分析や検討をほとんどしていない偏向した決定について、客観的な判断を可能にし、またそれを推奨するものだ。私はかつて、"キャプテンカルーセル"と呼ばれるチームリーダーと仕事をしたことがある。データが何と言おうが、オーダーやプロファイルがどうなっていようが、会社が投資を正当化できるかどうかにも関係なく、彼は新しい設計には必ずカルーセルを導入していた。プロジェクトが成功したかどうかは、容易に想像がつくだろう。

プロファイリングは、いかなるサプライチェーン改善施策にとっても成功のカギを握るものであるが、クライアントの間では通常これは最も人気のない活動であり、同時に社内のITグループも支援したがらない活動である。これらの障害を乗り越えるため、我々は効率的な手法とクラウド型のツールを開発し、サプライチェーン・データマイニングを行うよう促している。我々は、標準的なサプライチェーン・データウェアハウス（図表9.9）およびデータマイ

図表●9.9
RightChain® データウェアハウス概念図

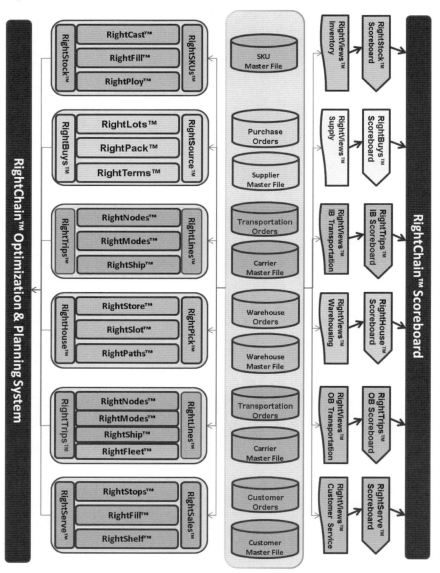

ニング要件の定義から始める。これらの要件を、図表9.10に示す。もしも、クライアントのIT部門がリソースの制約または技術的な制約のため、こうしたプロファイルを開発できない場合、我々はしばしばクラウド型のデータマイニングサービスを通じて、クライアント企業のためにサプライチェーン・プロファイルを提供している。プロファイルはクライアントが必要なファイルを送信するたびに更新されることになる。

　サプライチェーン・プロファイルは、各サプライチェーン活動における、もの、情報、金の流れについてのプロファイルで構成される。サプライチェーン活動とは、顧客サービス（顧客プロファイル）、在庫管理（在庫プロファイル）、サプライ（サプライプロファイル）、輸配送（輸配送プロファイル）、ウェアハウジング（ウェアハウスプロファイル）である。それぞれについて、以下に解説する。

（2）顧客プロファイル

　顧客プロファイルは、顧客毎およびアイテム毎に、金額、オーダー数、オーダー行数、個数、重量、容積、トラック換算数、パレット数、ケース数などの販売活動を図示するものである。顧客プロファイルは、サプライチェーン戦略における最も重要な要素の1つであり、サプライチェーン・サービスポリシーを設定するための重要な材料となる。すべての顧客、すべてのアイテムが持つロジスティクスの特性が異なるため、サプライチェーン戦略は各顧客および各アイテム固有のロジスティクス要件を反映しなければならない。

（3）在庫プロファイル

　在庫削減施策についての私の経験では、在庫が蓄積する理由をただ1つに限定することはできない。在庫の蓄積は、多くの場所で多くの理由から起こっており、そのうちいくつかは妥当性があるが、それ以外については説得力がない。在庫プロファイルは、在庫削減と同時に顧客サービスを改善する主要な機会を明らかにする。それは、サプライチェーン／または商品カテゴリー内で、過剰な在庫が蓄積しているところを特定する。在庫プロファイルは、各アイテム、アイテムカテゴリー、ベンダー、地域、イントランジット、そして合計について、回転、オンハンド日数、在庫投資金額、需要予測精度をレポートする。

図表●9.10
RightViews™ サプライチェーン・プロファイリング／データマイニング／データウェアハウス要件

プロファイル	ファイル／ソース	RightViews クエリ	RightViews プロファイル	RightViews 意思決定
RightServe 顧客在庫プロファイル	・顧客オーダー履歴 ・POSデータ ・顧客マスターファイル ・アイテムマスターファイル	・顧客および顧客拠点毎の売上……金額、個数、バレット、ケース、ピース、重量、体積、頻度 ・SKU毎の売上……金額、個数、バレット、ケース、ピース、重量、体積、頻度 ・顧客およびSKU毎の売上、ピース、重量、体積	・顧客オーダープロファイル……金額、個数、出荷 ・SKUプロファイル……顧客—ABCセグメント、出荷 ・SKUによるSKUプロファイル……金額、個数、出荷 ・SKUによるSKUプロファイル……顧客—ABCセグメント ・顧客およびSKU数によるSKU—ABCセグメント ・顧客毎の出荷頻度SKU数によるSKU—ABCセグメント	・顧客サービス指標 ・顧客セグメント ・顧客およびSKUセグメント ・サプライチェーン・サービスポリシー
RightStock 在庫プロファイル	・アイテムマスターファイル ・手持ち在庫スナップショット ・顧客オーダー履歴 ・需要予測	・手持ち在庫（拠点およびSKU毎のベンダー別／ラック別／特性別／ライフサイクル別） ・SKU毎の発注、在庫日数、回転率、床スペース、パレット、ケース、ピース、重量、体積、バレット、ケース数、ピース数、需要変動、予測精度	・サプライヤーおよびカテゴリ毎のおよびSKU毎のおよびSKU毎の需要変動プロファイル（ABCランク毎のおよびライフサイクル毎） ・SKUプロファイル……SKU出荷頻度 によるSKU出荷頻度ランキング、ベンダーランク ・手持ち在庫プロファイル（拠点およびSKU毎）デコイ毎、SKU毎）……リードタイム、需要変動、予測精度	・在庫バランスオーダーマネジメント指標 ・顧客およびSKUカテゴリー・SKUカテゴリーおよびSKU毎の予測手法 ・ロジスティクスセグメント毎の在庫前倒補充 ・ロジスティクスセグメントおよびSKUカテゴリー毎の在庫前倒補充
RightBuys サプライプロファイル	・発注履歴 ・サプライヤーマスターファイル	・サプライヤーおよび拠点毎のベンダー別／ラック別／特性別／ライフサイクル ・SKU毎の発注、オーダー体積、在庫日数、回転率、床スペース、パレット、ケース数、ピース数 ・サプライヤーおよびSKU毎の発注、行数、金額、個数、バレット、ケース数、行数	・サプライヤープロファイル……発注金額、個数、ABCセグメント、体積、行数 ・SKUプロファイル……SKU数によるABCセグメント—発注金額 ・頻度によるABCセグメント—発注金額、個数、頻度	・サプライヤーパフォーマンス指標 ・サプライヤーカテゴリー ・サプライヤー計画のためのSKUカテゴリー ・ソーシング—SKU合理化、プライマリー／セカンダリーソーシング vs. プライマリー、ベンダー数 ・メーカーバイパス分析
RightTrips 輸配送プロファイル	・出荷積載履歴 ・キャリアマスターファイル ・顧客オーダー履歴 ・サプライヤーマスターファイル	・すべての発地・着地マトリックス……頻度、体積、重量、金額、キャリア／モード別可能性、距離、リードタイム配送個数、クレーム数	・レーンプロファイル……運賃、個数、クレーム ・レーンによるABCセグメント……運賃、個数、クレーム ・キャリアによるABCセグメント……運賃、出荷頻度毎の輸配送プロファイル……発注金額、個数、ABCセグメント……インバウンド／アウトバウンド毎ABCセグメント……運賃、個数、金額 ・顧客毎のABCセグメント……運賃、個数、金額 ・個数、SKU数および出荷票毎のABC × ABCセグメント……運賃、個数、金額、体積、重量、行数	・輸配送パフォーマンス指標 ・ロジスティクス階層設計 ・ロジスティクスネットワーク設計 ・インバウンド／アウトバウンド運賃管理 ・集積化計画 ・ルーティング＆スケジューリング ・規模 ・フリート編成 ・モード＆キャリア選定 ・3PLの潜在的役割
RightHouse ウェアハウスプロファイル	・アイテムマスターファイル ・顧客オーダー履歴 ・発注オーダー履歴	・オーダープロファイル……オーダーセグメント毎の行数、金額、個数 ・SKU……頻度、金額、行数、ケース数、パレット数 ・オーダーによるアイテム間の頻度および体積ランク	・オーダープロファイル……オーダーセグメント ・SKU毎の行数、体積、個数、金額、重量 ・オーダーセグメントおよびSKU毎のピッキング ・アイテムマスターのレビューによるSKU—ABCセグメントおよびSKU—ABCセグメント ・オーダー完結プロファイル ・個数に基づくSKU—ABCセグメントおよびウェアハウスレイアウト	・ウェアハウスパフォーマンスオペレーションマネジメント指標のためのSKUカテゴリー ・スロッティング ・ストレージモード選定 ・オーダーピッキングポリシー ・ウェアハウスレイアウト

（4）サプライプロファイル

　サプライプロファイルは、SKU／SKUカテゴリー／サプライヤー／サプライヤー拠点毎に、金額、個数、ケース、パレット、トラック換算数、重量、容積、オーダー数、オーダー行数をレポートすることにより、購買／調達活動の改善機会を明らかにするものである。サプライプロファイルはまた、サプライヤーセグメンテーション、サプライヤー合理化プログラム、入荷ロジスティクス計画、メークバイ分析、そして発注プロファイリングの基礎情報としても機能する。

（5）輸配送プロファイル

　輸配送プロファイルは、輸配送レーン毎に、個数、ケース数、パレット数、トラック満載件数、重量、容積、金額に加え、さらにキャリヤ利用可能性、キャリヤパフォーマンス、オンタイム％、ダメージ率、クレーム率についてレポートすることで、輸配送戦略およびプロセス改善機会を明らかにするものである。輸配送プロファイルは、キャリヤ合理化プログラム、キャリヤパフォーマンス測定、輸配送ネットワーク設計、ルーティング／スケジューリング／混載の改善機会の評価に活用される。

（6）ウェアハウスプロファイル

　ウェアハウスプロファイルは、保管システムの設計、レイアウト、そしてオーダーピッキングの改善につなげるために、アイテムおよび顧客オーダーのパターンを明らかにするものである。ウェアハウスプロファイルには、アイテムプロファイルとオーダープロファイルが含まれる。アイテムプロファイルは、アイテムおよびアイテムカテゴリー毎の、1日、1週間、1か月、1年のオーダー数、個数、ケース数、パレット数、金額、容積、重量をレポートする。アイテムプロファイルは、保管システムおよび各アイテムの保管方法の選択と設計に活用される。オーダープロファイルは、1オーダー当たりおよびオーダータイプ（通常、緊急等）毎の個数、容積、ケース数、パレット数、金額、重量、アイテム数の分布を明らかにする。オーダープロファイルは、オーダーピッキングおよび出荷システムの設計に活用される。

　プロファイリングの事例を図表9.11と図表9.12に示す。

図表●9.11
在庫プロファイルにおける予測誤差プロファイルの事例

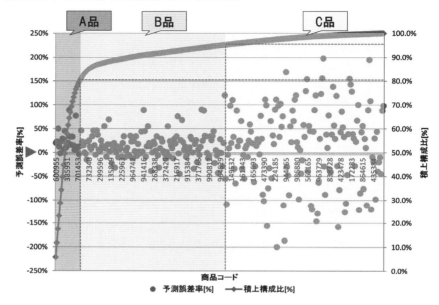

図表●9.12
ウェアハウスプロファイルにおけるオーダー完結プロファイルの事例

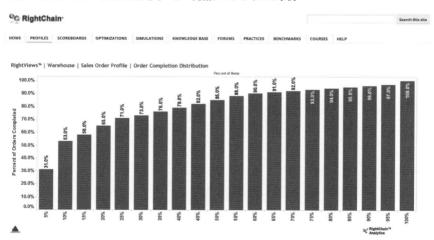

9-3 機能性戦略

　数年前、我々はある大手小売業のサプライチェーン戦略の構築を支援していた。一連の戦略会議の1つにおいて、私はこの会社のCIO（最高情報責任者）と2人きりになることがあった。彼は、私に会って、サプライチェーン情報システムの選択肢について話がしたかったと言い、さらに彼らのサプライチェーンを管理するために、数千万ドルをERPに投資することを検討しているのだと教えてくれた。彼は私に、「フレーゼル博士、このアプローチについてどう思いますか」と質問した。

　私は、自分の考えをまとめるために、彼にいくつかの質問をした。最初に、「あなたの会社の、主な活動は何ですか？」と質問した。彼は、「仕入れ、マーチャンダイジング、在庫管理、ウェアハウジング、そして輸配送です」と答えた。2番目に、「もしあなたが、それらの活動を一言で言い表すとしたら、それは何だと思いますか？」と質問した。彼は、明確に「それはロジスティクスです」と答えた。次に私は、「ERPの中で、何が一番弱い機能だと思いますか？」と聞いた。彼は、再び明確に「それはロジスティクスです」と答えた。最後に、「それなら、自分たちが一番強くしたいと考えている領域が、弱点であるシステムに数千万ドルを投資することについてどう思いますか？」と尋ねた。

　この物語の顛末はというと、彼らは結局ERPへの投資を実行したのである。その結果は惨憺たるものであった。ある時には、サプライヤーがDCにやってきて、在庫を数えなければならなかったほどである。店舗の棚からは、商品が消えていき、このERP導入の失敗から回復するために、彼らは大手金融機関から巨額の借り入れをせざるを得なかったのである。

　クライアントの機能性戦略の構築を支援するために、我々は目的関数と制約条件から構成される以下の意思決定の枠組みを構築した。

サプライチェーン情報システムにおける機能性の目的関数
　①ベンダーの数を最小化する
　②アプリケーションの数を最小化する
　③インターフェースの数を最小化する
サプライチェーン情報システムにおける機能性の制約条件
　①機能要件を満足する、またはそれを超える
　② ROI を満足する、またはそれを超える
　③導入の納期を満足する

　アプリケーション、ベンダー、そしてテクノロジーがどのような組み合わせであっても、それらの制約条件を満足し、目的関数を達成しなければならないのである。もし、サプライチェーン要件がシンプルであれば、ERP の導入で十分に対応できるかもしれない。もしサプライチェーン要件が非常に複雑である場合、独立した専用システムの導入が必要になるだろう。

9-4
コミュニケーション戦略

　毎年我々は、WMS（倉庫管理システム）の機能に関する業界の優先順位を知るための調査を行っている。ほぼ常に、優先順位のトップ3は、ペーパレスコミュニケーション、リアルタイム在庫、生産性の測定が占めている。

　なぜ、"ペーパレス"が優先順位のトップなのだろうか。世界水準のサプライチェーンを達成するためのハードルの多くは、紙およびその取り扱いに関連するものである。第1に、紙はなくしやすい。私は毎日紙をなくしている。第2に、紙は読んで情報を探し出さなければならない。ウェアハウスで紙の帳票を読む場合、ある特定の情報を見つけ出すために、膨大な情報に目を通さなければならない。第3に、情報を更新する際、紙には何かを書かなければならない。第4に、紙の上の情報は、リアルタイムで伝達することができない。結果として、在庫レベルやロケーション、作業状況などのエラーをリアルタイムで認識できず、クロスドッキングやインターリービングが困難になるか、またはできないのである。第5に、紙は印刷し、取り扱い、ファイリングするために大きなコストがかかる。第6に、紙は破れやすく、汚れやすい。ペーパレスサプライチェーンと世界トップクラスのサプライチェーンは密接なつながりがあるのだ。

　ペーパレスでリアルタイムのサプライチェーンには、それを可能にするための"一組の機器とコミュニケーションテクノロジー"が必要となる。これらの機器は、統合化されたサプライチェーン情報システムの背骨を形成するデータ収集およびコミュニケーション機器である。これらの機器は日々進歩しているため、本書では完璧にアップデートされた最先端のペーパレスサプライチェーン・テクノロジーを紹介することは不可能である。その最新情報を知るための最良の方法は、ロジスティクス業界の展示会および関連するウェブサイトを定期的に確認することである。

　次に、こうした端末や機器は急激に変化し、継続して更新されているが、そ

れらを支える一般的なコミュニケーションテクノロジーの領域は比較的安定している。第1に、ペーパレスサプライチェーンを実行するために、サプライチェーンで使われる対象物（コンテナ、ドキュメント、フォークリフト、ロケーションなど）を自動的に認識する技術が必要である。それらは"自動認識技術"と呼ばれており、OCR、バーコードおよびリーダー、電子タグとリーダー、磁気ストライプカードとリーダーが含まれる。

　第2に、サプライチェーン作業員と情報を通信する技術が必要である。それらは、"自動コミュニケーションテクノロジー"と呼ばれ、無線データコミュニケーション、デジタル表示器、音声システム、ビジョンシステム、仮想ヘッドマウントディスプレイが含まれる。

　ペーパレスサプライチェーン・コミュニケーション機器は、サプライチェーン作業員とWMSの間のインターフェースとして機能する。瞬間的に無数の情報のやり取りの中で行われる判断が、サプライチェーン全体の生産性、精度、スピードを左右するのだ。したがって、これらの機器およびシステムの設計や選定は、オペレーション全体の成功を左右すると言っても過言ではない（図表9.13）。

図表●9.13
サプライチェーン・コミュニケーションシステムの体系

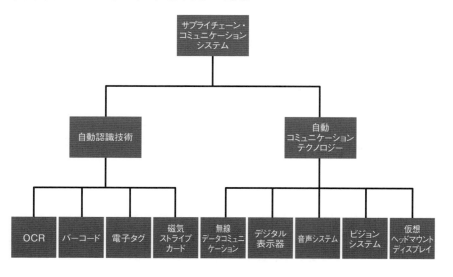

9-4-1
自動認識技術

4つの主要な自動認識技術が、サプライチェーン内で活用されている。OCR、バーコードおよびリーダー、電子タグ（RFID）およびリーダー、磁気ストライプカードおよびリーダーである。

（1）OCR

稀ではあるが、OCRは今でも一部のサプライチェーン活動で活用されている。銀行小切手の下にある数字は、OCRの典型的な事例である（図表9.14）。OCRシステムは、人間だけでなくコンピュータが情報を解釈できるように、光学的に文字情報を読み取るものである。バーコードと同様に、OCRラベルはハンディ端末または自動スキャナーにより読み取られる。OCRシステムは、バーコードシステムに比べて、価格は同程度だが、読み取り速度は落ちる。OCRシステムは、人間と機械の両方が読み取ることが必要な環境において有効である。

図表●9.14
OCR文字列

```
ABCDEFGHIJKLMNOPQRSTUVWXYZ
1234567890  $ + < > / \ ⌐ . - ¬
```

（2）バーコードシンボルとリーダー

バーコードシステムは、エンコードおよびデコードするために数字および黒いバーとスペースで構成される一組のバーコード"シンボル"、バーコードシンボルを読み取り・解釈するリーダー、そしてバーコードをラベル、ケース、ピッキング／出荷用帳票に確実で正確に印刷するプリンターにより構成される。

a. バーコードシンボル

バーコードは、一連の長方形のバーとスペースが交互に印刷されたものである。長方形のバーとスペースの組み合わせにより、様々なアルファベット／数

字を表現している。同じパターンでも、他のシンボル／コード体系においては、異なる文字／数字を表す場合がある。

　このコードは、3つの主要なグループに分類される。1次元コード、スタック型2次元コード、マトリクス型2次元コードである。

　1次元コード（図表9.15）は、最も一般的なバーコードのタイプである。コード内のすべての情報は、コードの左から右へスキャナーにより読み取られ、デコードされる。

図表●9.15
1次元バーコード

　スタック型2次元コードは、単純に1次元コードを他の1次元コードの上に積み上げたものである（図表9.16）。1次元コードと比べたこのコードの大きな利点は、小さな面積に大容量の文字／数字情報を格納することができる点にある。

図表●9.16
スタック型2次元コード

　マトリクス型2次元コードは、高密度コードとも呼ばれ、同じ領域に、上下左右のマトリクスのセルでコード化したものである。これらのコードは、1平方インチのスペースに、ほぼ1ページ分のテキスト情報を自動的にエンコードすることができる。その例としては、データマトリクス／UPSのマキシコー

ド、そして現在最も需要の大きい QR コードが含まれる（図表9.17）。QR コードは、今日のバーコードの世界において最新の大きなトレンドとなっている。QR コードは、日本で開発されたマトリクス型2次元コードの1つであり、情報密度の高さおよび URL のエンコード機能があることにより急速に普及しつつある。

図表●9.17
QR コード

バーコードは、製品、コンテナ、ロケーション、作業員、設備、そしてドキュメントを認識するために効果的に活用することができる。ただし、バーコードへの過剰な期待が、バーコードの活用そのものを目的化してしまい、あらゆるものにバーコードを使うことになる危険性がある（図表9.18）。成功のための鍵は、サプライチェーンにおける自動コミュニケーションの目的を達成するために必要なバーコード活用を最小限に抑えることである。もしバーコードを使いすぎ、スキャンする回数が多くなると、全バーコードを印刷しスキャンするためのコストおよび時間が、バーコードによるコスト、生産性および精度の改善を相殺してしまうことになりかねない。

図表●9.18
ラベルの貼り過ぎ、バーコードの使い過ぎの事例

b. バーコードリーダー

バーコードリーダーには、接触型と非接触型がある。

接触型リーダーは、読み取りのためバーコードに接触する必要がある。接触型リーダーは、携帯式または固定式があり、一般的にはペンの形を取る。作業員は、そのペンでバーコードを横切るようになぞって読み取る（図表9.19）。リーダーは、ペンから赤色光／レーザー光を照射し、バーコードから反射される光のパターンを読み取る。接触型リーダーは、キーボードまたは手入力によるデータ入力と比較して優れた方法である。一般的なリーダーでは、英数字情報は、毎秒4から24インチの速さで処理され、そのエラー率は100万分の1の割合である。

図表●9.19
ペン式の接触型バーコードリーダーの事例

非接触型リーダー（図表9.20 〜 9.22）は、固定式またはハンディ式であり、固定式ビームリーダー、ハンディ式ビームリーダー、固定式CCDリーダー、ハンディ式CCDリーダーが含まれる。非接触型リーダーは、固定ビーム、可動ビーム、ビデオカメラまたはラスタースキャンを使って、コードを横切る際に、1〜数百回の読み取りを行う。多くのバーコードリーダーは、各シンボル形式に固有のスタート／ストップキャラクタを識別し、解読する高度なデコーディング技術を使って、コードを2方向から読み取る。また、大多数のリーダーのメーカーは、自動的に複数のシンボル形式を識別し、読み取り、確認できる機器を提供している。さらに、メーカーはバーコードが通過する際、バーコードの向きにかかわらず、高速また広い視野角で読み取る能力を持つオムニディレクショナルスキャナーを開発している。このようなリーダーは、通常、高速

ソーター(仕分け機)に利用されている。

固定式ビームリーダー(図表9.22)は、固定された光源を使って、バーコードをスキャンする。このタイプのリーダーは、スキャンされる対象物がビーム

図表●9.20
ガンタイプの非接触型ハンディ式バーコードリーダーの事例:数m先まで読み取ることができる(シアーズ,アトランタ,アメリカ)

図表●9.21
非接触型ハンズフリーバーコードリーダーの事例:作業員は自由に手を使って他の作業を行うことができる(キャタピラー,アトランタ,アメリカ)

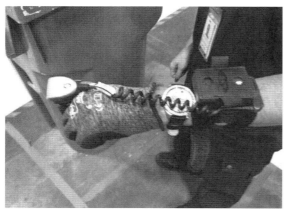

を通過することでコードを読み取る。固定式ビームリーダーの場合、すべての移動する物体に正確にコードを貼付することが重要である。

図表●9.22
非接触型固定式オムニディレクショナルスキャナーの事例：高速ソーターに使われる場合が多い

（3）電子タグ

電子タグ（無線タグ、ICタグ、RFタグ、RFIDタグなどとも呼ばれる）は、タグ内に組み込まれたチップにデータを書き込み、読み取るものである。タグが特定のアンテナの（交信）範囲内にあると、チップ内の情報がリーダー／ライターにより書き込まれ、読み取られる。タグは、書き換えたり、または永久的にコード化する（書き換えない）ことができる（図表9.23〜9.26）。一部のタグには、書き換えができず、近距離でしか読み取れないものもある。

電子タグには、耐久性が高いという利点があるため、しばしばコンテナの長期間にわたる識別に活用される。このタグは、印刷されたコードが劣化し、判読できなくなるような過酷な環境において特に有効である。

図表●9.23
電子（RFID）タグの事例

図表●9.24
タグの付いたパレット上に、タグの付いたケースが積まれ、さらに製品にも個別にタグが付けられている（出所：Cascading RFID Tags；Jeffrey D. Lindsay and Walter Reade Nov. 7, 2003）

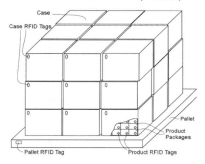

図表●9.25
入荷用パレットの ゲート型RFID タグリーダー の事例（メトロ，ミュンヘン，ドイツ）

図表●9.26
出荷トート内のアイテムの読み取りに使われる RFID タグリーダーの事例（メトロ，ミュンヘン，ドイツ）

(4)磁気ストライプカード

　磁気ストライプは通常、クレジットカードや銀行カードの裏側に使われている。磁気ストライプは、大容量の情報を小さなスペースに保存するときに使われる。それは、土や油に汚れても読むことが可能であり、また保存されたデータは、書き換えが可能である。データの読み取り、書き換えのためにはストライプに接触することが必要なため、高速ソーターのような運用には適さない。このシステムは、通常バーコードシステムよりも高コストとなる。磁気ストライプカードは現在、従業員の識別から、トレーラーの貨物の中身の識別、さらにはオーダーピッキングツアーの組み立てに至るまで活用されている。例えば、ある大手化粧品メーカーのDCにおけるピッキングツアーは、このカードにダウンロードされ、その後、各ピッキングカートに設置されたリーダーにより読み取られる。ピッキングツアー（ルート）は、カートの前方に設置されたスクリーン上の庫内レイアウトに表示される（図表9.27）。

図表●9.27
日本の大手化粧品メーカーDCにおいてオーダーピッキングに使われる磁気ストライプカードの事例

9-5
システム選定および正当化

　サプライチェーン・コミュニケーションテクノロジーは、各サプライチェーン活動に連動した固有の人間工学的特性を考慮して選定すべきである。たとえば、ピッキング作業は手を使うことが中心になるため、音声システムまたはデジタルピッキングのような、ハンズフリーテクノロジーを使った自動化に適している。ピースピッキングは、高頻度での手作業と探索が中心となるため、ランプや表示器を使って指示するシステムが適している。循環棚卸や検品は、ハンディタイプの機器が適している。各サプライチェーン活動における、コミュニケーションのタイプ、環境、そして頻度が、テクノロジー選定の指針となるべきである。最近あるクライアント企業のために開発した、サプライチェーン・コミュニケーション設計の事例を図表9.28に示す。

　サプライチェーン情報システム正当化に対する、我々のアプローチは非常にシンプルである。我々は、新システムのリソース要件およびサービスに対する影響を考慮する。十分大きな ROI が期待できるかどうか知るために、リソースの削減と品質改善による節約額の合計を定量化して示さなければならない。

　以下に2つのシステム導入の正当化事例を提示する。最初の事例は、あるウェアハウスのためのデジタルピッキング導入における、シンプルな年間節約額の分析である（図表9.29）。第2の事例は、新しい WMS 導入のための投資回収シナリオの事例である（図表9.30）。

図表●9.28
サプライチェーン・コミュニケーション設計の事例

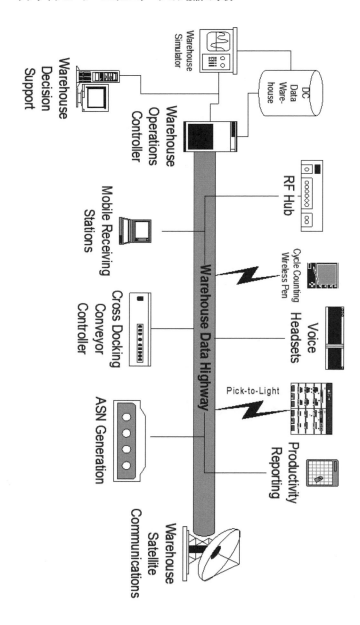

図表●9.29
サプライチェーン・コミュニケーションシステムの正当化分析の事例

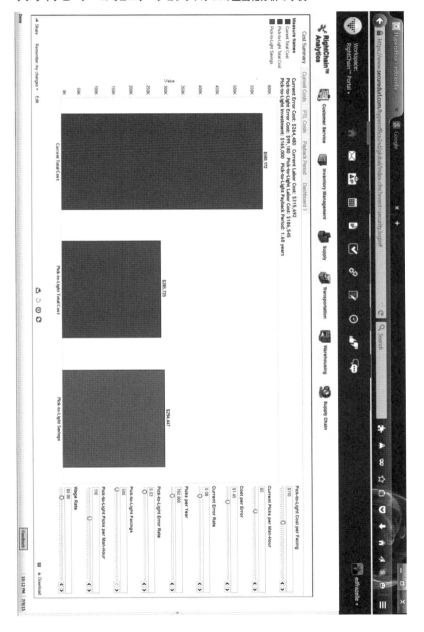

図表●9.30
WMS導入における投資回収シナリオの事例

	正当化シナリオ			
	I Labor	II I +Space	III II +Inventory	IV III +Accuracy
年間合計節約額	$2,741,457	$3,065,787	$3,264,518	$3,279,121
メンテナンスコスト（@ライセンス費*18%）	$202,701	$202,701	$202,701	$202,701
正味年間節約額	$2,538,756	$2,863,086	$3,061,817	$3,076,420
初期ライセンス費	$1,126,119	$1,126,119	$1,126,119	$1,126,119
ハンディターミナル/ヘッドセット	$1,040,748	$1,040,748	$1,040,748	$1,040,748
外注費	$775,000	$775,000	$775,000	$775,000
社内コスト	$928,000	$928,000	$928,000	$928,000
ハードウェア	$175,000	$175,000	$175,000	$175,000
合計投資額	$4,044,867	$4,044,867	$4,044,867	$4,044,867
投資回収期間	1.59	1.41	1.32	1.31

第10章 サプライチェーン組織戦略

RightTeam™

サプライチェーン・プロジェクトのわずか30% 未満しか成功していないという事実は、多くのプロジェクトの当初に作られたゴール自体が間違っていたということになる。これらのプロジェクトには、サプライチェーン再構築、施設の設計変更、３PL 企業へのアウトソーシング、輸配送ネットワークの再構築等が含まれている。もしも、これらのプロジェクトに、ソフトウェアの開発が含まれている場合には、その成功率はさらに低い15% 未満になる。こうした高い失敗率を定量的に語ることができるのは、私自身がプロジェクトの立て直しに参加してきたからである。

　私が今までに直接参加した100以上のプロジェクトと、専門家の教育プログラムを通して二次的に得た知識に基づいて判断すると、疑いなくプロジェクト、プログラムまたは企業が失敗する根本的な理由は、組織の機能不全によるものである。私が最初にこの事実に気づいたのは、全米で最大のサプライチェーン・コンサルティング会社の経営者の１人が突然その会社を辞めて、ビジネス心理学とキリスト教のカウンセリングを学ぶために学校に戻ったのを見た時である。私は、彼がこの学校を卒業した後、時々彼に顧客を紹介したが、ある時彼になぜ突然仕事を辞め、学校に戻ることを決めたのか質問した。彼は、その質問に対し、会社が完了した多くのプロジェクトが残したものは、分厚いバインダーと非常に限られた成果でしかなかったと言った。彼の見方では、導入における障害はほぼ常に組織に関連することであった。

　数年前、私はあるコングロマリットの運営委員会のためのワークショップを開催した。ここには各事業部のオペレーション担当のトップと、同社COO が参加していた。ワークショップの終わりにQ&A の時間があり、はじめにCOO から次のような質問があった。「フレーゼル博士、このミーティングで、我々はかなり大きな矛盾を抱えていることが分かりました。特に最近その傾向が強いが、それはなぜでしょうか？」。そこで私がグループの目的を質問したところ、彼は「我々は２つの大きな目的を持っている。１つは在庫を減らすこと。そしてもう１つはユニットコストを下げることです」と答えた。私は「あなたは今、自分自身の質問に答えたことになるのです。ユニットコストを下げる有効な方法は、グローバルソーシングによる低コストのソースから調達すること、そして割引のために大量に仕入れることです。しかし、これらはいずれも在庫レベルを引き上げることになるのです。これらの目的関数は両立しないものなのです」と丁寧に答えた。すると、彼らは対処方法を尋ねてきた。そこ

で私は、他のコンサルティングプロジェクトや専門教育に参加するクライアントにアドバイスするように、自身の目的関数とアプローチの見直しを提案したのである。つまり、目的関数を投資資本利益率（ROIC）の最大化と、パーフェクトオーダー・パーセンテージの改善とし、この達成のために必要となるサプライチェーン・コストを費やし、必要な在庫に投資するように言ったのだ。その結果、在庫レベルは現状よりも高くなるかもしれないし、低くなるかもしれない。つまり、在庫はそれ自体が目的関数ではなく、目的に至るための方法なのである。

　我々は、ほぼ全てのクライアントで同様の問題を目にしてきた。賢明で成熟した組織の高度な資格を持つサプライチェーンのプロは、このような実現不可能な問題の解決を求められている。また、彼らは組織全体の矛盾した施策の集中砲火に見舞われている。それらは、SKU 数の拡大、カスタマイゼーションの増加、充足率の改善、人員の削減、顧客レスポンスタイムの短縮、輸配送コストの削減、グローバルソーシングによる調達コストの削減、製造コストの削減、ソースの複数化によるサプライチェーン・リスクの軽減等が含まれる。これらは全て在庫レベルを引き上げるように機能するのだが、それにもかかわらず彼らサプライチェーンのプロは会社からリーン手法を突き付けられ、在庫削減を求められているのである。

　部門間の未調整の背後にある、こうした整合のとれていない矛盾した目的関数の設定、教育および専門家の育成不足、プランニングの不足は、究極的にはプロジェクトを失敗させ、専門家を失望させることになり、大きなストレスを生む。こうした理由により、我々のサプライチェーン組織への取り組みは、整合性、教育およびプランニングに重点を置いている。

10-1
組織の整合性戦略

　数年前、私はある大手小売業者のディストリビューション担当役員から電話を受けた。私はこれまでのベンチマーキング調査から、同社が最も効率的な小売業の1つであることを知っていたため、新しいサプライチェーン戦略支援の依頼があったことに驚いた。しかし、彼らの施設に到着したとき、その理由を理解したのである。

　私はまず、この役員にどのようにして彼の報酬が決まるのか質問した。これに対し、彼のボーナスは店舗への1個当たりの配送コストを継続的にどのくらい引き下げたかにより決まると答えた。次に、私はそれをどのように達成したのか尋ねた。すると彼は、まず低コストの輸配送モードを選択し、そのモードの中で低コストのキャリヤを見つけ、配送用コンテナが一杯になるまでコンテナをウェアハウスに留め置くことでその積載効率を最大化し、さらに店舗補充オーダーを大きなバッチにまとめてピッキングリストを発行し、ウェアハウスの労働生産性を向上させたと、答えたのである。私は彼に、ベンチマーキング調査において好成績を残していたことを覚えていると言った。しかし、彼はそのコメントに同意したものの、問題はディストリビューションが効率的過ぎることだと言った。私は、それはどういうことが聞いた。すると、店舗オペレーション担当の役員のパフォーマンスは、店舗1平方フィート当たりの売上を増やすこと、そして店内の欠品率の低さで評価されると言った。また、この会社のディストリビューションプログラムが、年間2.5億ドルの機会損失を発生させていることも、明らかになった。私はこの会社に対して、ディストリビューション部門の目的関数と、小売店舗部門の目的関数の摺り合わせが必要であると説明した。我々の取り組みは、企業内の複数の目的関数の整合性を取ることにより、あなたたちを支援することができると伝えた。

　6か月に及んだサプライチェーン戦略のストーリーを簡単に説明すると、機会損失コスト、在庫維持コスト、輸配送コスト、そしてウェアハウジングコス

トを RightChain® 目的関数に導入して彼らのサプライチェーン戦略を開発し、それにより2.4億ドルの機会損失コストの削減とトータルサプライチェーン・コストの最適化（最小化ではないことに注意）により、年間5,000万ドル以上の利益改善の達成に成功したのである。

政治的、技術的、そして文化的な理由により、サプライチェーン関連部門の整合性を取ることは、言うはやすいが、実行するのは難しいのである。既存の組織文化、組織体制、そしてビジネス環境を基にすると、サプライチェーン関連部門は自然と自分たちに合った組織モデルを模索するようになる。

組織モデルの代替案は次の通りである。

①機能的組織モデル
②事業部別組織モデル
③マトリクス組織モデル
④統合化されたサプライチェーン組織モデル
⑤グローバルサプライチェーン組織モデル
⑥分散型サプライチェーン組織モデル

10-1-1

機能的組織モデル

　機能的組織モデル、またはサイロ組織モデルは、第二次世界大戦後の製造業の組織から引き継いだものであり、現在でもアメリカのほとんどの大学において維持されている教育姿勢の延長とも考えられる。機能的管理哲学は、フレデリック・テイラーおよびフランク・ギルブレスが20世紀初頭に提唱した作業単位毎の科学的管理体制から進化したものである。典型的な機能的組織モデルを図表10.1に示す。

　機能的組織モデルの考え方の根底には、各部門が最適化されれば、組織全体も最適化されるはずであるという前提がある。ところが、全てではないが、ほとんどの場合、この考え方は間違っている。また、顧客および株主は、部門ごとのパフォーマンスには関心を持っていない。機能的、政治的、技術的な組織の壁が崩され、顧客、株主、従業員の満足をゴールとする組織に再編された時にはじめて顧客および株主価値が改善するのである。

図表●10.1
機能的組織モデルのイメージ

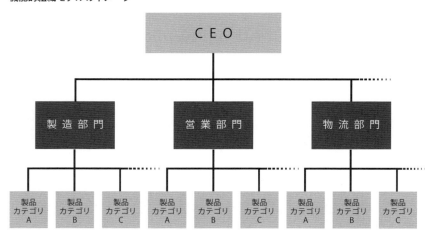

10-1-2
事業部別組織モデル

　サプライチェーンの組織設計と開発において最も困難な問いの1つは、事業部が独自のサプライチェーン組織を持つべきか否かということだ。複数の事業部が同じサプライチェーン・リソース（物流センター、輸配送トラック、在庫、サプライチェーン情報システム、労働力）を共有するメリットと、独自のニーズに基づいて設計されていないことによって生じるデメリットには、典型的なトレードオフの関係が存在する。この評価には、複数の事業部間のサプライチェーン・シナジー分析が必要である。こうしたシナジーは、オーダープロファイル、レスポンスタイム要件、顧客、サプライヤー、キャリヤ、そして在庫プロファイルなどがロジスティクス的に類似している場合に生み出される。類似性が認められない場合、事業部毎に独自のサプライチェーン組織を設けることが一般的だ。それ以外は、事業部間でリソースを共有することで高い効率を生み出すことができる。事業部のトップは、共有化によるメリットが自身の事業部に貢献する場合、またサプライチェーンのトップの能力が高く政治的にも長けている場合、あるいは顧客満足への障害にならない限り、協働することに反対はしないものだ。また、複数の事業部を横断することで規模の経済性が働き、より高度なサプライチェーン情報システムやマテハン自動化への投資を正当化することも可能となる。典型的な事業部別組織モデルを図表10.2に示す。

図表●10.2
事業部別組織モデルのイメージ

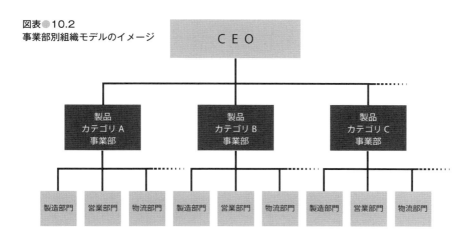

10-1-3
マトリクス組織モデル

　マトリクス組織モデル（図表10.3）は、前述の機能的組織モデルと事業部別組織モデルを統合化しようとする試みである。それはしばしば転換期の組織体制として見られるものである。私の個人的な経験および我々のクライアントの多くの経験から言うと、マトリクス組織モデルは顧客、株主、または会社の経営陣の要求にも応えるものではない。昔の格言に曰く、「船頭多くして、船山に登る」ことになるからである。

図表●10.3
マトリクス組織モデルのイメージ

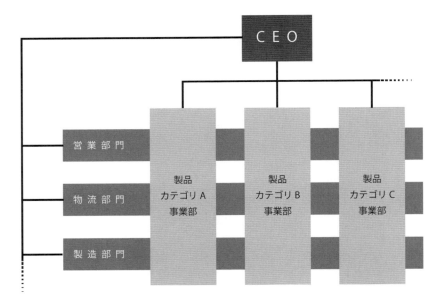

10-1-4
統合化されたサプライチェーン組織モデル

　統合化されたサプライチェーン組織モデル（図表10.4）は、顧客満足、サプライ開発、サプライチェーン・コストおよび資本管理のためのプロセスに焦点を置いている。このモデルでは、トータルサプライチェーン・コスト、パーフェクトオーダー・パーセンテージ（POP）、トータルサプライチェーン・サイクルタイム、そしてサプライチェーン生産性という4つのKPIに責任を持つCSCOを組織内に置く。CSCOは、顧客サービス（顧客対応およびオーダー処理）、サプライ（在庫計画および仕入れ調達）、ロジスティクス（輸配送およびウェアハウジング）の3つの領域を直接統括しながら、組織横断的な指標であるトータルサプライチェーン・コスト、POP、トータルサプライチェーン・サイクルタイム、そしてトータルサプライチェーン生産性の組成要素について直接、管轄する。このモデルを採用した結果は素晴らしく、我々がクライアント企業に推奨することの多いモデルである。

　このモデルが特にうまく機能することには、2つの理由が存在する。第1に、このモデルの組織体制は、適切に定義され、信頼性の高い、ベンチマーキング可能なサプライチェーン・パフォーマンス指標との明確な整合性を持っている。指標の定義が曖昧だったり、組織体制と整合性がない場合、必ずトータル組織パフォーマンスは低下する。第2に、サプライチェーンに従事する個人は、顧客サービス、サプライ、ロジスティクスという3つのサブ組織に属している。顧客サービスチームは通常、幸福感が強く、楽しく、楽観的な人たちで構成されている。彼らは顧客対応に熟達しており、苦情を言ってくる顧客と会話やEメールを通して忍耐強く交渉し、最終的に顧客を笑顔に持っていく。サプライチームは通常、高学歴で表計算ソフトのスキルが高く、ぶ厚いメガネをかけたアナリストから構成されている。彼らは、営業およびマーケティング組織の設定する高いゴールと、財務部門が設定する保守的なゴールの間でチェック＆バランスを達成する。ロジスティクスチームは通常、シャツの袖をまくり上げ、フォークリフトやトラックを運転したり、修理することで手が汚れることも厭わない人たちで構成されている。彼らは自分の仕事をきちんと完了させる人たちである。こうして統合化サプライチェーン組織モデルは、人間が神からもらった天賦の才能と気質を考慮し、うまく機能するモデルなのである。

図表●10.4
統合化されたサプライチェーン組織モデルと管理指標のイメージ

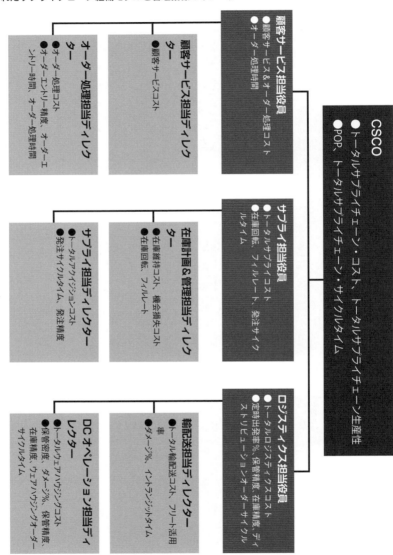

10-1-5
グローバルサプライチェーン組織モデル

　グローバルサプライチェーン組織モデルは、統合化されたサプライチェーン組織モデルの延長線上にある。このモデルは基本的に、グローバルサプライチェーン・プランニングおよびポリシー開発のための統合化されたサプライチェーン組織、リージョナル（北アメリカ／NAFTA、ヨーロッパ／EU、アジア太平洋、ラテンアメリカ）サプライチェーン・プランニングおよびポリシー開発、国内／ローカル（カナダ、スペイン、韓国、ペルー等）サプライチェーン・プランニングおよびポリシー開発を含んでいる。これら各レベルにおいて、トータルサプライチェーン、顧客サービス、サプライ、そしてロジスティクスに対する責任者を置いている。典型的なグローバルサプライチェーン組織モデルにおいては、グローバルサプライチェーン管理チームが、グローバルポリシー／計画（コミュニケーション基準、指標の定義、システムの選択、ベストプラクティスのテンプレート、ビジョンの設定等）を開発し、リージョナル／ローカル管理チームが、リージョン／ローカルの固有の環境に適応させた形で、グローバル基準を導入する。この組織モデルは、コカ・コーラ、ネスレ、３M、コルゲート、そのほか様々な医薬品メーカー等により採用され、成功してきている。

　図表10.5は、最近ヘルス＆ビューティケア業界のクライアント企業が導入した組織体制であり、我々は統合化組織モデルとともにこの組織モデルを推奨している。

図表 10.5
グローバルサプライチェーン組織モデルの事例のイメージ

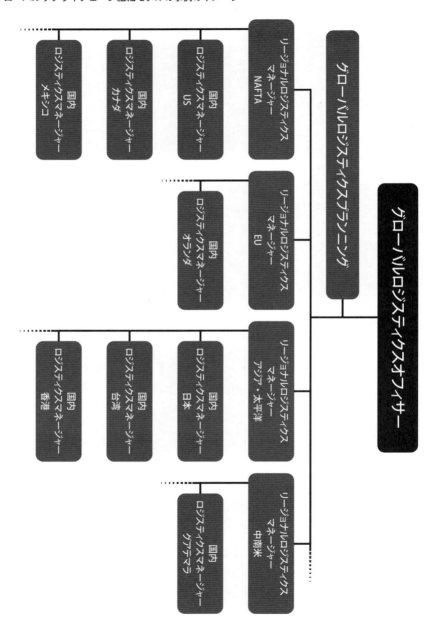

10-1-6
分散型サプライチェーン組織モデル

　分散型サプライチェーン組織モデルは、CSCO以外の正式なサプライチェーン組織を排除するものである（図表10.6）。それに代わって、CSCOにより育成された複数のサプライチェーン・マネジャーが、伝統な企業活動であるマーケティング、R&D、営業、製造、情報システム、財務等の部門に配属され、高度なサプライチェーン・プラクティスを企業活動に持ち込む責任を持つものである。

　このモデルは、モトローラやアプライドシグナルにより採用されたTQMのコンセプトに近いモデルである。TQM専門家（黒帯）が企業内の各エリアに配置され、品質管理に関する規律を企業内に植え付けていくのである。デルコンピュータは、この分散型サプライチェーン組織モデルにおいて、最も成功している企業の1つである。

図表●10.6
分散型サプライチェーン組織モデルのイメージ

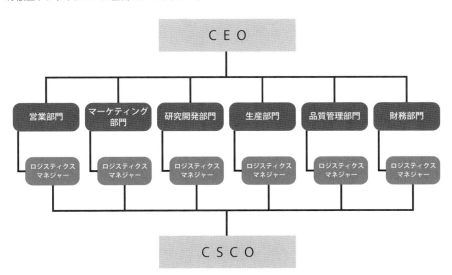

10-2
サプライチェーンのプロの育成

　今あなたが、サンフランシスコに初めて行く旅行者であると想像してみよう。今までに何度も、金門橋について聞いていたために、できるだけ橋に近い場所にあるホテルを予約した。サンフランシスコ第1日目、朝早く目覚めたため、自転車に乗って橋の近くまで行ってみることにした。あまりにも朝が早かったため、誰も起きていなかった。誰も散歩もしておらず、自転車にも乗っておらず、橋を渡る車もなかった。

　あなたは、自転車で橋の上に行き、橋を渡って反対側まで行くかどうか決めようとしていた。今まで生きてきた人生で、ずっと金門橋を渡ってみたいと思っていたので、これは人生最大のチャンスであった。橋の反対側を見ると、それはそれは長い橋であった。橋の下を覗き込むと、それはそれは高い橋であった。あなたが、橋を渡ることの安全性に関する情報を収集しようとすると、突然この橋を設計し、建設を推進した人を称える銘板が目に飛び込んできた。そこには、この会社は、マーケティングおよび営業活動の失敗により倒産の危機に瀕したものの、偶然この橋の設計に携わったのだと書かれていた。これを読んだ後、あなたがこの橋を渡ることへの安心感にはどのような影響が生じるだろうか。この銘板に、「大規模な橋の設計および建設におけるトップ企業であり、土木工学および都市計画において最先端のノウハウを持つ会社である」と書いてあったら、どんなに良かったろうと思うだろう。

　この話が、サプライチェーンとどう関係があるだろうか。大いにあるのだ！

　サプライチェーンは、橋のようなものである。つまり、社内の営業部門、オペレーション部門、財務部門などを外部の消費者およびサプライヤーと結びつけるのである。ところが、これらの橋の多くは、橋の建設において**体系的な教育を受けていない**勤勉で誠実なプロにより、計画され、建設され、そしてメンテナンスされている。サプライチェーンのプロのわずか10%未満しか、体系的なサプライチェーン・ロジスティクスの教育を受けていない。前述のように、

サプライチェーン・ロジスティクスプロジェクトの30%未満しか成功しないというのも頷けるはずだ。

私が好きなソロモンの格言は、「**もし我々が子供をしかるべき方法で教育すれば、彼が成熟したとき、彼はそこから離れていくことはない**」というものである。サプライチェーン・ロジスティクスのコンセプトはまだ新しい。始めたばかりのいかなる組織も、サプライチェーン・ロジスティクスにおいては相対的な子供と言わなければならない。ただし、ソロモンの格言は、もし子供を教育すれば、彼が成熟したときには、彼はそのトレーニングで獲得したものから離れていくことはないと言っている。それ故に、組織がプロジェクトの段階から、持続的なサプライチェーンの成功へ突き抜けるためには、時間がかかるのである。したがって、早い段階で、そして高頻度でトレーニングを実施することが重要なのである。RightChain® プロジェクトを始める場合、必ずトレーニングから始め、コンサルティング活動の中にトレーニングを統合化する。RightChain® の原理原則およびコンセプトが、企業文化に浸透するには、1年から2年を要する。したがって、我々はRightChain® プログラムの中に、ライブおよびオンラインのRightChain® カリキュラムを統合化するようにデザインしている。

私がジョージア工科大学において、ロジスティクス研究所およびサプライチェーン・マネジメントシリーズを立ち上げた時の強いモチベーションは、ほとんどの企業において、サプライチェーンのコンセプトに対する理解が未熟であるという認識からだった。ただし、その間違った理解、または理解の欠如こそが、サプライチェーン・プロジェクトの成功または失敗を決めるものなのである。サプライチェーン・プロジェクトの3分の1未満しか、当初設定したゴールを達成できていないということは、企業はこの理解の欠如に対して大きなコストを支払っていることになる。我々は、RightChain研究所を立ち上げ、サプライチェーンのプロを育成することを通して、サプライチェーン・コンセプトの理解度を引き上げ、サプライチェーン・プロジェクトが当初目指した結果を達成することを目指している。

もう1つ、私がクライアント企業との仕事から見つけたことは、サプライチェーンで仕事をするプロのうち、極少数しか体系的なサプライチェーン教育を受けていないということだった。従って、そうした体系的な教育を受けた人に対する需要は極めて大きい。結果として、サプライチェーンのプロの間で（特

にサプライチェーン・サービス会社において)、定着率が極めて低くなっている。サプライチェーン・パフォーマンスを高いレベルに維持するための鍵となるのは、高いパフォーマンスを生み出すサプライチェーンのプロをその仕事に留めることにある。高いパフォーマンスを生み出すプロを維持するための鍵となるのは、彼らにプロとしての自覚、チャレンジを与えることだ。彼らにチャレンジさせるための鍵となるのは、継続的に彼らを教育し、サプライチェーン・スキルを開発することなのだ。

　こうした認識の下、最良のサプライチェーン組織は、サプライチェーンのプロのための、公式なキャリアパスと人材開発プログラムを提供しなければならない。我々は、サプライチェーン労働力の開発に特化した専任のスタッフを維持する様々な企業と仕事をしてきた。我々は、社内的なサプライチェーン研究所を開発した、もう1つの大手企業と仕事をしたことがある。この研究所は、サプライチェーンのプロが、最先端のサプライチェーンのコンセプトを理解し、導入することを支援するためのものである。

10-3
プランニング組織戦略

　数年前、我々はシリコンバレーにある大手企業と長期コンサルティング契約をし、この会社のサプライチェーン戦略の構築を支援した。同社のCOO（最高執行責任者）とのキックオフミーティングが始まる前に、会議室のドアをたたく、いかにも緊急性を帯びた大きな音がした。ノックの直後、誰かが部屋に飛び込んできて、COOを見てから、「スティーブ、顧客の工場の製造ラインに問題が生じた。我々が供給するいくつかの部品が欠品したために、すぐに対応しなければ契約違反に対するペナルティを支払わなければならなくなる。できる限り早く復旧させるための解決策を見つけなければならない」と、大声でまくし立てた。このCOOは私を見て、このミーティングの中でこの問題を議論してもよいかと尋ねてきた。私はそれに同意し、その後、数日間をこの問題の解決に費やした。この週の終わりには、彼らは非常に満足した様子だった。そして我々のチームは、アトランタに帰ったのである。

　翌月に、我々はプロジェクトを再開するためにサンホセに戻った。COOとのやり直しのキックオフミーティングの間に、大きなドアノックと共に誰かが慌てて部屋に入ってきた。「スティーブ、顧客の製造ラインに問題が発生した。いくつかの重要な部品の配送が遅れたために、ペナルティが発生しそうだ。すぐに配送を速めるための解決策を見つける必要がある」。COOは、私を見てこのミーティングの中でこの問題解決について議論してよいか尋ねてきた。私は、渋々同意し、数日かけてこの問題を解決した。彼らは、その週の我々の貢献にとても満足していた。

　さらに翌月、我々はプロジェクトを再開するために再びサンホセに戻った。COOとのミーティングが始まる前にまた誰かが会議室に入ってきて、「スティーブ、電話で顧客が怒っている。我々が間違った部品を出荷したのでペナルティを課そうとしている」と、大声でまくし立てた。COOは私を見て、この問題を解決するための支援をしてくれるかどうか尋ねた。私は、「ノー、あ

なたは誰もドアをノックしなくなるようなサプライチェーン戦略を構築するために我々を雇ったはずだ。我々は、それに対する支援は喜んでするが、毎回このような混乱に付き合うのはごめんだ」と言った。

　そう言ったとき私は、この仕事を首になるだろうと思った。COOは、明らかに激怒していることがその表情からうかがわれた。彼は、「私は、我々を支援するためにあなたと契約したのだ」と言った。それに対して私は、「その通りだ。ただし、あなたの会社のサプライチェーンで欠品が発生したり、遅延したり、間違いを犯したりするたびに、我々が直接、問題解決に当たることは、あなたの会社を支援することにはならないのだ。我々は、そうした欠品、遅延、間違いの根本原因を取り除くための支援をすることはできるが、これからもミーティングのたびに誰かがノックして会議室に飛び込んでくるなら、我々は荷物をまとめてアトランタに帰らなければならない」と言った。私は、この会社の中で、今までに誰かがスティーブに対してノーと言ったことがあるかどうか疑問であった。なぜなら、私が言ったことが彼にショックを与えたように見えたからだ。数分後、彼は落ち着きを取り戻し、先ほど言ったことが本気だったかどうか私に尋ねた。私は彼に対し、「サプライチェーンの混乱および障害を最小化するための戦略を構築するために、我々と契約したはずなのに、あなたの会社ではそうした混乱や障害がオペレーションの一部になってしまっている。問題発生することが当たり前になってしまい、それが発生しても麻痺して何も感じなくなっており、その中毒にさえなっている。そして、もはやそれのないサプライチェーンの世界を想像することもできなくなっているのだ」と言った。私はまた、最近彼らの会社のサプライチェーン部門のトップが精神を患ったことを忘れないよう彼に促した。

　長い沈黙の後、私は今度こそ本当に首になることを覚悟した。ところが次に彼が言ったことで、私は床に転げ落ちそうになるほど驚いた。彼は、「OK、あなたは正しい。私は今までに一度もそういう視点で考えたことはなかった。このプロジェクトを遂行するのに、あなたが必要なものは何でも言ってくれ」と口にしたのである。私は、最も優秀なアナリスト2人をフルタイムでこのプロジェクトに参加させ、4か月にわたり隔週で彼らと、途中で邪魔されず集中できる3時間のミーティングを設け、さらに彼らのサプライチェーン・データに対して自由にアクセスできるようにしてほしいと要望した。4か月後、我々は彼らのサプライチェーン戦略を最適化することができ、その戦略を維持するた

めの厳格なスケジュールの導入にも成功したのである。今までのような混乱と障害は起こらなくなった。過剰なコストの発生も収まり、過剰在庫と極端な欠品のシーソー状態は解消されたのである。

サプライチェーン・ロジスティクスは、その本質として、消火作業に似ている。多くの日数をクライアントの現場で費やすことは、高度な"モグラたたきゲーム"のような冒険である。残念ながら、多くの企業は、そうした消火作業を、その長期計画から除外することの代償として、消火作業に報償を与えているのである。プランニングプロセスと組織のゴールは、そうしたサプライチェーン"モグラたたき"で遊ぶこと、そしてそのゲームで遊んでいる人間に報償を与えることを止めることである。そのためには、サプライチェーンのプランニング組織とプロセスの創造と、それに対するコミットメントが要求される。

我々は通常、サプライチェーン・プランニンググループは、他の主要な部署を補完するものとして、CSCOの直属の部署となることを推奨している（図表10.7）。

図表●10.7 専任のプランニングチームを持つ統合化されたサプライチェーン組織と管理指標のイメージ

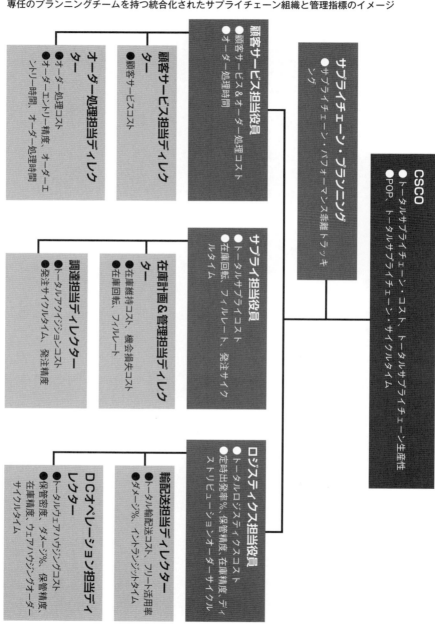

第11章
サプライチェーン・プランニング戦略
RightPlan™

私は今まで数多くの講演活動を通して、多くの有名人と出会う機会に恵まれた。そうした有名人の1人がガス・パゴニス陸軍中将である。彼は、湾岸戦争でのクウェート解放に当たり、アメリカ軍の後方支援部隊の司令官だった人だ。彼は、気温が43℃から49℃にも達するクウェートの夏に、最初の戦争準備をした時の話を語ってくれた。この準備期間に、彼は5人のアナリストを空調の効いたトレーラーの中に住まわせ、戦争になった場合のシミュレーションをさせていた。そして、これまでに検討されていなかった問題点が見つかれば、報告するように指示していた。ある8月の午後、5人のうちの1人がトレーラーを抜け出し、司令官のところにやってきた。謁見することが許された後、彼はトレーラー数十台分の冬用の下着が必要だと司令官に告げた。最初、この提案は馬鹿げているように聞こえたので、より詳しく説明するよう求めた。シミュレーションでは、戦争はクウェートの冬に起きると予測されていた。クウェートの冬の気温はマイナス10℃まで落ち込むが、全面戦争になった場合、弾薬、燃料、食料の他には何も持ち込めないだろう。したがって、軍隊が適切な戦闘服を着て戦うためには、今すぐに冬用の下着をオーダーする必要があると言うのだ。この提案はあまりに突飛だったので、アメリカ軍の制服組トップであるコリン・パウエル大将の承認を受ける必要があった。結論として、この申し出は承認され、そして下着が到着した。イラク軍をクウェートから掃討する軍事作戦は、1991年1月17日、陸海軍の爆撃により開始され、5週間続いた。この戦闘は、2月24日に陸上部隊の投入へと続いていく。この下着がアメリカ軍の勝利にどれだけ貢献したかは定かではないが、少なくともアメリカ軍に損害を与えることはなかった。

　ところで、アメリカ軍はいかにして、これほど大量の冬用下着のオーダーを入れることができたのであろうか。その答えは、プランニングのために専任のスタッフを置いていたことだ！

11-1
統合化されたサプライチェーン・プランニング

　S&OP（販売＆オペレーションプランニング）とその親戚であるIBP（統合化されたビジネスプラン）は、在庫最適化および合理化への万能薬になり得るものとして、今多くの関心を集めている。確かに適正に実行されれば、期待通りの結果をもたらすかもしれない。問題は、"適正に実行する"という部分が通常抜け落ちていることである。

　過去数年間に、私はいくつものS&OPミーティングに参加し、レビューし、さらにファシリテーションを行ってきた。ある時は、これらのミーティングから販売が抜け落ちていた。またある時は、プランニングが欠けていた。またある時には在庫について議論がされないこともあった。ロジスティクスが欠如していることもあった。打ち合わせが単にセミナー、またはそれよりも悪い形に変わってしまうこともあった。さらにミーティング自体が開かれないこともあった。これらのミーティングにとって絶対的に必要な信頼性の高いデータが出てくることは、極めて稀だった。複雑な問題を解決するために必要な意思決定支援ツールは、ほとんど見受けられなかった。業界の"標準的な取り組み"と言われているにもかかわらず、私はS&OPの定義が、ほとんど企業と同じ数だけ存在することを発見した。

　こうしたS&OPに対する失望にもかかわらず、私は最近、クライアント企業2社の現場で勇気づけられることがあった。プラット＆ウィットニー・カナダは、"SIOP"という言葉を、販売（Sales）、在庫（Inventory）そしてオペレーションプランニング（OP）の略として使っている。コカ・コーラ・コンソリデーテッドは、"T&OP"という言葉を、輸配送＆オペレーションプランニングの略として使っている。この両社とも、"S&OP"というコンセプトから何かが欠落していることに気付いており、それを補うために彼ら独自の言葉を作り出したのである。この2つのクライアント企業が我々に、伝統的なS&OPとIBPプログラムの中に存在するギャップを埋めるためのプランニン

グプログラムを開発することを促したのである。

　私が本書で説明してきたように、サプライチェーンに関する様々な効果的な視点が存在する。それらは、①財務、サービス、オペレーション視点、②戦略的、戦術的、そして実行レベルの視点、③顧客サービス、在庫管理、サプライ、輸配送、ウェアハウジング視点である。

　これらの視点の1つひとつは、"S&OP"プロセスおよびミーティングの中で議論され、最適化され、合理化されなければならない。加えて、従来からあるS&OPは主に在庫を対象にしてきたが、そのスコープは、サプライチェーン全体、そしてビジネス全体の財務およびサービス要件を満足する能力を持つために、拡張されなければならない。

　我々は、企業が伝統的なS&OPを超えて、「**統合化されたサプライチェーン・プランニング（ISCP）**」に移行することを支援している。このプロセスを図表11.1から図表11.4に示す。また、計画プロセスを図表11.5に示し、11－1－1の（1）～（7）で解説している。これは、短期、中期、長期を結び付け、営業、オペレーション、財務を結び付け、従業員、顧客、株主を結び付け、上向き、下向き、水平軸を結び付け、そしてシステム、プロセス、人を結び付けるものである。

　我々が提唱する「**統合化されたサプライチェーン・プランニング**」は、組織、データ、システム、分析、指標、ポリシーを通して、需要、サプライ、ロジスティクス、財務計画を連携させ、最適化し、同期させる（図表11.2）。より具体的に言うと、ISCPの下で、需要計画は、製品ポートフォリオ管理、顧客ポートフォリオ管理、需要オーケストレーション、そして需要予測をまたいで存在するということである。サプライ計画は、グローバルソーシング最適化、サプライヤーポートフォリオ管理、サプライオーケストレーション、そしてサプライヤー能力管理をまたいで存在する。ロジスティクス計画は、サプライチェーン・ネットワーク最適化、在庫最適化、協働輸配送計画、そしてロジスティクスキャパシティ計画をまたいで存在する。財務計画は、コスト、価格、そして料金予測、通貨および取引最適化、バリュー基準の会計、取引条件の最適化をまたいで存在する。ISCPは、これらの点を結び、さらに統合化されたシナリオシミュレーション、コンセンサスによる意思決定、サプライチェーン・スケジューリング、そして意思決定期間の最適化を含んでいる。

図表 11.1
ISCP プログラムの全体像

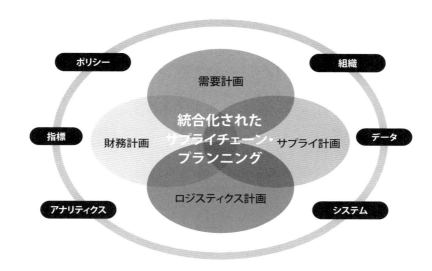

図表 11.2
ISCP プログラムの構成要素

需要計画	サプライ計画	ロジスティクス計画	財務計画	統合計画
製品ポートフォリオ管理	グローバルソーシング最適化	サプライチェーン・ネットワーク最適化	コスト、価格、料金予測	シナリオシミュレーション
顧客ポートフォリオ管理	サプライヤーポートフォリオ管理	在庫最適化	通貨&取引最適化	コンセンサスによる意思決定
需要オーケストレーション	サプライオーケストレーション	協働輸配送計画	バリュー基準の会計	サプライチェーン・スケジューリング
需要予測	サプライヤー能力管理	ロジスティクスキャパシティ計画	取引条件最適化	意思決定期間の最適化

図表●11.3
ISCP プログラムの事例

PLANNING AREAS		Demand Planning	Supply Planning	Logistics Planning	Financial Planning	Integrated Supply Chain Planning
PORTFOLIO MANAGEMENT		Product Portfolio Management	Commodity Portfolio Management	Port Portfolio Management		Risk Portfolio Management
		Customer Portfolio Management	Supplier Portfolio Management	Mode Portfolio Management	Investment Portfolio Management	BU Optimization
		Product-Customer Portfolio Management	Commodity-Supplier Portfolio Management	Carrier Portfolio Management		
FORECASTING	Activity	Demand Forecasting	Supply Forecasting	Logistics Forecasting	Financial Forecasting	Integrated Forecasting
	Cost & Rates	Price Elasticity Forecasting	Commodity Cost Forecasting	Freight Rate Forecasting	Cost, Price & Rate Forecasting	Market Intelligence
	Capacity	Maximum Demand	Product Capacity	Network Capacity	Cash/Capital Capacity	Plan Capacity
COLLABORATION	Internal	Consensus Forecasting	Consensus Capacity Planning	Consensus Logistics Planning	Consensus FP	Consensus Planning
	External	Forecast Sharing	Capacity Sharing	Collaborative Logistics	Collaborative Finance	CPFR
	Shaping	Demand Shaping	Supply Shaping	Freight Shaping	Price Shaping	Plan Shaping
	Development	Customer Development	Supplier Development	Carrier/Port Development	Partner Development	Planning Developent
RISK	Risk Assessment	Demand Risk	Supply Risk	Logistics Risk	Financial Risk	Plan Risk
	Flexibility	Pull In / Push Out	Supply Flexibility	Logistics Flexibility	Financial Flexibility	Plan Flexibility
	Contingency Planning	Demand Contingency Plan	Supply Contingency Plan	Logistics Contingency Plan	Financial Contingency Plan	Integrated Contingency Plan
POLICY	Policy	Customer Service Policy	Supplier Service Policy	Carrier/3PL Service Policy	Financial Policies	Planning Policies
		Purchasing Terms	Buying Terms	Transit Terms	Financial Terms	Planning Terms
	Terms	Demand Policy	Supply Policy	Logistics Policy	Trading Policy	

PLANNING AREAS		Demand Planning	Supply Planning	Logistics Planning	Financial Planning	Integrated Planning
ANALYTICS	Optimization	Backcasting	Sourcing Optimization	Network Optimizaiton	Backtesting	Horizon Optimization
			Allocation Optimization	Product Flow Optimization	Currency & Trade Optimization	
		Lag Optimization	Packaging Optimization	Mode/Carrier Optimization	Cash Flow Optimization	Plan Optimization
		INCOTERMS Optimization			Entry/Exit Optimization	
		Inventory Optimization				
	Simulation	Simulated Buying Behavior	Simulated Processing Behavior	Simulated Network Behavior	Simulated Market Behavior	Plan Simulation
		Demand Stream Simulation	Supply Stream Simulation	Logistics Stream Simulation	CPR Simulation	Business Simulation
	Attributes	Large Scale Optimization, High Speed Simulation, Animation & Visualization, Shadow Pricing, Early Warning Systems				
ORGANIZATION	Activity Skills	DP Skills	SP Skills	LP Skills	FP Skills	IP Skills
	Enabler Skills	IP Data, IP Metrics, IP Analytics, IP Systems, IP Organization - Awareness, Intermediate & Advanced				
	Attributes	Aligned Structure, Conducive Culture, Clear Roles, Excellent Casting				
	Meetings	DP Meeting	SP Meeting	LP Meeting	FP Meeting, Pre-S&OP, ES&OP	
		Customer Conference	Supplier Conference	Carrier Conference	Partner Conference	Planning Conference
		Coordinated Calendars, Committed Participation, Decision Focused, Meticulous Preparation, Diligent Follow-up, Adhered Agendas				
METRICS	Financial	Revenue	Expense, Capital	Expense, Capital	EBIT/ROIC/EVA	
	Accuracy	Forecast Accuracy	Supply Accuracy	On-Time Accuracy	Rate/Price Accuracy	Plan Accuracy
	Variance	Demand Variance	Schedule Variance	On-Time Variance	Budget Variance	Plan Variance
	Availability	Contract Compliance	Supplier Fill Rate	Carrier Fill Rate	Cash Availability	Plan Availability
	General	Balanced Scales, Span the Bridge, Value Focused, Aligned Accountability, Command & Control				
SYSTEMS	Execution Systems	Order Processing	Production Scheduling	Logistics Execution	Financial Execution System	Planning Execution System
	Planning Systems	Advanced Forecasting System	Advanced Production Systems	Advanced Logistics System	Advanced Financial System	APO/APS
	Data	Data Integrity, Data Cleansing, Automated Reconciliation, Big Data Mining				
	Visibility	Demand Visibility	Supply Visibility	Logistics Visibility	Financial Visibility	Plan Visibility
		Customer Orders	Purchase Orders	Shipment Tracking	Bid Tracking	Early Warning
		Inventory Visibility			Real Time Markets	
	Attributes	IP DSS Filters, Planning Execution Integration, Enterprise Integration, Real-Time, On-Demand, Mobile, Early Warning Systems				

図表 11.4
ISCP プログラム要件

11-1-1
ISCP プログラムの全体像

ISCP プログラムの全体像については、図表11.5に示されており、そこには7つのステップがある。
（1）時間枠とゲート
（2）組織レベル
（3）プレーヤー
（4）需要と要件
（5）サプライとキャパシティ
（6）パフォーマンス指標
（7）ツールとデータ

図表●11.5 ISCP プロセス

時間枠	日次 I	週次 II	月次 III	四半期 IV	年次 V
プランニングレベル	実行	実行/戦術	戦術	戦術/戦略	戦略
参加者	マネジャー	マネジャー/ディレクター	ディレクター	ディレクター/担当役員	ディレクター/担当役員/C-Level
サイクル					
需要と要件 — 顧客サービス	売上・注文データ更新／輸送データ更新／MRP（Material Requirements Planning）更新／DRP（Distribution Resource Planning）更新	フォーキャスト予測	コンセンサス予測／需要計画	顧客評価／顧客充足度調査／顧客サービスポリシー開発・維持／SKU評価	長期需要計画／ポートフォリオ&チャンネル戦略／顧客サービスポリシー決定／カスタマーカンファレンス開催
合理化と最適化 — 在庫	在庫／ABC循環棚卸／継続的な在庫管理	マネジメントRightChain®／在庫レビュー／コンセンサス計画／サプライ注文情報発信	ディレクターRightChain®／平準化／サプライ計画／在庫計画	エグゼクティブRightChain®／在庫配備レビュー／マテリアルフロー計画／サプライチェーンスコアボードレビュー	ストラテジックRightChain®／ネットワーク戦略／マテリアルフロー戦略／サプライチェーン組織&3PLアライアンス
製造	製品	製造計画	製造計画	製造レビュー	長期キャパシティー（最大能力戦略）
サプライ	発注	サプライ計画	サプライ計画	ソーシングレビュー	ソーシング戦略&サプライヤーカンファレンス
輸配送	請求書&マニフェスト	輸配送計画	輸配送計画	輸配送レビュー	輸配送戦略&キャリアリレーションシップ
ウェアハウジング	受領書&ピッキングシート	ウェアハウジング計画	ウェアハウジング計画	ウェアハウジングレビュー	ウェアハウジング戦略&3PLアライアンス
財務	売上	売上	EBIT, ROS, Cash, ROIC	EBIT, ROS, Cash, ROIC	EBIT, ROS, Cash, ROIC
キャパシティとサプライ — サービス	定時配達／パーフェクトオーダー（パーセンテージ）	定時配達／パーフェクトオーダー（パーセンテージ）	定時配達／パーフェクトオーダー（パーセンテージ）	定時配達／パーフェクトオーダー（パーセンテージ）	定時配達／パーフェクトオーダー（パーセンテージ）
在庫	在庫精度	在庫金額、在庫日数、在庫回転数	GMROI／在庫金額、在庫日数、在庫回転数	GMROI／在庫金額、在庫日数、在庫回転数／在庫付加価値／在庫ポリシーコスト	GMROI／在庫金額、在庫日数、在庫回転数／在庫付加価値／在庫ポリシーコスト
パフォーマンス指標 — 安定性	変動数	変動数	変動率	変動率	変動率

（1）時間枠とゲート

サプライチェーン要件および能力は、短期、中期、長期的に合理化され最適化されなければならない。従って、ISCP プログラムは、日次（サイクル I ）、週次（サイクル II ）、月次（サイクル III ）、四半期（サイクル IV ）、年次（サイクル V ）の時間枠で機能する。厳格に守られるべき ISCP カレンダーは、伝統的な年次ミーティング、四半期の利益レポート、月次予算、週次生産スケジュール、そして日次オペレーションを考慮して、日次、週次、月次、四半期、年次ミーティングを同期化し、スケジュール化している（図表11.6）。

図表●11.6
ISCP カレンダー

（2）組織レベル

組織の全ての階層が ISCP に参加すべきであり、責任を負うべきである。どの会議にどんな階層のメンバー（マネジャー、ディレクター、担当役員）が参加するかは、図表11.5に示している。ミーティングの種類は、プランニングレベルに表記されており、それぞれの会議における意思決定のレベルを表している。

（3）プレーヤー

　ISCPプロセスの各サイクルにおいて、企業の主要な部門の代表者がミーティングに参加しなければならない。例えば、戦略レベルのミーティングは、CFO／財務担当役員、COO／オペレーション担当役員、CEO／社長、CMO／販売マーケティング担当役員、CPO／製造担当役員、CSCO／サプライチェーン担当役員を含むことになるだろう。戦術レベルのミーティングは、上記と同様の領域で、ディレクターレベルの人たちで構成され、実行レベルのミーティングは、同様の領域で、マネジャーレベルの人たちを含む。

（4）需要と要件

　多くの企業では、需要予測を出荷個数および金額に基づいて行っているが、中には総売上だけで見ている企業もある。しかし、顧客の需要予測は、コンセンサス予測を通してなされるべきであり、またピース、ケース、パレット、体積、重量、荷姿を含むサプライチェーンの測定単位で推定されなければならない。フィルレート、レスポンスタイム、配達頻度などのサプライチェーン・サービスポリシーの要素もまた、サプライチェーン要件として機能し、同じように検討対象とすべきである。これらはすべて、図表11.5において"需要と要件"の行として示されている。

（5）サプライとキャパシティ

　ISCPにおけるキャパシティは、通常、製造能力（個数）に焦点をおいて定義されている。ただしキャパシティは、製造能力を反映するだけでなく、ソーシング能力、ウェアハウジング能力、IT能力、そして在庫投資を可能にする財務能力も反映するものでなければならない。これらの1つひとつは、トータルサプライチェーン能力の中で、ボトルネックになる可能性がある。ボトルネックになる可能性は、図表11.5の"サプライとキャパシティ"の中で検討されるべきものである。

（6）パフォーマンス指標

　伝統的なS&OPパフォーマンス指標は、オンハンド在庫日数や在庫回転といったオペレーション在庫指標に注目している場合が多い。ただし、サプライチェーン・スケジュール、プラン、そして戦略は、在庫財務パフォーマンス、

EBIT、ROIC、労働生産性、サプライチェーン資産活用率、売上、トータルサプライチェーン・コスト、顧客サービス、複雑性などを含む多くの指標に影響を与える。図表11.7に示すRightChain® サプライチェーン・スコアボードは、サプライチェーン全領域の相互に関連する指標を検討するものである。スコアボードは、優れた顧客サービス、従業員にとって働き甲斐のある職場、株主への優れた財務的リターンに関連する指標により構成される。

(7) ツールとデータ

ISCPミーティングの成功を阻害する要因の1つとして、リアルタイム意思決定支援ツールの欠如が挙げられる。時にはミーティングの継続を困難にするような難しい課題に即座に対応する必要があるのだ。したがって我々は、RightChain® 分析ポータルを開発し、各プランニングステージにおいて、リアルタイムのデータマイニングおよび意思決定を支援している。

図表●11.7
RightChain® サプライチェーン・スコアボードの事例

	Category	Sub-Cat	Selling	Merchandising	Inventory	Manufacturing	Sourcing	Transportation	Warehousing	Delivery	SUPPLY CHAIN
WORKFORCE	Workforce	GPTW	81.0% % yes	98.0% % yes	91.0% % yes	93.0% % yes	94.0% % yes	91.0% % yes	81.0% % yes	79.0% % yes	85.0% % yes
		Safety	4,250.0 MH/I	8,998.0 MH/I	7,653.0 MH/I	3,822.0 MH/I	8,788.0 MH/I	9,145.0 MH/I	9,987.0 MH/I	9,650.0 MH/I	9,001.0 MH/I
CUSTOMER	Customer Service	Quality	94.0% PSO	93.0% PMCO	56.0% Fast Accuracy	99.0% PMOP	81.0% PPOP	92.0% PDP	93.0% PWHOP	98.0% PDP	72.0% POP
		Cycle Time	1.9 SCT	12.8 MCT	4.7 IPCT	7 MCT	14.3 POCT	8.2 TCT	2.4 YTS, WOCT	5.4 DCT	17.3 SCCT
SHAREHOLDER	Finance	ROA	6.00% SROA	8.00% MROA	12.00% GMROI	33.00% GMROA	21.00% GMROI	9.00% GMROA	45.00% GMROA	33.00% DROA	19.00% SCROI
		ROS	0.30% TSCL/sales	0.90% TMCC/sales	2.80% ICC/sales	1.10% TMC/sales	2.99% TSC/sales	5.50% TTC/sales	4.30% TWC/sales	2.10% TDC/sales	17.80% cases/$Invest
		Cost	1.23 $/case	4.21 $/case	1.22 $/case	2.99 $/case	0.99 $/case	1.88 $/case	2.11 $/case	1.82 $/case	16.45 $/case
	Productivity	Labor	67 cpmh	21 cpmh	43 $/FTE	78 cpmh	34 cpmh	12.3 cpmh	15.8 cpmh	12.9 cpmh	11.9 cases/FTE
		Space	0.998 GM/cube	0.991 GM/cube	0.876 GM/cube	0.776 GM/SF	0.601 GM/cube	0.398 GM/cube	0.511 GM/cube	18.99 cases/SF
	Utilization	Labor	90.0% % labor util	93.0% % labor util	92.0% % labor util	91.0% % labor util	65.0% % labor util	73.0% % labor util	82.0% % labor util	82.0% % labor util	81.0% % labor util
		Capital	28.0% % buy util	89.0% % buy util	34.0% % buy util	81.0% % prod util	99.0% % buy util	34.0% % fleet util	44.0% % cap util	39.0% % fleet util	82.0% % cap util
		Space	91.0% % space util	89.0% % space util	80.0% % space util	78.0% % space util	79.0% % space util	77.0% % space util	80.0% % space util	89.0% % space util	80.0% % space util
	Aggregate	Capital	18.91 TSLC/PSO	12.55 TMCC/PMO	13.45 TIC/PIO	11.10 TMC/PMO	9.97 TSC/PSO	8.88 TTC/PTO	9.12 TWC/WHPO	11.10 TDC/PDO	28.93 TLC/PfctOrder
	Complexity		912 # SKUs	800 # SKUs	765 # SKUs	488 # SKUs	411 # Suppliers	12,988 # Locations	981 # SKUs	981 # Stops	10,912 SKU-Channels
Conditions	Practices		4.2 out of 5	3.1 out of 5	2.8 out of 5	3.3 out of 5	2.1 out of 5	3.6 out of 5	3.4 out of 5	3.2 out of 5	3.2 out of 5
	Risk		2.1 out of 5	3.3 out of 5	4.3 out of 5	2.9 out of 5	4.8 out of 5	4.7 out of 5	2.7 out of 5	3.5 out of 5	3.5 out of 5

362

RightPlan™
サプライチェーン・プランニング戦略 | 第 11 章

監訳者あとがき

明治大学商学部教授

小川智由

　本書は、今からおよそ15年前に初版が刊行され、優れたサプライチェーン戦略への手引きとして高く評価されてきた、エドワード・H・フレーゼル博士による『サプライチェーン・ストラテジー』改訂版である。初版で明確に示された著者のサプライチェーン・ロジスティクスへの熱い思いは、今回の改訂版にも脈々と引き継がれている。それはすなわち、サプライチェーン・ロジスティクスを、個々の活動の単なる寄せ集めと考えて実践するのではなく、また部分最適化の連続としての積み重ねを図るのでもなく、理論的な枠組みと確固たる体系に基づいて、戦略的かつ統合的に展開すべきであるという主張である。

　今回の改訂版において著者が強く主張するサプライチェーン戦略の基本は、次の2点である。第1に、言わば行き当たりばったりの業務活動ではなく、明確な財務指標に基づく戦略の組み立てと展開を図ること。第2に、顧客サービスの実現と向上を優先的な目標としたプロセスの構築と戦略立案を図ること。この2点は、著者のサプライチェーン戦略理念をまとめた第1章に続く、第2章と第3章において詳細に述べられている。

　第4章から第7章までが、フレーゼル博士の主張によるサプライチェーン・プロセスを構成する個々の要素であろう。まさに、在庫戦略、サプライ戦略、輸配送戦略、ウェアハウジング戦略というそれぞれの戦略プロセスを、部分最適の継ぎ足しではなく、一貫した一連のシステムとして統合化して効率的に管理・実践することで、いかにサプライチェーン評価指標のゴールと、戦略的な競争優位につながる顧客満足や顧客価値を達成するかが、サプライチェーンに関連する部門や担当者のミッションなのである。

　続く第8章から第11章は、サプライチェーンの一貫したプロセスを支える支援要素として理解することができる。今や荷主企業とパフォーマンスの高い3

監訳者あとがき

　PL企業との連携は、優れた顧客満足、そしてサプライチェーン戦略プロセスの効率化には不可欠な要素であり、日々刻々と進歩するテクノロジーの中で、最新の情報システムを駆使することの必然性は言うまでもない。戦略的サプライチェーン・ロジスティクスの展開にふさわしい有効な組織編成やチーム体制、ならびにそこから導き出される横断的なプランニングの重要性も見落とすことのできない重要なポイントである。おそらくそれに関連して、サプライチェーン教育や人材開発のより一層の必要性も強調されるべきであろう。

　本書の初版が刊行された時期に比べると、ビジネスのグローバル化の進展はより一層加速し、サプライチェーン戦略のさらなる広がりと統合化が求められている。またデジタル化の普及とインターネット社会の発展は、サプライチェーン活動にさらなる進化をもたらすであろう。JITやアパレル業界で登場したSPAモデルに端を発した、ポストポーンメント（延期）型のサプライチェーンの仕組みは、今日では様々な業界や分野に広がりを見せている。また、かつては完成品の物流から川上にさかのぼる形で、物流と生産や資材・原材料の調達・購買をも一元管理する仕組みとして統合された、いわゆるサプライチェーンの概念が、近年では川下の最終顧客までをも包含する形で新たな広がりを見せている。またそれに伴い、インターネット通販の進展がもたらす、ザ・ラスト・ワンマイル問題などに象徴されるように、サプライチェーン・ロジスティクスの新たな課題も浮き彫りにされている。

　『サプライチェーン・ストラテジー』改訂版の日本語版の刊行を機に、その読者が主役となって展開する、わが国の産業におけるフレーゼル理論を共通の土台にした新たなサプライチェーン・ロジスティクスの発展や広がりを期待したい。また、健全なサプライチェーン・コンセプトの定着と浸透を通じて、財務指標に裏付けられたサプライチェーンによって実現される優れた企業価値、高いレベルの顧客価値、そして社会的価値が、新たに創造され、展開されることを切に待ち望むものである。

重要用語解説と
本文索引

重要用語解説

アウトソーシング	「外部委託」ともいい、自社の特定機能を外注化することを指す。
アウトバウンド	特定の拠点を中心とした際に、製品／商品を目的地に向け出荷することを指す。
安全在庫	需要の不確実性に対応するための在庫であり、予測誤差率、あるべき充足率、インバウンド輸配送の信頼性の関数として表される。現実的には、補充が到着した時点におけるオンハンド（手持ち）在庫量としても定義できる。
インコタームズ	国際商業会議所（International Chamber of Commerce：ICC）が策定した貿易条件に関する国際規定であり、異なる国における取引を円滑に進めるためのガイドライン。現在、FOB（本船渡し）やCIF（運賃保険料込み）など、13種類が存在する。
インソーシング	アウトソーシング（外部委託）と対比される言葉で、外部委託していた業務を再び社内に取り戻すこと。「内製化」ともいう。
イントランジット	輸送中のことを指す。
インバウンド	特定の拠点を中心とした際に、製品／商品を発注し、その拠点に入荷されることを指す。
ウェアハウジング	一般的には、ウェアハウスの中で行う活動およびその管理という意味で使われる。RightChain®においてはさらに踏み込んで、サプライチェーン戦略の中で、ウェアハウスの付加価値創造のための総合的戦略を意味する。
ウェアハウス	一般的には、「倉庫（保管・貯蔵施設）」という日本語がウェアハウスに対応するが、アメリカでは多くの業界において、ディストリビューションセンター、ロジスティクスセンターなど進化した形態の物流拠点も含めて、ウェアハウスと呼んでいる。そこには言葉のニュアンスとして、昔ながらの倉庫のイメージはない。
エンコード	「符号化」と呼ばれ、信号やデータを、後に元の信号やデータに変換できるように、ある一定の法則に従い変換を加えることを指す。
オーダー完結ゾーン	出荷量／頻度が高い少量のアイテムで、オーダーの大部分が完結されるとき、それらのアイテムを専用の小さなスペースに保管することでピッキング生産性を大きく高めるゾーニング戦略。
カスタマイゼーション	顧客毎の固有の要求に対応して、付加価値サービスを提供すること。カスタムラベル、特殊包装、モノグラム（組み字）、キッティング、色づけ、値付けなどが付加価値サービスに含まれる。
機会損失	満足されなかった需要が完全に失われた時（バックオーダーや代替を含まない）、販売の機会損失が起こる。販売の機会損失は、同じ製品を販売する店舗が数多く存在する小売業環境において一般的に起きている。
機会損失コスト	欠品により発生する可能性のある売上損失をコストとしてとらえたもの。
キッティング	常に一緒にオーダーされるアイテムを、前もって組み合わせて用意しておく物流加工のひとつ。
キャリヤ	車両や船舶、航空機などの輸送手段を自社保有して、運送事業を自ら行う事業者のこと。

重要用語解説

グローバルソーシング	ものやサービスの調達先として、自国のサプライヤーだけでなく、広く全世界の企業を調達先の対象とすること。「世界最適調達」ともいわれる。
原理原則	ビジネス環境が変化しても変わらない、普遍的な法則。
コアコンピタンス	自社の存在理由であり、自社が最も得意とする業務領域で自社の競争力の源泉となる重要な領域を指す。
ゴールデンゾーン	ウェアハウスにおいて最もピッキングが効率的にできる作業エリア（高さも含め）。
コンソリデーション	効率的な輸配送のために、同一方面／場所への多数の小口荷物を混載・集約すること。
サーバントリーダーシップ	支配型リーダーシップの反対で、先ず相手に奉仕し、その後、相手を導くという考え方を基本にしたリーダーシップ哲学を指す。
在庫維持コスト	在庫を維持するための年間コストであり、通常オポチュニティコスト、保管費用、ハンドリングコスト、保険費用、税金、陳腐化コスト、ロス費用、ダメージ費用が含まれる。
在庫維持レート	在庫維持に要するコストを在庫金額に対する割合として表したものであり、在庫維持コストを平均在庫金額で割ることにより求められる。
在庫回転率	在庫パフォーマンスを評価するためのKPIの1つで、一般的には売上原価を平均在庫金額で割ることにより求められる。
在庫付加価値	「在庫バリューアデッド（IVA）」とも言い、年間粗利額から、在庫維持コストを差し引いたものとして表す。EVAと同様の指標を在庫に適用したものであり、在庫投資判断の正当性を評価することができる。
在庫ポーストポーンメント（在庫延期）	最終製品となる時期をできる限り遅らせることで、在庫維持コスト削減や売れ残りによる在庫ロスを削減する在庫配備戦略を指す。
在庫ポリシーコスト	在庫維持コストと機会損失コストの合計。持つべき在庫量を決定するためのKPIの1つ。
作業バッチ	作業を効率的に進めるため、作業量を集約し、一括で処理する方法。
サプライチェーン	RightChain®においては、消費者とサプライヤーの間の工場、ウェアハウス、港湾、情報システム、ハイウェイ、鉄道、ターミナル、輸配送モード等のインフラのことを指す。
サプライチェーン・ロジスティクス	消費者とサプライヤーの間にある工場、ウェアハウス、港湾、情報システム、ハイウェイ、鉄道、ターミナル、輸配送モード等のインフラにおける、もの・情報・お金の流れを指す。
サプライチェーン・サービスポリシー	「顧客サービスポリシー」とも呼ばれ、サプライチェーン組織が顧客に対し、守るべきサービスメニューとそのレベルを定義したものを指す。サプライチェーン最適化における制約条件となる。
サプライヤー認証	サプライヤーとしての能力・信頼性等を評価して、事前にサプライヤー候補としての資格を与えること。
サプライヤーフィルレート	サプライヤーが提供するフィルレートのことで、顧客向けのフィルレートとの差が、在庫維持コストに大きな影響を与える。
シックスシグマ	品質管理の哲学であり、コストにかかわらずミスや誤差の発生率を、百万分の一に抑えることを目指す。
シップメント	「出荷」とも言い、単純に一緒に移動する複数のオーダーの集まりを指す。

シングルオーダーピッキング	ピッカーが一度に1オーダーのピッキングを完了するピッキング手法。
スループット	生産性を表す指標の1つで、アメリカでは、拠点全体の生産性を指すことが多く、これを競争の基本的指標としている。
製造段取り費用	特定のアイテムを製造するため、工場の生産ラインの準備に要するコスト。
積載率	トラックの最大積載能力（容積や重量）に対する、実際に積載して輸配送に供した割合。
ソーシング	取引先の選択をはじめ、商品仕様や取引条件など購買条件を規定すること。
ゾーンピッキング	ピッキングエリアをいくつかのゾーンに分割し、ゾーン別にピッキングを行うピッキング方法。
陳腐化	著しく品質や機能などが異なる新製品や代替品等の市場投入による、在庫価値の減衰のこと。競合のコストダウンによる市場価格の低下も含む。
データマイニング	パターン認識技術や統計学、人工知能を用いて、大量のデータからデータの規則性を採掘（マイニング）し、アイテムやオーダーの特性や傾向を把握する手法。
デコード	「復号化」と呼ばれ、エンコードした情報を元に戻すことを指す。
トータルアクイジションコスト	製品／商品原価、ランディングコスト、在庫維持コストの合計として計算され、RightChain® ではソーシング先を決定するとき、この指標を使うよう推奨している。
トータルサプライチェーン・コスト	サプライチェーン最適化における目的関数であり、通常トータルロジスティクスコストと在庫ポリシーコストの合計として定義される。トータルロジスティクスコストはインバウンド輸配送コスト、トータルウェアハウジングコストおよびアウトバウンド輸配送コストの合計として、在庫ポリシーコストは在庫維持コストと機会損失コストの合計として、定義される。
トータルピッキング	複数のオーダーをまとめてアイテム単位にその総量をピッキングし、下流にてオーダー別に種まき（仕分け）するピッキング手法。
トラクターヘッド	運転席と荷台が分離できる構造の車両における運転席側の部分を指す。
ニアソーシング	近い調達地から調達すること、例えば海外サプライヤーではなく、国内サプライヤーを使うことを指す。
パーソナリゼーション	顧客対応に際し、個人を尊重して、個別に対応すること。
配送テリトリー	特定の拠点が担当する出荷先を領域で表現したもの。サービステリトリーとも呼ばれる。
パイプライン在庫	発注した在庫が到着するまでの、移動中の在庫を指す。イントランジット在庫とも呼ばれる。
バイヤー	小売業で仕入れを担当する職務。
バッチピッキング	シングルオーダーピッキングの欠点である生産性の低さを補うために、複数のオーダーを同時にピッキングするための手法で、通常下流仕分けを回避するために、ピッキングしながらオーダー毎に仕分けしていく。「マルチオーダーピッキング」「マルチピッキング」ともいわれる。
発注コスト	サプライヤーに発注するためのコストで、人件費、通信費、事務処理費等が含まれる。
ハブ	貨物（あるいは人など）を集中させる中心となる拠点。

パフォーマンス測定プログラム	RightChain® が提唱する KPI の測定・評価を、オペレーションの一部として継続的マネジメントプロセスにするための方法。指標および目標値の設定、評価並びに計算プロセスの定義、そして掲示方法の決定の４つの領域から構成される。
パレート法則	「20：80の法則」とも呼ばれ、全体の数値の大部分は、全体を構成する一部の要素が生み出しているという理論で、20％の SKU で80％の売上を創出しているといった相関をいう。
パレタイズ	製品／商品などをパレットに積み入れることを指す。また、これとは逆にパレットから降ろす作業を「デパレタイズ」と呼ぶ。
ハンドリングユニット	ユニットロードと同義。
ピッキングツアー	１つまたは複数のピッキングオーダーを１つのピッキング周回作業とした作業単位。例えば、複数のオーダーをまとめて１つのピッキングツアーを形成し、効率的なロケーション順にピッキングすることで、高いピッキング生産性を達成することが可能となる。
フィルレート	顧客の需要をオンハンド（手持ち）在庫で充足できる割合のことで、日本語では「充足率」という。サプライチェーン・サービスポリシーの中で、レスポンスタイムと並んで最も重要な項目である。
歩留まり	製造など生産活動全般において、原料の投入量から予定される生産量に対して、実際に得られた製品生産量の比率を指す。
ブランケットオーダリング	「包括注文」のこと。頻繁に行う発注処理を１つにまとめることで発注処理に要する費用を削減できる。また、１回の発注処理で購入する数量を増やすことにより、購入価格の引き下げが期待できる。消耗品など繰り返し使用するものや継続使用されるものを発注する際に採用されることが多い。
フリート	車両、船舶、航空機など輸配送を行うための物理的な手段の編成を指す。
フルフィルメント	通販／EC において受注から商品引き渡しまでに必要な一連の業務の総称。受注管理、在庫管理、ピッキング、加工、梱包、配送、決済、返品、問い合わせ対応などが含まれる。
フレイトフォワーディング	国際貿易の輸配送における港湾や空港等の荷役業務のこと。
プロファイリング	データマイニングを活用し、そのデータの特性や傾向から問題点の抽出や改善点、将来起こり得る可能性のある事象の仮説を立案し、対策を考案することを指す。
平均在庫金額	ロットサイズ在庫、安全在庫、パイプライン在庫で構成される平均在庫投資金額を指す。
ベンチマーキング	自社の情報を客観化するために、複数のパートナー企業（または拠点など）と特定の指標に関して情報を共有化すること。ベンチマーキングには、内的（複数拠点の比較）、外部的（業界の平均値など）、競争的（同業他社の情報）なものがある。
ベンチマーク	「閾（しきい）値」または「基準値」のことで、自分たちのパフォーマンスを客観視することを可能にするもの。
保管密度	ウェアハウスパフォーマンスを測るための KPI の１つで、一般的には単位面積当たりの保管容積として表される。
保管モード	アイテムを保管するための手段。固定棚やフローラック、移動ラックがこれに当たる。

星形モデル	RigthChain®が提唱する、最も基本的なサプライチェーン・ロジスティクス活動の枠組み。顧客サービス、在庫管理、サプライ、輸配送、ウェアハウジングの5つの活動で定義される。
マージイントランジット	輸送中に各拠点で荷合わせを行い、顧客へ一括で納品すること。
マルチエシェロン在庫配備	複数階層のサプライチェーン・ネットワークへ在庫を配備するための戦略。
メザニンフロア	「中二階」を意味し、空間効率を上げるために用いられる仮設(半固定)のフロアや棚を指す。
ユニットロード	単一もしくは複数の製品/商品を器具等により、荷役や輸送がしやすい単位に1つのかたまりとしてまとめたもの。代表的なものにコンテナやパレット、折りたたみコンテナ、フレキシブルコンテナ等がある。
輸配送モード	輸送機関、輸送手段のことで、トラック、飛行機、船舶、鉄道等を指す。
ランディングコスト	トータルアクイジションコストを構成するコスト要素の1つで、「陸揚げコスト」ともいわれ、インバウンド運賃、通関費用、フレイトフォワーディング、保険、調達組織の費用、関税、銀行手数料、そして低品質から派生するコストが含まれる。
ランデッドコスト	「陸揚げ原価」ともいわれ、1個当たりの仕入れ原価に、1個当たりのランディングコストを加えることにより求められる。
リレー式ピッキング	ピッキングされたアイテムが入ったコンテナ(あるいはパレットなど)をゾーンから次のゾーンへと、同じ1つのオーダーが完了するまでリレー式に引き渡すピッキング手法。ピッカーは自分の担当ゾーンに集中することで、生産性・精度の向上が期待できる。
レーン	輸配送手段(トラック、鉄道、船舶、航空機など)にかかわらず、一組の出荷地(発地)と目的地(着地)の組み合わせ(FromTo)を指す。
ロジスティクス	RightChain®においては、消費者とサプライヤーの間のもの・情報・お金の流れをいう。
3PL	サードパーティロジスティクスのことを意味し、一般的には企業が自社のコアコンピタンスではないと考える物流機能を外注化することで、自社の資源をより強いビジネス領域に集中できるという考え方から生まれたものである。物流機能を外注化する企業を「荷主」、受託する企業を「3PL企業」という。
ASN	Advanced Shipping Noticeの略で、日本語では「事前出荷通知」と呼ぶ。製品/商品の納品前にベンダー側から予め貨物の出荷明細情報をシステムを介して出荷先へ送付することを指す。事前に入荷情報を伝えることで、入荷作業効率の改善が可能になる。
CEO	Chief Executive Officerの略で、日本語では「最高経営責任者」。
CFO	Chief Financial Officerの略で、日本語では「最高財務責任者」。
CIO	Chief Information Officerの略で、日本語では「最高情報責任者」。
CMO	Chief Marketing Officerの略で、日本語では「最高マーケティング責任者」。
COO	Chief Operating Officerの略で、日本語では「最高執行責任者」。
CPO	Chief Product Officerの略で、日本語では「最高製品責任者」。
CSCO	Chief Supply Chain Officerの略で、日本語では「最高サプライチェーン責任者」。
DC	ディストリビューションセンターの略。一般的に保管型の物流センターを指す。

EBIT	Earnings Before Interest and Taxes の略で、イービットと読む。日本語では「支払金利前税引前利益」と呼ばれる。
ERP	Enterprise Resource Planning の略で、日本語では「企業資源計画」という。企業経営の基本資源（人・もの・金・情報等）を適切に計画・管理し、経営の効率化を図るための手法や概念を指す。現在では、それを担う情報システムを含め、ERP と呼ばれている。
ETA	Estimated Time of Arrival の略で、日本語で「予定到着時刻」という。
GMROI	Gross Margin Return On Inventory Investment の略で、「在庫投資粗利益率」と呼ばれる。年間粗利額と平均在庫投資額の比率として表した評価指標。粗利率と在庫回転を掛け合わせた指標としても表現することができ、製品毎、カテゴリー毎、バイヤー毎などに算出することで、収益性と効率性の両面を1度に評価することができる。
ISCP	Integrated Supply Chain Planning の略。RightChain® が提唱する継続的サプライチェーン・マネジメント・プロセスであり、一般的に普及している S&OP を発展的に進化させたものを指す。
KPI	Key Performance Indicator の略で、日本語では「重要業績評価指標」と呼ばれる。
MTO	Make To Order の略で、製造業において顧客からの注文を受けてから生産活動を開始することを指す。「個別受注生産」とも呼ばれる。
POP	Perfect Order Percentage の略。RightChain® においてサプライチェーン全体の品質評価指標のことを指す。
PPOP	Perfect Purchase Order Percentage の略で、日本語では「完全発注率」という。POP 同様の評価項目を使って、サプライヤーの品質を評価するための KPI である。
ROI	Return On Investment の略で、日本語では「投資利益率」と呼ばれる。投下した資本に対し得られる利益の割合。「投資収益率」や「投資資本利益率」と呼ばれることもある。
ROIC	Return On Invested Capital の略で、日本語では「投下資本利益率」と呼ばれる。呼称は ROI と類似しているが、一般的に ROI が特定の投資（プロジェクト）に対する収益性を見る指標であるのに対し、ROIC は企業全体の評価に用いられる。
S&OP	Sales & Operations Planning の略で、日本語では「販売＆オペレーションプランニング」という。一般的には、企業において、経営層と生産や販売、在庫などの業務部門が情報を共有し、意思決定速度を高めることでサプライチェーン全体を最適化するための概念として捉えられている。ただし、標準化された手法は存在しない。
SCM	Supply Chain Management の略。80年代以降アメリカで盛んになった、企業経営から極力、在庫を排除し、それを情報システムと輸配送で肩代わりして行うというサプライチェーン・ロジスティクス関連施策の1つ。他に QR、ECR、CPFR など目指すものは同じでも、名称の異なるものが存在する。
SKU	Stock Keeping Unit の略で、在庫管理の最小単位のこと。
VMI	Vendor Managed Inventory の略。委託在庫の一種で、納入業者（サプライヤーやメーカーなど）が顧客のウェアハウスの中にある自社製品の在庫管理を行うこと。予め事前に顧客と決めた在庫レベルの範囲で、顧客からの需要情報に基づき、欠品が出ないように倉庫へ補充する。
VP	Vice President の略で、日本語では「副社長」と訳されるが、アメリカでは「担当役員」を指すことが多い。
WMS	Warehouse Management System の略で、日本語では「倉庫管理システム」という。ウェアハウスへの商品や資材の入庫、ピッキング、出庫の指示・管理、在庫管理、ロケーション管理などの機能を有する情報システムを指す。庫内の入荷、検品、格納、ピッキング、梱包、出荷までの作業を効率化することを目的とする。

本文索引

アウトソーシング	31, 51, 73, 183, 274, 275, **276**, 277, 278, 282, 283, 284, 286, 287, 288, 289, 290, 291, 294, 295, 296, 332
アウトバウンド	34, 43, 65, 155, 198, **259**
アセスメント	35, 64, **73**, **74**, **75**
安全在庫	32, 120, 136, 141, 142, 151, 175, 197, 216, 218, 221, 232, 235
イニシアチブ	24, 30
イネーブラー	24
インソーシング	51, 289
インターリービング	317
インバウンド	34, 43, 65, 172, 173, 182, **242**, 286
オーダー価値評価	**111**
オーダー完結ゾーン	**254**
完全発注率（PPOP）	178, 179
共通言語	21, 22, 23
クロスドッキング	183, 191, 206, 238, 242, 243, 245, **246**, 248, 317
原理原則	19, 21, **80**, 164, 168, 345
コアコンピタンス	51, 172, 274, **276**, 277
顧客コストトゥーサーブ価値	93, **102**
顧客戦略的価値	93, **100**
顧客ビジネス価値	93, **94**
ゴールデンゾーン	253
在庫維持コスト	43, 47, 66, 91, 126, 136, 145, 155, 160, 161, 164, 172, **173**, 175, 178, 188, 194, 196, 197, 198, 200, 216, 217, 218, 219, 225, 334
在庫維持レート	66, 126, 151, **160**, 161, 164, 235
在庫回転率	136, 145, 151, 164
在庫配備	126, **152**, **155**, 164, 197
在庫付加価値	139, 145, 151, 161, 164, 173, 175, 178, 219
在庫ポーストポーンメント（延期）	155
在庫ポリシーコスト	43, 65, 66, 139, 145, 151, 161, 164, 219
財務アセスメント	73, **75**

サーバントリーダーシップ	80
サプライチェーン・サービスポリシー（顧客サービスポリシー）	27, 28, 29, 30, 33, 42, 43, 99, 111, **113**, **115**, 116, **118**, **120**, 122, 132, 200, 226, 311, 360
サプライチェーン・スコアボード	**62**, 64, 202, 361
サプライチェーン・プランニング	113, 341, 349, **353**, 354
サプライヤー認証	169, 172, 180
サプライヤーフィルレート	178
シークエンシング	**270**
シップメント	216
シングルオーダーピッキング	262, **263**, 270
スロッティング	249, **250**, **251**, 253, **256**, **257**, **258**, 260, 261
製造段取り費用	126
制約条件	29, 41, **42**, 43, 46, 47, 196, 201, 202, 204, 209, 315, 316
剪定	**37**, 38, 92, 120, 132, 133
セントラル DC	152, 155, 245, 247
ソーシング	30, 48, 51, 168, 172, 173, 176, 360
ソールソーシング	176, 180
ゾーンピッキング	**260**, 262, **264**
データマイニング	49, **308**, 309, 311, 361
統合化されたサプライチェーン・プランニング（ISCP）	**353**, 354
トータルアクイジションコスト	172, **175**, 178
トータルサプライチェーン・コスト	33, 34, 42, 43, **65**, **66**, 72, 130, 148, 155, 161, 177, 188, 196, 198, 209, 212, 216, 217, 218, 219, 221, 220, 223, 226, 284, 290, 335, 339, 361
トータルピッキング	264, **265**, 266, 269
ニアソーシング	142, 145
配送テリトリー	214
パイプライン在庫	141, 142, 151, 175
バーコードシンボル	**319**
バーコードリーダー	**322**
バッチピッキング	245, 260, 262, **263**
発注コスト	126, 147, 151, 160, 164

発注サイクルタイム	179
発注サイクルタイム変動率	179
パフォーマンスアセスメント	73, **74**, 75
パフォーマンス測定プログラム	56, 59
パーフェクトオーダー・パーセンテージ（POP）	**69**, 70, 122, 179, 333, 339
パレート分析／パレート法則	96, **106**, **108**
ハンドリングユニット	102
ピッキングツアー	254, 262, 263, 265, 266, 270, 303, 326
歩留まり	32
プラクティスアセスメント	**73**
ブランケットオーダリング	148
フリート	195, **225**, 226, 288
フレイトフォワーディング	173
プレ・レシービング	185, **186**, 187
プロファイリング	49, 254, **308**, 309, 313
平均在庫金額	66, 142, 151
ベンダー・マネージド・インベントリー（VMI）	183, 185, **186**, 236
ベンチマーキング	60, 70, 75, 140, 274, 334, 339
ベンチマーク	18, 64, 96
保管密度	160
保管モード	249, 251, **254**
星形モデル	**27**, 28, 29, 231, 237
マージイントランジット	206
マルチエシェロン在庫配備	155
輸配送モード	24, 47, 142, 145, 195, 198, 202, 216, **218**, 219, 220, 221, 222, 334
ランディングコスト	**173**, 175
ランデッドコスト	173, 235
リード・ロジスティクス・プロバイダー（LLP）	188, 294
リレー式ピッキング	**264**, 265

レーン	196, 313
ロットサイズ	126, **146**, 147, 148, 151, 164, 175, 216, 234
ISCP	26, 93, 132, 354, **357**, 359, 360, 361
OCR	318, **319**
OTIF	122
RFID	158, 170, 187, 319, 324
RYG	64
S&OP	26, 93, 353, 354, 360
SKU 価値評価	**106**, 108
SKU 合理化	106
WrongChain	**31**, 33, 34

著 者 紹 介

Edward H. Frazelle, Ph.D.
RightChain Inc. 社長兼 CEO
RightChain 研究所 エグゼクティブ・ディレクター

　フレーゼル博士は、RightChain Inc. の社長兼 CEO であり、RightChain 研究所のエグゼクティブ・ディレクターである。彼は、サプライチェーン戦略構築の原理原則である RightChain® の開発者であり、この RightChain® モデルはホンダ、ディズニー、コカ・コーラボトリングコンソリデーテッド、BP、ホールマーク、ニュートリシステム、ユナイテッドテクノロジーズを含む100以上に亘る世界有数の企業や政府機関に、彼らのサプライチェーンの指針として導入されている。

　フレーゼル博士の RightChain Inc. は、各クライアント企業への RightChain® の導入により、今日まで合計20億ドル以上の財務的メリットをもたらしている。また、全米の最も権威ある業界誌の一つからサプライチェーン・イノベーターのトップ20社並びにサプライチェーン・テクノロジープロバイダーのトップ20社として選出されており、世界最高のサプライチェーン戦略家の一人として認知されている。

　フレーゼル博士はまた、世界最大のサプライチェーン教育および調査研究機関である、ジョージア工科大学のロジスティクス研究所の創立者であり、彼が設立した RightChain 研究所では、アトランタ、東京、コスタリカのサンホセ、ペルーのリマ、オーストラリアのシドニーに拠点を構えるコンサルタントチームが、グローバルサプライチェーン専門教育・調査研究サービスおよびコンサルティングを提供している。彼は、教育者として今までに、延べ5万人以上の経営者やサプライチェーンのプロに対し、世界最先端のサプライチェーン・ロジスティクスの原理原則を教育してきており、コーネル大学、ノースウェスタン大学、ウィスコンシン大学、早稲田大学、明治大学、スウィンバーン大学、シンガポール国立大学、九州工科大学等で講演を行っている。

　著者としてこれまで、7冊以上のサプライチェーン・ロジスティクス関連の

書籍を執筆しており、他に共著や論文等が多数存在する。主要な書籍としては、下記に掲載するものがあり、中国語、英語、日本語、韓国語、スペイン語、ポルトガル語、ロシア語に翻訳され、世界中で活用されている。

フレーゼル博士の主要な著書

Supply Chain Strategy Second Edition
（邦題『フレーゼル博士のサプライチェーン戦略〜財務・サービス・オペレーションの全体最適〜』ダイヤモンド社刊）

Inventory Strategy
（邦題『在庫削減はもうやめなさい！』ダイヤモンド社刊）

World－Class Warehousing and Material Handling
（邦題『物流担当者のための世界水準のウェアハウジング理論とマテハンのすべて』ダイヤモンド社刊）

Material Handling Systems and Terminology

Facilities Planning

　フレーゼル博士はその功績により、サプライチェーン・マネジメント評議会（CSCM）の博士号リサーチ奨学金、WERC（Warehousing Education and Research Council）のバー・ハープ奨学金、マテリアルハンドリング研究所のMHEF奨学金、インダストリアルエンジニア研究所のアームストロング賞、コダックの奨学金、そしてゼネラルモーターズの奨学金等、多くの表彰を受けている。彼はまた、近年ジョージア工科大学の優れたプロフェッショナル教育者として表彰されている。業界団体においては、国際マテリアルハンドリング・ソサエティの前会長であり、WERCの役員メンバーを歴任している。フレーゼル博士は、ジョージア工科大学から博士号を受け、ノースカロライナ州立大学で修士号、学士号を得ている。

フレーゼル博士のホームページ
RightChain.com

RightChain® について

　RightChain®は、過去20年以上にわたるサプライチェーン戦略のコンサルティング、経営者並びにプロフェッショナルへの教育並びに研究を行ってきた経験に基づき、サプライチェーン戦略構築における主要な意思決定をするために要求される独自の定義、手法、ツール、教育カリキュラム、指標、プロセス、統合化メカニズムから構成されている。

　RightChain®は、大手から中小までの企業／政府機関のサプライチェーン構築の指針として、その業界を問わず世界中の数多くの組織において、売上拡大、経費削減、そして資本活用の改善を通じて、今までに累計20億ドル以上の利益改善に貢献してきている。通常、RightChain®は1％から5％に相当する利益改善に貢献することが期待されている。

　RightChain®におけるサプライチェーン・ロジスティクスは、顧客サービス、在庫管理、サプライ、輸配送、ウェアハウジングの5つの活動領域から構成される。そして、RightChain®ではこれら5つの活動をこの順番に従ってそれぞれ最適化することが、サプライチェーン全体最適化の原理原則であると定義している。すなわち、顧客サービス最適化（RightServe™）、在庫最適化（RightStock™）、サプライ最適化（RightBuys™）、輸配送最適化（RightTrips™）、そしてウェアハウジング最適化（RightHouse™）である。また、5つの活動のみならず、それを支援する管理機能の最適化、すなわち、指標管理最適化（RightScores™）、ソーシング最適化（RightSource™）、情報システム最適化（RightTech™）、組織最適化（RightTeam™）、統合計画最適化（RightPlan™）の5つの管理機能最適化も同時に行う必要があると定義している。つまり、RightChain®においてサプライチェーン戦略の構築とは、これら10個の活動および管理機能の最適化を定義することに他ならない。

　本書では、第1章でサプライチェーン戦略の全体像を解説し、10の最適化手法について第2章以降の各章でそれぞれ解説している。

［監訳者紹介］
小川智由
明治大学商学部教授

明治大学商学部卒業、明治大学大学院商学研究科博士後期課程単位修得。文京女子短期大学経営学科専任講師、文京学院大学経営学部教授を経て2004年より現職。専門分野は、物流・ロジスティクス、マーケティング戦略、小売業経営。1986年に米国のペンシルベニア州立大学経営学部、ミシガン州立大学経営学部にてビジネス・ロジスティクス客員研究員。ロジスティクス戦略ならびに、製造業・流通業・サービス業のマーケティングに関する研究を専門とする一方で、企業の経営戦略立案や地域活性化プロジェクトでの実績や経験も有する。

［翻訳者紹介］
中野雅司
株式会社FMU　代表取締役

東京商船大学卒業。1993年コカ・コーラおよびIGAが設立した教育機関FMUの立ち上げに参画。日本の食品、消費財業界に対し、米国食品流通およびロジスティクス業界に持つ幅広いネットワーク、ノウハウをベースにコンサルティングや教育・トレーニングプログラムを提供している。代表的な翻訳書として『個客識別マーケティング』、『個客ロイヤルティー・マーケティング』、『ウォルマートに呑みこまれる世界』、『在庫削減はもうやめなさい！』、『物流担当者のための世界水準のウェアハウジング理論とマテハンのすべて』（以上いずれもダイヤモンド社刊）、『サプライチェーン・ロジスティクス』（白桃書房刊）等がある。明治大学商学部兼任講師。

[監訳者紹介]

三菱ケミカルエンジニアリング株式会社　LogOS® チーム

LogOS® チームは、フレーゼル博士が提唱する RightChain® 理論をベースにしたサプライチェーン・ロジスティクスの研修、サプライチェーン戦略の構築、在庫戦略の構築、KPIの導入など多岐に亘る企業向けコンサルティングを展開している。また、過去30年以上の物流センターの設計・建設並びにシステム導入のノウハウを融合し、コンサルティングからエンジニアリングに至るまで戦略的かつ実践的な視点で包括したソリューションを提供している。その分野は、ディスクリート系／プロセス系製造業から卸売業、小売業、3PL企業まで、商材問わず様々な業種業態に導入され、大きな成果を上げている。

松川 公司
プロジェクト第2本部　生産・ロジスティクス事業部　次長
LogOS® チームリーダー

製造業、流通業を中心に、サプライチェーン・ロジスティクス戦略構築及び実行支援、マネジメントプロセス再構築、業務プロセス再構築、組織・人材育成改革等、幅広い領域において企業の収益拡大、競争力強化の経験を多く持つ。また、千葉商科大学客員教授、明治大学商学部兼任講師をはじめ、多くの企業向け研修講師を務め、顧客サービスや、在庫、購買、輸配送、ウェアハウジングなど、複雑に絡み合う個々の活動を高度に体系化した経営に直結するサプライチェーン・ロジスティクス理論教育にも力を入れている。サプライチェーン・ロジスティクス戦略に関する書籍・寄稿・講演多数。

竹内 睦
プロジェクト第2本部　生産・ロジスティクス事業部　コンサルタント

S&OPプロセスの構築や在庫戦略構築、ネットワーク最適化コンサルティングをはじめ、戦略から実践レベルまで多岐に亘るサプライチェーン・ロジスティクスのコンサルティング経験を持つ。組立加工型／プロセス型メーカーや流通業、3PL企業まで様々な業種および自動車／医薬品／アパレル／食品など幅広い分野で多くの実績を持つ。サプライチェーン・ロジスティクス教育担当講師。明治大学商学部兼任講師。

[著者]
エドワード・H・フレーゼル　Edward H. Frazelle, Ph.D
RightChain Inc. 社長兼 CEO
RightChain 研究所 エグゼクティブ・ディレクター

フレーゼル博士は、サプライチェーン戦略構築の原理原則である RightChain® モデルの開発者であり、このモデルは米国ホンダやコカ・コーラを含む 100 以上にわたる世界有数の企業や政府機関に、彼らのサプライチェーンの指針として導入され、今日まで合計 20 億ドル以上の財務的メリットをもたらしている。また、全米で最も権威ある業界誌の一つから世界最高のサプライチェーン・イノベーターの一人として選出されている。世界最大のサプライチェーン教育および調査研究機関であるジョージア工科大学のロジスティクス研究所の創立者であり、これまで全世界5万人以上の経営者やサプライチェーンのプロに対し、世界最先端の体系的教育プログラムを提供している。

フレーゼル博士のサプライチェーン戦略

2018年11月7日　第1刷発行

著　者──エドワード・H・フレーゼル
監訳者──小川智由
翻訳者──中野雅司
監修者──三菱ケミカルエンジニアリング株式会社　LogOS®チーム
発　売──ダイヤモンド社
　　　　〒150-8409　東京都渋谷区神宮前6-12-17
　　　　http://www.diamond.co.jp/
　　　　販売　TEL03・5778・7240
発行所──ダイヤモンド・リテイルメディア
　　　　〒101-0051　東京都千代田区神田神保町1-6-1
　　　　http://www.diamond-rm.net/
　　　　編集　TEL03・5259・5940
装丁───TYPE FACE（渡邊民人）
本文───石澤デザイン（石澤義裕）
印刷・製本─ダイヤモンド・グラフィック社
編集協力──古井一匡
編集担当──石川純一

©2018 Masaji Nakano
ISBN 978-4-478-09058-9

落丁・乱丁本はお手数ですが小社営業局宛にお送りください。送料小社負担にてお取替えいたします。但し、古書店で購入されたものについてはお取替えできません。
無断転載・複製を禁ず
Printed in Japan